JN274741

建築／設備トラブル
「マサカ」の話

山本廣資 ——— 著

建築技術

はじめに

　設備トラブルに限らず，トラブル解決に必要なものは3現主義といわれている。これは，現場（現地）・現物・現人の3つを把握することがトラブル解決への近道ということである。トラブル現場を自分の目で観察し，トラブル対象のものをよく調べ，当事者（現場の方＝現人）からトラブル状況を聞きだすことにより全体の把握ができる。

　しかし，観察してどのように判断するのか，現物を見て問題点をどのようにして見抜くのか，当事者・関係者にヒアリングして何を聞きだすのか。これがポイントである。

　筆者の経験では，トラブル発生時に担当者から報告を受け，こちらから質問をした場合に，常に的確なレスポンスが帰ってくるとは限らなかった。ということは，同じ現場を見て，対象のものを調べ，話を聞いても，調査する者の技術レベルや経験によって，見るもの，調べるもの，尋ねることの内容が違っているということである。これは本人の資質にもよるが，失敗やトラブル経験が多いか少ないかにも関係しているようである。

　筆者の恩師は，失敗したことのない技術者は成長しないといっておられた。失敗はよいことではないが，積極性のないものには失敗は少ない。失敗は経験となって，その後の仕事に生かされる。状況は違っても，失敗経験の周辺だけでなく別な側面にも配慮が及ぶようになり，問題点のありかにも目が開かれる。その問題点をつぶしてゆく過程も的確となる。

　失敗は，「成長の礎」であるといえる。

　しかし，建築設備に関するトラブル／クレームは，現象的には漏水から空調設備のドラフトまで多種多様である。また，内容的にも簡単に修理できる単なる不具合から，改善に手間がかかる大きな機能障害にいたるようなものまで，その程度もまちまちである。その原因も，施工ミスや取扱い上のミスのように原因をひとつに絞れるものから，色々な要因が錯綜していて，直接の原因を特定することが困難な場合もある。

　失敗は成長の礎であると述べたが，失敗してよいわけではないし，場合によっては大きなトラブルとなる。また，技術者が経験する失敗も数が限られる。多種多様なトラブル発生の可能性がある建築設備の状況に対し，わずかな失敗経験（たくさんするわけにはいかない）だけで常に的確に対応できるとは限らない。

したがって，トラブル発生予防のためには色々なトラブル情報を知っておくことが必要である。しかし，一人の技術者が建築設備に関する計画・設計・施工・運用・管理という側面を，すべて経験するわけにはいかない。トラブルに直面しても，それぞれの立場から判断することになるのはやむを得ない。各種トラブル本が多数刊行されているゆえんである。

　建築設備トラブルの現象は見た目には多様であるが，基本的にはこれらの現象には共通の要因がある。本書では，個々のトラブルに共通する要因をキーワード的にまとめることを試みた。トラブルの要因をキーワード的にまとめてあると，あらゆるトラブル事例に通じていなくても，キーワードで的確な状況判断ができる。トラブル発生の場合，個々の現象ごとに原因と対策を考慮するよりは，キーワードにより対処する方が解決は早い。また，設計・計画に際してもキーワードは大いに役立つ。
　例えば，『臭いは風に乗って運ばれる』いうキーワードからは排気ガラリや煙突の配置に関する配慮が導かれるし，『隠すことからトラブルが始まる』というキーワードとそれに関連するトラブル現象を知っていれば，冷却塔やエアコンの室外機を囲うことに慎重となるであろう。『電気のパイプに水／湿気が流れる』も，色々な状況に対応できるキーワードである。

　本書の前著『建築／設備「マサカ」の話。』は，㈱オーム社発行の「設備と管理」誌に連載した「『マサカ』の話」に加筆し，再編成したものである。この連載の趣旨は，建築設備のトラブルについて，軽い茶飲み話として読んでいただくつもりで書いたものである。また，設備計画から維持管理にいたるまでの建築設備に関する全般的なものの考え方，トラブル発生時の原因追求に際しての眼のつけどころについても，建築設備計画・設計者としての筆者の長年の経験に基づいた意見を述べてある。したがって，建築設備関係の技術者（設計者，施工者，ビル管理者）に役立つだけでなく，建築設計者にとっても参考となると思っている。設備トラブルのうち，建築計画に起因するものは，設備技術者だけでは解決できないので，本書は建築設計者にこそ読んでいただきたくことを期待している。
　なお，掲載誌の性格上，設備管理者向けの話が多くなっているがご了承いただきたい。

今回，㈱建築技術のご好意により，版を改め『建築／設備トラブル「マサカ」の話』として刊行するにあたり，基本的には，前著を踏襲し，細かな字句の訂正と若干の新しい「マサカ」の話の追加にとどめた。しかし，昨今のビルマルチ型空調システムの普及に伴い，この設置の方法には問題があり，なおかつ省エネルギーに反することでもあるので，警鐘を鳴らす意味で，第11章3～5節に大幅に加筆したほか，「ビル風とショートサーキット」の項を追加した。また，設備で対応できない，隙間風トラブルに関し，1章を設けた。

　リニューアルに関しては，特にマンションでは，安易なリニューアルがかえってトラブルを起こすことが多いので，気密性向上に伴う危険防止の観点から1章を設けた。

　隙間風トラブルは月刊『建築技術』，その他は月刊『設備と管理』に掲載されたものである。

　トラブル発生の要因については，真面目に論じれば，かなりのヴォリュームとなり，本書の趣旨とは合わなくなるので，コラムとして思いつくことを述べた。また，姉歯事件以降，建築基準法や建築士法が改正され，建築設備に関する規定は吟味して読むと，疑問に思われることもあるので，これもコラムに入れた。

　そのほか，設備工事別のトラブル検索に便利なように，第1章の前にトラブル対照表を挙げたほか，トラブル対策として詳述した部分の検索表をつけたので，参考にされたい。

　本書によって，建築設備に関連ある各分野の方々が，トラブルを引き起こす要因について関心をもつこととなり，結果として設備トラブルが減少することを心から願っている。

平成25年4月吉日

山　本　廣　資

目 次

序章 ——— 010
トラブル別分類表 ——— 014

第1章 雨による『マサカ』の話 018
1.1 雨水は裏口から浸入する ——— 018
1) 建築的な浸水対策成功事例／2) 雨水が裏口から浸入する一般事例
3) 地下1階エアコンからの雨水の逆流／4) その他の雨排水に関する『マサカ』『アワヤ』事例
5) 集中豪雨時の道路冠水対策
1.2 電気のパイプにも水が流れる ——— 025
1) 電気設備関係引込み箇所からの浸水事例／2) 電線管内を水が流れた事例
1.3 落ち葉の季節に水害が起きる ——— 028
1) 雨水ドレンの詰まりによるトラブル／2) 屋上雨排水の中央監視室等への浸水
3) 冷却塔清掃時の水害事故
1.4 工事中の雨水トラブル ——— 036

第2章 水蒸気と結露の『マサカ』 038
2.1 電線管に水蒸気（湿気）が流れる―おそるべし水蒸気圧 ——— 038
1) プールピット内の湿気が上階事務所の分電盤に結露／2) 地下ピット水槽類の制御用配線管からの湿気
3) 電線管と湿気のトラブル発生の要因
2.2 換気するほど結露は進む（元から断たねば結露は止まらぬ） ——— 043
1) 温水プール付属トイレの結露／2) トランクルームの結露
2.3 マンション結露の『マサカ』 ——— 045
1) 浴室の湯気でマンション便所の結露／2) マンションの出入口扉の開閉で水が落ちる（排気口部分での結露）／3) レンジフードの性能低下で結露が発生
2.4 結露を抑えれば何処かで結露する（窓サッシは冬の除湿器） ——— 050

第3章 『マサカ』の凍結 052
3.1 風に吹かれりゃ温度が下がる ——— 52
1) 泡消火設備感知ヘッドの凍結／2) ホテルの渡り廊下でスプリンクラー配管の凍結
3) 外気調和機蒸気コイルの凍結／4) 屋上設置の排煙機まわりの氷結

第4章 風による『マサカ』の話 058
4.1 設備で対応できない風のトラブル ——— 058
4.2 風のトラブルと注意事項 ——— 059
1) 建物の配置・出入口は風に配慮する／2) 床上の風は，コアンダ効果で奥まで流れる
3) 出入口位置が90度振れ，高さが2層ずれても，風は通り抜ける／4) 足元が寒い地下の飲食店
4.3 開けっ放しにすれば受付嬢は寒い ——— 062
4.4 大きな扉は侵入外気を防げない ——— 062

第5章　臭いによる『マサカ』の話　064

5.1　臭いは風に乗って運ばれる ──── 064
1) やってはいけない2大事例／2) 臭いが風に乗って運ばれた『マサカ』『ヤハリ』事例
3) トラブル原因把握のポイント／4) 厨房排気のトラブル対策

5.2　元を断っても止まらぬ臭気 ──── 072
1) 排水槽の臭気／2) 排水管内での腐敗の進行

5.3　通気口の臭気も風に乗って流れる ──── 074

第6章　騒音による『マサカ』　076

6.1　『静かなところで音は際立つ』(コンサートホール編) ──── 076
1) シャンデリアのキシミ音／2) コンサートホールでの工事音
3) 雨排水の流水音／4) ウィーンのホールで気になったこと

6.2　『静かなところで音は際立つ』(マンション編) ──── 080
1) 外から回ってきたポンプ室騒音／2) 換気レジスターの閉め切りでファン騒音が別の住戸に
3) 建築図の仕上線の読み違いが排水騒音トラブルに／4) ポンプ逆相運転の騒音トラブル
5) 仮設ポンプが1年間も動きっぱなし／6) トラブルを大きくした管理人氏
7) 雨排水管の膨張キシミ音／8) 風が吹けば音鳴りが発生
9) 浄化槽の曝気の音も騒音源／10) 最近のマンション騒音測定事例

6.3　『静かなところで音は際立つ』(リゾート編) ──── 088
1) 建物内への騒音トラブル／2) 外に対する騒音トラブル

6.4　『静かなところで音は際立つ』(一般ビル編) ──── 094

第7章　使われ方による『マサカ』の話　098

7.1　機械は初日に故障する ──── 098
1) オープニング当日の熱源機の故障／2) 『アワヤ』事例4つ
3) オープニングやレセプション時の対応／4) 竣工式やオープニングで設備技術者は何をすべきか
5) 漏水事故は関係者のいないときに起きる

7.2　「去年良ければ今年も良いはず」──── 104

7.3　触れば動く，止まった機械 ──── 108
1) 住宅の小型ボイラーは顔を出せば直る／2) 超能力の喪失
3) 超能力で治ってしまったため,事故原因不明で報告に苦労／4) オーディオ・アンプも触れば鳴り出す
5) さわれば壊れる家電製品／6) 撤去する前に機械はトラブル

7.4　同時に使えばお湯はなくなる ──── 111
1) ホテルのお湯は30分でなくなる／2) 観光ホテルは団体バスが到着するとお湯がなくなる
3) アーバンリゾートホテルは大晦日にお湯がなくなる／4) 出しっぱなしにすればお湯がなくなる
5) 会員権を発行して公衆浴場になったクアハウス／6) 特別養護老人施設では特定の日にお湯がなくなる
7) 稼働率が高いホテルではお湯が足りない／8) まわりに風呂屋があるとお湯の使用量が少ない？

7.5　梅雨の晴れ間に水がなくなる ──── 115
1) 梅雨の晴れ間に水がなくなる／2) 水が出ても，量が足りなきゃトラブルになる
3) 同じ日にお湯と水とのダブルの『マサカ』／4) 一度に使えば水もなくなる
5) 建物内の公衆便所は水不足につながる／6) 受水槽の形状が変わって減水警報

7.6　使わないから起きるトラブル ──── 120
1) 排水管のつなぎ忘れ／2) 凍結防止水抜きバルブの閉め忘れによる下階への浸水
3) シックハウスは除湿機にも孔を開ける／4) 24時間換気で中枢神経機能障害になった
5) 死水の発生／6) リゾート施設の計画時時点から対応しておくべきこと

第8章 機能に関する『マサカ』 128

8.1 リークが怖い蒸気のコイル ─────── 128
1) 蒸気漏れの熱風でスプリンクラー作動 ／ 2) 蒸気漏れによる温水温度上昇でファンコイル枝管切断
3) 加熱用の媒体としての蒸気の使用について

8.2 フィルタが詰まればどこかで吸われる ─────── 133
1) 天井面フィルタが目詰まりして，床のタイルカーペット目地が汚れた
2) ダクトのメッシュの詰まりで空調機がアワヤ崩壊寸前
3) 天井の隙間から吸込まれたプールの湿気

8.3 給気口がなければ他所から吸われる ─────── 137
1) マンション換気設備の初期トラブルの一例 ／ 2) 窓は換気設備か？：(高級マンションに換気口はいらない？)
3) ファンが回ると開かぬ扉 ／ 4) マンション換気の各種トラブル
5) 住宅の気密性向上とガス燃焼機器

8.4 大は小を兼ねない ─────── 145
1) 大が小を兼ねなかったトラブル ／ 2) 大を小として使った成功事例

8.5 熱い空気は床に届かぬ ─────── 148
1) 熱い空気は上にあがる ／ 2) 奥行きの大小で上下温度差が違う
3) エアコンのある部屋にFF暖房機を設置

8.6 ドレンは上に向かって流れる ─────── 153
1) ドレン配管からの逆流 ／ 2) 雨排水管に接続したドレン配管からの逆流
3) 水抜き配管からの逆流 ／ 4) 湧水排水のFCUへの逆流

8.7 IC回路はブラックボックス ─────── 157
1) IC回路はブラックボックス ／ 2) 中央監視盤メーカーは文字数で選択
3) 独自の監視システムの現在は？

第9章 快適性に関する『マサカ』 162

9.1 こちらよければあちらが暑い，あちらよければこちらが寒い ─────── 162
1) ビルの冷房期間は意外と長い ／ 2) こちらよければあちらが暑い，あちらよければこちらが寒い
3) たやすくできる冬の冷房

9.2 春でないのに眠くなる──空調設備の無免許運転 166
1) 無免許運転が室内環境を損う─カセット型ヒートポンプユニット運転上の問題点
2) 無免許運転者の認識─その①「コンプレッサーは車のエンジン」
3) 無免許運転者の認識─その②「気流や温度むらへの無知」
4) 無免許運転者の認識─その③「外気冷房の効果について知らない」
5) 無免許運転が起こす冷房病 ／ 6) 無免許運転は省エネにならない：その①
7) 無免許運転は省エネにならない：その②「頻繁な冷／暖切り替え」

9.3 気流がなければ快適でない ─────── 172
1) 空気が動かなければ快適でない：その①店舗ビル編
2) 空気が動かなければ快適でない：その②事務所ビル編 ／ 3) 気流による省エネを

9.4 温度が下がれば，湿度が上がる ─────── 175
1) 暖房時の室内温湿度設計条件と使用実態 ／ 2) 温度を下げれば，湿度は上がる
3) 温度をとるか湿度をとるか ／ 4) 加湿装置を冷却器として利用

9.5 空調では対応できない輻射熱 ─────── 179

第10章 省エネルギーの『マサカ』 182

10.1 カンピュータとコンピュータ ———— 182
1) カンピュータとコンピュータはどちらが省エネ？／2) ファンコイルユニットの自動運転はどの程度省エネか
3) 各種ホテルシステムの現状は？

10.2 『設計図書を疑え』———— 186
1) 空調設備設計条件の確認／2) 機器類の選定条件の確認

10.3 『省エネもほどほどに』———— 190
1) 使わないのが一番省エネ／2) 空調・換気設備不使用時の『マサカ』事例
3) 電気設備不使用時の『マサカ』事例／4) 省エネシステムとトラブル

10.4 ガスを止めればお風呂が冷える ———— 194
1) バランス式風呂釜のアンチ省エネ性／2) 夜中にぬるくなる電気温水器

第11章 設計監理業務に関する『マサカ』 198

11.1 冷房ないのは設計ミスか ———— 198
1) 冷え方が足りないエレベータホール／2) 冷房ないのは設計ミスか？
3) エレベーターシャフトに空調すべきか／4) 換気だけでは暑くなる便所

11.2 部品が多けりゃ故障も増える ———— 203
1) 当初の計画／2) 施主技術者の要望／3) 施主要望への対応
4) 冷温水コイルは4列または3列／5) 熱源システムとのマッチング
6) 厳しい条件下での省エネルギー計画／7) 結果は良好

11.3 隠すことからトラブルが始まる—冷却塔編 ———— 207
1) 冷却塔を囲った場合の風の流れ／2) 煙突と冷却塔
3) 煙突の煙による冷却水配管および冷凍機チューブの腐食／4) 煙突に関する教訓『煙は真っ直ぐ上らない』

11.4 隠すことからトラブルが始まる—エアコン室外機編 ———— 211
1) 室外機の隠蔽と設備トラブル／2) やってはいけない室外機設置事例
3) その他の参考設置事例／4) 室外機隠蔽と省エネルギー

11.5 隠さなくてもトラブルは起きる ———— 223
1) 風の流れは袖壁の形で変わる／2) 風通しがよすぎても室外機は止まる
3) 熱い排気で冷房が効かない／4) 室外機の密集配置はショートサーキットにつながる

11.6 ビル風とショートサーキット ———— 229

11.7 川に流せぬ敷地の雨水 ———— 230
1) 川に流せぬ敷地の雨水／2) 放流地域にアワワ排水貯留槽を設置

11.8 シャンデリアはどこにある？ ———— 234
1)「シャンデリアはどこにある？」／2)「屋上の貯湯タンクが見える」
3)「電気屋さんに聞きました」／4)「お宅のカミサンは文句言わないか？」

第12章 マンションリニューアルの『マサカ』 240

12.1 サッシ改修に伴う「マサカ」のトラブル ———— 240
1) 換気設備関係／2) 騒音トラブル関係

12.2 システム変更，機器の変更，技術の変化に伴うトラブル ———— 245

コラム ①どうして『マサカ』が起きるのか　051／063／096／127／161／180
　　　　②地域で違う役所の指導　181／239／246／247
　　　　③建築基準法と設備トラブル　057／075／097

序章　『マサカ』と『ヤハリ』そして『マタカ』

　　平成12年3月に長年勤務していた建築設計事務所を定年退職した。昭和38年に大学卒業以来，設備施工業に8年半，設計監理業に28年半，計37年間建築設備関係の仕事に従事していたことになる。この間，技術的なまたは技術以前のトラブル・クレームに数多く遭遇したが，これらトラブルの原因を性格付けしてみると，『マサカ』と『ヤハリ』に大きく分けられる。設計監理，施工，建物管理いずれの立場にあっても，経験の浅い時期は『マサカ』によるトラブルが多く，経験を積むにしたがって『ヤハリ』の要素が増えてくる。しかし幾ら経験を積んでも，『マサカ』は文字どおりの『マサカ』であって思いがけない所からトラブルが発生する。これに対し，『ヤハリ』はあらかじめ想定できるので何らかの対応が可能であるが，予想を上回ってトラブレばこれも『マサカ』の部類に入る。『ヤハリ』を繰り返せば，『マタカ』である。色々な『ヤハリ』を繰り返し何度か痛い目に遭うと，『ヤハリ』に対して厳しく対応するようになりトラブルも減少する。

　　いずれにしても，トラブル発生を防ぐには数多くの『マサカ』『マタカ』のトラブル事例を数多く知っていることが望ましい。『マタカ』については論外ではあるが，個人の経験する範囲は限られており，多数のトラブル事例が設計・施工・ビル管理それぞれの技術者の共通知識となっていない限り，『マサカ』『マタカ』は何処でも発生する可能性がある。

　　一般工業製品と違って建物の場合は，設計施工一体のケースを別として，設計・施工・管理はそれぞれ別個の会社で行われており，情報の断絶が多い。これはまさに『情断大敵』である。トラブルが発生しても，メーカー・施工者・ビル管理者側で対応・解決してしまう事例も多いが，設計者へのこれら情報の伝達は面倒でもぜひ心がける必要がある。ISOで言われている情報の水平展開だけでなく，『垂直展開』が大切である。建築設備の各種トラブルについては，巻末参考文献のように某設備施工会社でまとめたものを初めとして，色々な「トラブル事例集」が発行されている。これらには，各種の『マサカ』『ヤハリ』『マタカ』（どこでもやっていること）が多数紹介されており参考になる。これらとはできるだけ重複しないようにし，差し障りない範囲での事例を紹介する。

トラブルと『アワヤ』について

　さて，建築の設計・施工・ビル管理に当たって色々注意しなければならないことは多々あるが，トラブルを予防することもその一つである。トラブルの要因は，上記の業務の流れの至る所に転がっているが，トラブル事例を数多く知っていることがこれの予防に役立つことは言うまでもない。

　一度やった『マサカ』『アワヤ』は，その人の大きな経験となって二度と繰り返すことは無いであろうが，他の人が同じことを行う可能性は十分にある。

　トラブルやクレームの情報を収集し周知徹底することが再発を防ぐのに必要な所以であるが，問題は情報収集である。誰でも自分にとって格好よくないことは隠しておきたいのが人情であるから，一般的には大きなトラブルになったものしか表に出てこない。しっかりした会社では，これらは会議などで報告され関係者に連絡されている。

　しかし設計・施工・ビル管理業務の進行に伴う数多くの（?）不具合・クレームや小さなミス・配慮不足などは，担当者の力量・上司の配慮・施主を初めとする関係各社との良好な人間関係などにより『アワヤ』のところでトラブルにならずに解決されているのが普通であり，表には出てこないものが多い。

　経験工学の積み重ねともいうべき，建築・設備の設計・施工・管理技術のレベルアップのためには，上記の『マサカ』や『ヤハリ』だけでなく，これらの隠された多数の『アワヤ』の中の参考になる事例も共通の体験とする必要がある。これらの情報がスムーズに表に出てくるようにするには，ミスやトラブルに余り神経質にならず，施主や建物利用者に大きな迷惑を掛けたのでない限り，笑って済ますような，各社の社内風土であることが望ましい。

『マサカ』の要因

　色々気配りをして設計・施工を行ったつもりでも，建物ができ上がってから現れてくるのが『マサカ』のトラブルである。『マサカ』の要因は2つある。建物の各設備それ自体に起因するものと，風・雨・水・音・熱・光・雪・氷などの自然現象によるものである。各設備それ自体

によるトラブルはある程度予測できるが，各建物ごとに内容の異なる完全な一品生産品である以上，数は少ないが『マサカ』の発生は避けられない。特に，建築計画と設備計画の境界の部分は，業務範囲・責任範囲が不明瞭なことが多く，この狭間でトラブルが発生しやすい。

　設備設計一級建築士が関与した場合を除き，本来はすべて一級建築士の業務範囲であるが……。

　自然現象が原因となる場合は季節や気象状態，設備の使われ方の状況により，トラブルは発生したりしなかったりする。ビル管理者の配慮によりある程度は防げるが，設計・施工上の問題がある場合は，ビル管理者だけでは対応できない。ある一定の状況でなければ発生しないこともあって，これの原因究明は結構難しい。『マサカ』の発生する所以である。また，自然災害の場合はどの程度まで許容されるのか，判断が難しいところがある。

　いずれの場合も建物により状況が異なるので，設計・施工・ビル管理，それぞれの立場の技術者が，各種の『マサカ』に直接遭遇する機会は少ない。したがって，このような『マサカ』があった場合の事例紹介は，技術者の義務といってもよいであろう。

茶飲み話の気分で

　筆者が最初に入った設備工事会社には，技術話の好きな先輩が沢山おられた。昼休みや3時の休憩時間，もちろんアフターファイブでも話題となるのは，自分たちの経験談が多かった。全体的におおらかな会社であって，自分たちの失敗やトラブルを「こんなことがあったよ」と気軽に話せる雰囲気があった。当然，私たち新米にとって『マサカ』の話も沢山出てくる。こういうときの話というものは意外に忘れずによく覚えているもので，工事屋から設計屋に代わってからも色々参考になった。札幌勤務の経験のある上司から寒冷地での空調の方法や，蒸気コイルやトラップの凍結防止法について細かいノウハウを教えられたのも，多分昼食後のコーヒーを飲みながらのことであったと思う。外気を蒸気加熱する場合に，通常の横型チューブのプレートフィン・コイルを使うと，凝縮したドレンがドレンヘッダーにたどり着く前に凍結してチューブがパンクするから（それ程寒いということ），チューブを竪にしてフィンピッチを大きくしておく他に，外気がコイル部分だけを通過するような構造とすること（ドレンヘッダーに外気が触れれば当然凍結のおそれが

発生する）と，スケッチまで書いて説明していただいたのは今でも鮮明に記憶している。（後述）

　書物で読んで勉強したり，講習会などに参加することも大切であるが，先輩から茶飲み話に聞く技術話の方が，実際の経験に基づいているので記憶に残り，結構役に立つことが多いものである。経済評論家の長谷川慶太郎氏は，日本の高い技術力の背景の一つに，赤提灯での技術の話を挙げておられる。

　この本も茶飲み話のつもりで読んでいただき，諸兄の参考になれば幸いである。

トラブル別分類表

章	節	マサカの事例	建築	電気	給排水	空調	他	計画設計	施工	製品器具	運用管理	自然現象
第1章 雨による『マサカ』の話	1.1 雨水は裏口から浸入する	▶1 雨水浸水対策成功事例	○					○				
		▶2 排水管からの雨水逆流一般事例	○		○			○	○			○
		▶3 河川の増水で、道路の桝から溢れた										
		▶4 地下1階エアコンから雨水逆流				△	○		○			○
		▶5 防潮板の横に開口部	○					○				○
		▶6 半地下電気室の雨排水対策	○		○			○				○
		▶7 地下室住宅の注意点	○		○			○				○
		対策1 集中豪雨時の道路冠水対策	○	△	○	△		○			△	
	1.2 電気のパイプに水が流れる	▶8 受変電室への雨水の浸水		○								
		▶9 電線管からの浸水		○								
	1.3 落葉の季節に水害が起きる	▶10 雨水ドレンの詰まりによるトラブル			○			○			○	
		▶11 リゾートマンションの雨水浸水			○						△	
		▶12 マンションピット内に水が溜る			○						△	
		▶13 屋上雨排水の電線管からの浸水		○	△			○				
		▶14 冷却塔清掃排水の売場への浸水	○		○				△			
		▶15 冷却塔清掃排水の1階トイレへの浸水			○			○				
		▶16 高置水槽オーバーフロー水のエレベーターシャフトへの浸水	○		○			○				
	1.4 工事中の雨水トラブル	▶17 地下室の水没	△	○				○				○
		▶18 豪雨に浮かんだオイルタンクピット					○	○				
第2章 水蒸気と結露の『マサカ』	2.1 電線管に水蒸気が流れる	▶19 プールピットの湿気で分電盤結露		○				△				
		▶20 地下ピット水槽類の制御用配線管からの湿気		○	△			△				
	2.2 換気するほど結露が進む	▶21 温水プール付属便所の結露				○		○				
		▶22 トランクルームの結露				○		○			○	
	2.3 マンション結露の『マサカ』	▶23 浴室の湯気でマンション便所の結露				○					△	
		▶24 排気口での結露	△			○		△	△			
		▶25 排水通気官の結露			○			△				
第3章 『マサカ』の凍結	3.1 風に吹かれりゃ温度が下がる	▶26 泡消火設備感知ヘッドの凍結			○			○				○
		▶27 スプリンクラー配管の凍結			○			○				○
		▶28 外調機蒸気コイルの凍結				○		○				○
		▶29 屋上設置排煙機まわりの結氷				○		○				○
第4章 風による『マサカ』の話	4.2 風のトラブルと注意事項	▶30 ホテルロビーは足元が寒い	○			△		○				○
		▶31 侵入外気はエスカレーターを下る	○			△		○				○
		▶32 出入口が90度振れ、高さが2層ずれても、風は吹き抜ける	○			△		○				○
		▶33 足元が寒い地下の飲食店	○			△		○				○
		▶34 開けっ放しにすれば受付嬢は寒い	○			△		○			○	○
		▶35 大きな扉は侵入外気を防げない	○			△		○				○
第5章	5.1 臭いは風に乗って運ばれる	▶36 排気のショートサーキット標準事例	○			○		○	△			○
		▶37 同じ壁面でのコアンダ効果によるショートサーキット	○			○		○				○

: 本文中の「マサカ」事例を、関連部門ごと及び原因に分類した
: 「マサカ」事例は本文とは変えて、具体的なトラブルで表現したものもある
: 本文中の「対策」も下表に加えた

マサカの事例

章	節	マサカの事例	関連部門					原因				
			建築	電気	給排水	空調	他	計画設計	施工	製品器具	運用管理	自然現象
第5章 臭いによる『マサカ』の話	5.1 臭いは風に乗って運ばれる	▶38 排気ガラリが広告塔に囲まれショートサーキット	○			○		○	○			○
		▶39 排気ガラリの隣にビルができてショートサーキット	○			○						○
		▶40 吐出風速小のためにショートサーキット				○		○	○			
		▶41 臭いが風に乗ってショートサーキット				○		○				
		▶42 重い臭気が吹抜より下の階に侵入				○					○	
		対策2 厨房排気のトラブル対策	○			○		○				
	5.2 元を断っても止まらぬ臭気	▶43 排水管内での腐敗による排水臭気			○			○			○	
	5.3 通気口の臭気も風に乗って流れる		△		○							
第6章 騒音による『マサカ』の話	6.1 静かな所で音は際立つ（コンサートホール篇）	▶44 シャンデリアのキシミ音		○				○	○			○
		▶45 演奏会中の工事騒音	○	○					○			
		▶46 演奏会中の雨排水音	○		○							○
	6.2 静かな所で音は際立つ（マンション篇）	対策3 マンション騒音対策配慮項目	○									
		▶47 外から回ってきたポンプ室騒音			△	△					△	
		▶48 換気レジスターの閉め切りでファン騒音				○					△	
		▶49 GL工法で音が増幅	○		△			○				
		▶50 ポンプの逆送運転で騒音		△	○			○				
		▶51 仮設ポンプの回りっぱなし			○			○				
		▶52 ウォーターハンマー			○				△		△	
		▶53 温水器膨張管排水による雨排水キシミ音				○		○				
		▶54 風による音鳴り		○					△			○
		▶55 浄化槽瀑気音						○	△			
	6.3 静かな所で音は際立つ（リゾート篇）	▶56 電気室キュービクルの騒音		○		△						
		▶57 煙突の音鳴り				○		△	△	○		
		▶58 特殊浴槽騒音	○		△							
		▶59 リゾート施設のガラリ騒音	○			○		○				
		▶60 リゾート施設の屋外機器騒音	○			○		○				
	6.4 静かな所で音は際立つ（一般ビル編）	▶61 ガラリの向きは地域指定に注意	○			○		○				
		▶62 ガラリの向きはマンションに注意	○			○		○	△			
第7章 使われ方による『マサカ』の話	7.1 機械は初日に故障する	▶63 オープニング当日の熱源機の故障				○			△			
		▶64 オープニング当日の空調機の故障				○			△			
		▶65 オープニング当日の冷水落水事故				○			○	△		
		▶66 オープニング前日のガス冷温水機の失火				○			○			
		▶67 オープニング当日の受水槽の警報			○				○	△		
		対策4 オープニング、レセプション時の対応				○					○	
	7.2 去年良ければ今年も良いはず	▶68 風量を絞ったための冷房不良				○					○	

章	節	マサカの事例	建築	電気	給排水	空調	他	計画設計	施工	製品器具	運用管理	自然現象
第7章 使われ方による『マサカ』の話	7.4 同時に使えばお湯はなくなる	▶69 観光ホテルでの湯量不足			○			○			△	
		▶70 アーバンリゾートホテルの湯量不足			○			○			△	
		▶71 クアハウスの湯量不足			○			○			○	
		▶72 会員券を発行して湯量不足に			○			△			○	
		▶73 特別養護老人施設での湯量不足			○			○			△	
	7.5 梅雨の晴れ間に水がなくなる	▶74 梅雨の晴れ間の水不足			○			○			△	
		▶75 給水ポンプの逆送運転で減水警報			○					○		
		▶76 宴会シーズンでのお湯の不足と水道工事による水不足			○			○			△	
		▶77 リゾート住宅での散水栓開放による水不足			○			○			○	
		▶78 利用率の高い便所の水不足			○			○			○	
		▶79 受水槽の形状変更により減水警報			○			△	△		○	
	7.6 使わないから起きるトラブル	▶80 排水管つなぎ忘れ			○				○			
		▶81 凍結防止バルブの閉め忘れ			○						○	
		▶82 除湿機の穿孔				○					○	
		▶83 換気連続運転で中枢神経機能障害に	○			○		○			○	
		▶84 リゾート施設の死水			○			△			○	
		対策5 リゾート給排水設備の注意事項			○						○	
第8章 機能に関する『マサカ』	8.1 リークが怖い蒸気のコイル	▶85 蒸気漏れでスプリンクラー撥水			△	○		○				
		▶86 蒸気漏れでファンコイル枝管切断				○		△				
	8.2 フィルターが詰まればどこかで吸われる	▶87 フィルターの目詰まりでタイルカーペットの汚れ				○		○				
		▶88 ダクトメッシュ目詰まりで空調機アワヤ崩壊				○			△			
		▶89 プール湿気により天井材腐食	△			○		○				
	8.3 給気口がなければ他所から吸われる	▶90 マンション給気口の閉鎖	△			○					△	
		▶91 厨房排気の室内への逆流	○			○		○				
		▶92 高級マンションに換気口はいらない？	○			○		○				
		▶93 マンションの扉が重い	○			○					○	
		▶94 マンション換気の各種トラブル	○		△	○		○				
		▶95 ガス燃焼機器のトラブル	△		○			○		○	○	
	8.4 大は小を兼ねない	▶96 ポンプブレーカー遮断の頻発		○		○				○		
	8.5 熱い空気は床に届かぬ	▶97 上下温度差大（ゴルフクラブハウス）				○		○				
		▶98 上下温度差大（高級マンション）	○			○		○				
		▶99 同じ部屋に冷房機・暖房機の併設				○		○				
	8.6 ドレンは上に向かって流れる	▶100 ファンコイルドレンの逆流				○			△			
		▶101 雨排水管に接続したドレンの逆流				○		○				
		▶102 工事中の水抜き配管からの逆流				○			○			
		▶103 湧水排水の逆流			△			△	○			
第9章 快適性に関する『マサカ』	9.1 こちらよければあちらが暑い…	▶104 中間期に『暑い』というトラブル				○		○			○	
		▶105 冬期室温の不均一				○		○			△	
	9.3 気流がなければ快適でない	▶106 気流が少なく『暑い』というトラブル				○		○				
		▶107 空気が動かず快適でない				○		○				

章	節	マサカの事例	建築	電気	給排水	空調	他	計画設計	施工	製品器具	運用管理	自然現象
第10章 省エネルギーの『マサカ』	10.3 省エネもほどほどに	▶108 ホテル外気調和機の間歇運転①				○		△			○	
		▶109 ホテル外気調和機の間歇運転②				○		△			○	
		▶110 駐車場換気の間歇運転				○		△	○		○	
	10.4 ガスを止めればお風呂が冷える	▶111 バランス式風呂釜のアンチ省エネ性			○					○		
第11章 設計監理業務に関する『マサカ』	11.1 冷房ないのは設計ミスか	▶112 エレベーターホールが暑い①（ホテル客室階）				○		○				
		▶113 エレベーターホールが暑い②（ホテル地下駐車場階）				○		○				
		▶114 エレベーターシャフトが暑い				○		○				
		▶115 便所が暑い				○		○				
	11.3 隠すことからトラブルは始まる（冷却塔編）	▶116 対策6 冷却塔の囲い方	○			○		○				
		▶117 煙突煙の冷却水への混入	○			○		○		△		○
		対策7 煙突に関する注意事項	○			○		○				
	11.4 隠すことからトラブルは始まる（室外機編）	▶118 床・壁・天井・ガラリで囲われた室外機①（一般事例）	○			○		○		△		
		▶119 床・壁・天井・ガラリで囲われた室外機②（高級マンション）	○			○		○		△		
		▶120 床・壁・天井・ガラリで囲われた室外機③（再開発ビル）	○			○		○		△		
		▶121 井戸底状スペースに設置された室外機	○			○		○		△		
		▶122 三方壁のバルコニーに設置された室外機	○			○		○		△		△
		▶123 手すりが邪魔する排気の流れ	○			○		○		△		
		▶124 望ましい設置事例	○			○		○		△		
		▶125 配慮がほしい設置事例	○			○		○		△		△
	11.5 隠さなくてもトラブルはおきる（室外機編・続）	▶126 風の回りこみによる室外機の機能不全	○			○		○				○
		▶127 通風が良すぎるための室外機の機能不全				○		○				○
		▶128 ウォールスルー型エアコン排気による機能不全	○			○		○				
		▶129 ウォールスルー型エアコン給排気ガラリ断面不足による機能不全	○			○		○	○	△		
		▶130 室外機の密集配置による無駄運転				○		○	○			
	11.6 川に流せぬ敷地の雨水	▶131 川に接した敷地の雨水を川に流せぬ行政指導			○			○				
		▶132 下水放流地域に排水貯留槽を計画			○			○				
	11.7 シャンデリアはどこにある	▶133 パースに描かれたシャンデリアが設計にない	○	△				○				
		▶134 屋上の貯湯タンクが目立つ	○		△			○				
第12章 マンションリニューアルの『マサカ』	12.1 サッシ改修に伴うトラブル	▶135 換気扇を運転するとコンセントまわりから風が出る	○			○		○				
		▶136 気密性向上に伴う想定トラブル	○			○		○				
		▶137 上階トイレの用足し音が聞こえる	○		○			○				
	12.2 システム変更，機器変更，技術の変化に伴うトラブル	給水加圧ポンプをインバータ式に変えて騒音トラブル発生			○			○				
		高置水槽方式をポンプ直送方式に変えて騒音トラブル発生			○			○				
		換気扇をレンジフードに取替えて，ガス温水機の安全装置作動				△	○	○		○		

トラブル分類表

第1章 雨による『マサカ』の話

　雨露をしのぐという言葉があるように，建物の目的の第一は雨を防ぐことである。各分野の専門家の協働作業である設計業務においては，各専門分野の接点をきちんと規定しておかないと，それこそ「漏れ」が生じる。

　建物に対する，自然災害によるトラブルのうちで『雨』によるものが一番多い。基本的には屋根や屋上防水計画を始めとして，雨を防ぐのは建築意匠設計者の責任である。

　雨水に関する設計区分・施工区分では，建物内のルーフドレン（以後，RD）・雨排水竪管は「建築」，これを配管でつないで外部に出すのは「設備」となっている。問題は敷地全体の雨排水計画で，通常は「建築」設計者の業務範囲であるが，面積の大きい場合は開発行為となって，「土木」設計者が関与することがある。

　外構設備では設備設計者の仕事は敷地内に降った雨水を外に出すことであるので，外から雨水が入ってくることに思いが及ばないおそれがある。施工者，特に配管屋さんは勾配が合えば手近の桝につなぎたがる。通常はもちろんこれで問題はないが，しかし危機管理面から考えると，台風や集中豪雨時に敷地外からの雨水の浸入防止策を考えておくことは最も重要である。

　建築基準法第19条には，「建築物の敷地は，これに接する道の境より高くなければならず，建築物の地盤面は，これに接する周囲の土地より高くなければならない。ただし，敷地内の排水に支障がない場合又は建築物の用途により防湿の必要がない場合においては，この限りでない」とあるが，マンションなどでは，地下駐車場車路からの浸水で愛車が浸かったなどのトラブル事例が多い。雨水の浸水に関しては，本来は建築設計者が配慮すべきことである。

1.1 雨水は裏口から浸入する

　台風や集中豪雨のため，各地で床下浸水や床上浸水事故が発生している。何十年に一度の集中豪雨や河川の氾濫により，地域全体が水没する場合は建築や設備ではどう対応しようもないな，というのが正直な感想である。しかしそれほどのものでなくても，ちょっとした集中豪雨の場合でもそれなりの被害が報告されている。「内水氾濫」という言葉もあ

るように，豪雨時には下水道マンホールから雨水が噴出し，道路が冠水する現象はテレビなどで皆さんもお目にかかっているであろう。

　このような災害時には，少なくとも自分が関わった建物に被害が無かったか，どんな対応をしたかなどについて，設計者・施工者は関心を持っていてほしい。竣工してから後何年も経っている建物は別として，竣工後間もない建物の場合，設計者は施主や管理者に様子を尋ねるなどの気配りが必要である。

　筆者は在職中このような場合には，そのころ竣工した新築物件の意匠設計担当者に様子を尋ね，竣工現場に問題点確認の電話を入れさせていた。こういうことに関心が高くない社員もいたが，しかし『心配だから，もう電話しました。扉からの吹込みで絨毯を濡らした程度でよかったです』とキチンと対応している者もいた。

　施工者はアフターサービスの矢面に立つことが多いので，割と対応がよい。

　建物管理者の場合は，地下階に主要機械室や中央監視室があり雨水の浸入に対しては常日頃から心掛けているであろうが，紹介事例のような『マサカ』もあるので，身の回りの設備の見直しの一助とされたい。

1）建築的な浸水対策成功事例　▶1

　さて，正面からの浸水対策の必要個所は建物・敷地の出入口であり，出水事故の多い地域では，浸水防止策として防潮板（防水板）・防水扉の設置が常識である。地下鉄の入口などは1，2段上がってから降りるようになっていて，普通程度の道路冠水でも外部からの浸水がないよう考えられている。しかし平成16年の台風時，東京の新しい地下鉄某駅での浸水がテレビで放映された。この駅には，階段の立上がりがなかった。こんなこともあるか，という意味では「マサカ」であった。

　防潮板がない場合は，昔は土嚢などの積み上げで防いでいたが，最近は「吸水バッグ」ができており，洪水以外の水害にも利用できるので，土嚢と比べ緊急時対応の利便性が向上している。

　以下の事例は目新しいものではないが，本書に紹介する事例のうち，数少ないよかった例として最初に挙げる。

　昭和57年秋，台風と満潮により神奈川県某市の河川の水位が急激に上がり，この川の氾濫により，道路が冠水するということがあった。上流地域の都市化が主な原因である。以前からその兆候があったので，この川の近くにショッピングビルを計画するにあたり，設計者は外部から

直接地下飲食店街に下りる階段入口には防潮板を設置した。他の出入口は，床がGLより上がっているので土嚢で対応することとし，工事中にも道路冠水があったので土嚢の準備も十分であった。竣工後まもなく起きたこの出水のときは，防潮板（H=500mm）や土嚢の上から若干オーバーフローするほどの水位であったが，これが効いてこのビルは辛うじて水没を免れた。地階で階段を下りてきたところのシャッターや鉄扉などの部分には1m程度水が溜まったが，シャッターの下から入ってきた水は地下ピットのマンホールを開けて湧水ポンプで排出した。

　助かったビルと同じ計画区域内には駐車場ビルもあり，1階店舗はもちろん浸水したが，同じ1階に設置された電気室は，2，3段上がってから跨いで入るように，出入口扉の下端を高さ500mm程度上げてあったので浸水を免れた。施主からはもちろん喜ばれた。駐車場ビルは次の日から，ショッピングビルは一日おいて営業を再開した。

　しかし道路を隔てた向かい側にあった他社設計のホテルや大型量販店は，地下の電気室が水没し，1か月間近くの営業停止となった。

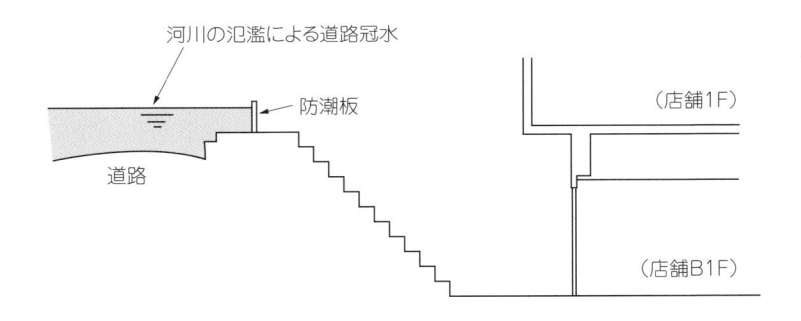

▶1 図1　雨水浸水対策成功事例

▶2　**2）雨水が裏口から浸入する一般事例**
　防水板が設置されていても，土嚢を積んでも，雨水は思わぬところから浸入するので，注意が必要である。それは排水管からの逆流である。
▶2 図2のように，配管が接続されていれば，道路が冠水した場合防潮板があっても，雨水は敷地内・建物内に逆流する。表にはしっかり鍵をかけていても，裏口から泥棒に侵入されるようなものである。
　このような形は気をつけてみると，いろいろなところで見受けられる。

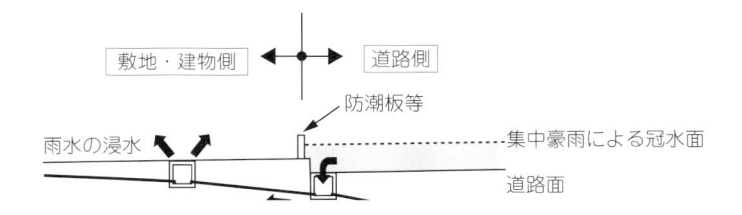

▶ 2 図 2　排水管からの雨水逆流一般事例

地下駐車場の入口部分を盛り上げているのも同様な考え方であるので、内側の側溝排水は直接外部に放流接続してはいけない。出入口扉のマット部分の排水も同様であり、せっかく入口部に土嚢を積んでもここを塞がなければ何もならない。

マンションの1階まで水がきて、玄関出入口扉やサッシの下を塞がなければいけない事態の場合は、洗濯パンや浴室洗い場排水口からの逆流が考えられる。

筆者が在籍していた会社の近くにある**河川も、同様なケースで氾濫した**（▶3 図3）。この川の両側の土手はコンクリート側壁で高くしてあったが、川に流れ込む雨排水管には逆流防止の処置がしてなかった。そのため水嵩が道路より高くなって逆流、道路冠水したものである。（▶3 図3）現在では、大きな雨水貯留層が近くに設けられており、雨排水管にも逆流防止の蓋が取り付けられている。

そのほか、坂道に面したビルや敷地で、道路に面して駐車場入口などの開口がある場合は、坂の上の方からの雨水が流れてきて流入するおそれがある。

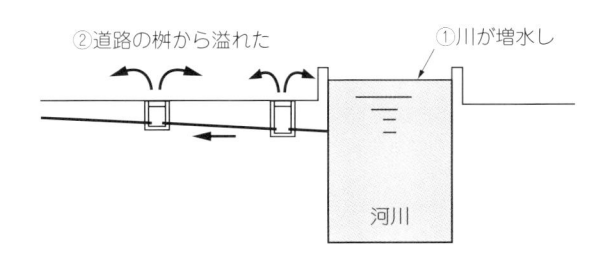

▶3 図3　河川の増水で道路の桝から溢れた

3）地下1階エアコンからの雨水の逆流

さて，これまでの話は経験者にとっては当たり前の話であろうが，以下の話は筆者にとっても文字通りの『マサカ』であった。

都心の一部で道路冠水する程度の集中豪雨があった数日後，設備担当者から報告があった。「実はこの間竣工した某事務所ビルで，地下に浸水がありまして……。」「そういえば，この前，集中豪雨があったからね。1階の床まで水が上がったの？」「いいえ，1階は玄関入口の直ぐ下まで水が来たんですが大丈夫でした。でも，地下にある事務所に水が入って……。」「何で地下に雨水が入るんだよ。」「エアコンのドレン管から逆流しまして。」「エッ，……？」という『マサカ』事例を事故報告書風に書くと。

［状況］集中豪雨時に，某事務所ビル地下1階天井設置のエアコンのドレンパンより雨水が室内に浸水した。

［原因］設計ではエアコンのドレンは床下ピットに落とすことになっていたが，工事段階で外の公設桝に直接放流するように（もちろんトラップ桝経由で）変更されていた。そのため，①道路冠水により，②雨水がドレン管を逆流し，エアコン内に水が溜まって，③溢水したものである（▶4図4）。なお，1階トイレの床の掃除口も周りに水がにじんだとのことであった。

［処置］ドレン配管を設計通りに直した。

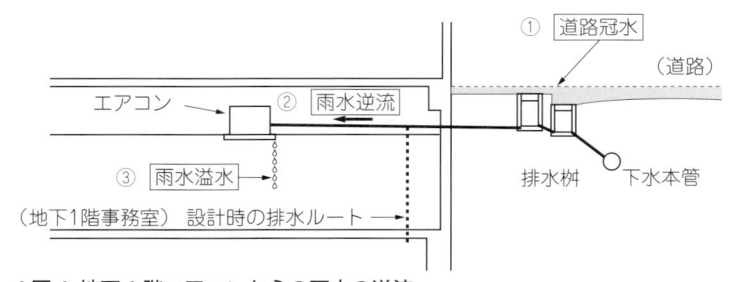

▶4図4 地下1階エアコンからの雨水の逆流

ということになるが，それ以外の対応は結構面倒である。

浸水被害の程度によっては，大きな問題になりかねない。設計図の変更は施工側の責任であったとしても，監理ミスを問われることもあろう。この場合は幸いなことに，地下の事務室はこのビルを施工したゼネコンが次の現場用の事務所として使用していたので，『アワヤ』のところで

対応は済んだが、こんな偶然はめったにないことである。
　社内の会議で、水平展開を行ったのはもちろんである。

4）その他の雨排水に関する『マサカ』『アワヤ』事例
　筆者の会社はデベロッパー系の会社であったので、デベロッパーに持ち込まれた他社設計の物件を監修することがよくあった。監修物件は構造設計者や設備設計者が在籍していない小規模設計事務所の物件が多く、いわゆるアトリエ系設計事務所の考え方を知る上で参考になったが、建築設備に対する配慮不足にはいろいろ指摘を行った。その中で、似たような事例について紹介する。

防潮板を設置してある脇の外壁に開口部があった事例　　▶5
　既述の氾濫した川の近くに、小規模の事務所ビルが計画された。5階建の建物であったが、容積率を目いっぱい利用するため、1階は半分以上地下となっており、ここが出入口となっていたので、道路から直接階段で下りる構造になっていた。筆者の会社が設計監修を行った。設計者はこの川の氾濫のことを知らなかったので、防潮板の設置などの防水対策を指摘しておいた。ところが竣工検査で驚かされた。道路から下りる階段の脇には道路との間に塀があり、▶5 図5 のようにここにデザイン的に縦のスリットがGLまで入っていたが、防水対策はなされていなかった。これでは何のために、防水板をつけるのかわからない。もちろん下の部分は塞がせたが、別な意味で『マサカ』であった。
　この他、換気用のガラリや開口がGL近くにある建物は結構多い。小規模な建物では、植込みの中などに換気用のパイプを立ち上げている。これらからの浸水も要注意である。

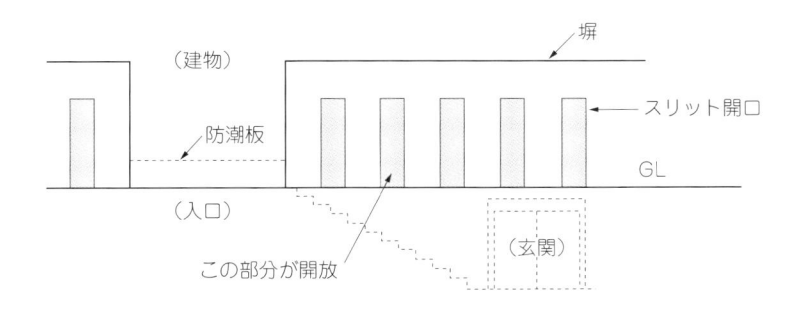

▶5 図5　防潮板の横に開口部

▶6　半地下電気室の雨排水対応

　某マンションの中庭に半地下で電気室が計画され，下水本管のレベルが低かったので，電気室前のドライエリア部の雨排水は本管に直接排水するよう計画されていた（▶6図6）。下水本管レベルが低いということは，集中豪雨時に逆流のおそれがある。したがって，ピットを設けポンプアップ排水とするよう変更指示した。もちろん敷地内雨水に対しては，階段部に立ち上がりを設けて流入防止を図った。これも筆者の会社の監修物件であった。

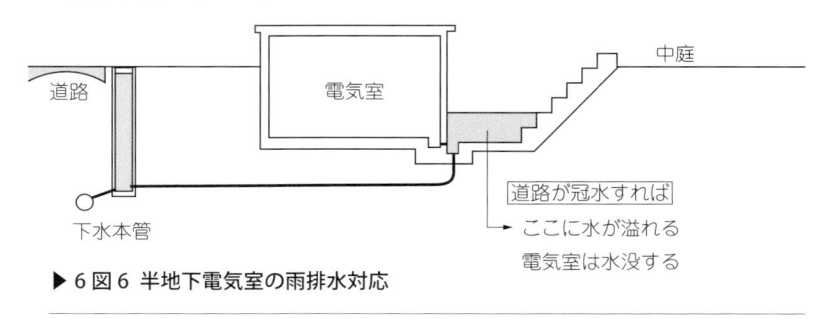

▶6図6　半地下電気室の雨排水対応

▶7　地下室住宅の注意点

　建築基準法改正で住宅に地下室を設ける例が多くなり，テレビでも放映されている。中には▶7図7のように，下水本管の位置が低い場合に，地下や地下に下りる階段の踊り場に便所を設け，直接放流している例がある。こういうのは怖い。地下居室の逆流事例が多くあったとみえて，東京都下水道局『東京都排水設備要綱』では，道路より低い水場には，ポンプアップ排水設備の設置を義務付けている。

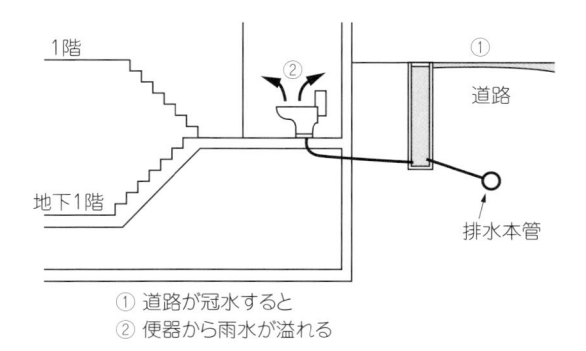

① 道路が冠水すると
② 便器から雨水が溢れる

▶7図7　地下室住宅の注意点

また，居住性をよくするため，ドライエリアを大きく取っているところもあるが，道路側，隣地側の外壁に立ち上がりを十分とって，出水時の浸水防止対策としておくべきである。

5）集中豪雨時の道路冠水対策　対策1

　通常の降雨状態でも道路からの雨水の流入は問題外であるが，集中豪雨時の対応を考えておかないと，最悪の場合には建物が水没し数ヶ月間使用できなくなる。以下に，設計時点で行っている予防処置を紹介しておくので参考にされたい。雨水流入のおそれのない地形の場合は，もちろんここまでの配慮は行っていない。

　［対策］①建物FLとGLに段差を付ける。
　　　　　②外部から直接地下に下りる階段は，状況に応じ2,3段上げる。
　　　　　③防潮板（防水板）を取り付ける。
　　　　　④GL近くに，ガラリ・窓などの開口部がある場合は防潮板より上の位置に付ける。外部コンセントも同様である。
　　　　　⑤同様に，地階ドライエリアなどの周辺には防潮板と同程度の立上がり壁を設ける。防潮板が不要の場所でも立ち上がりは十分取る。
　　　　　⑥場合によっては，排水管にチャッキバルブ（逆流防止弁）を設ける。
　　　　　⑦1階の排水は直接放流とせず，できるだけ地下ピットに落としポンプアップ放流とする。地下の無い建物の場合も，状況によっては排水ピットを設ける。

　このような対策がなされていない場合は，もちろん土嚢や吸水バッグを積むという原始的な方法で，浸水を塞がなければならないし，他の部分も相応の対応が必要である。土嚢で防げる程度の水位では水圧はたいしたことはないので，排水管からの逆流対策としては衛生器具類の排水口に襤褸布を詰めて重しを置いたり，土嚢ならぬ水嚢で逆流を塞ぐ必要がある。

1.2 電気のパイプにも水が流れる

　集中豪雨時でなくとも建物の地下部分は地下水の浸入があるので，この部分の配管類の貫通部は相応の防水対策を行っている。この貫通部については，衛生設備業者がキチンとした施工を行っており，この部分か

らのトラブル事例は筆者の関係した物件ではあまり聞かない（浸水量が僅かでかつ二重壁内に落ちるので，施工不良があってもわからないのかも知れないが？）。電気設備については，下記のように地中の外壁貫通部から水が入ってきたという『マサカ』事例があった。そのうちには，電線配管の内部を伝わって水が入ってくる『マサカ』もあり，これについては特に注意が必要である。

1）電気設備関係引込み箇所からの浸水事例

▶8　某商業ビル：受変電室への雨水の浸入

　昭和55年正月2日の夕方，藤沢在住の建築のマネージャーから緊急の電話があった。都内繁華街にある竣工2年目のこの商業ビルで，電気室（受変電室）に水が入ったとのこと。電気設備の担当者も逗子在住のため，関係者が皆集まるので行って貰えないかとの依頼である。どういうわけか，関係者が集まったのは夜の7時頃であった。皆酒が入って良い顔色をしていたが，「何で電気室なんかに水が入るんだ？」と正月気分に水を差されて不満顔。地下2階の電気室では高圧ケーブルのピットに水が溜まっており，床上まで上がってきたので，浸水がわかったのである。高圧ケーブルはピット内では接続箇所はなく，とりあえずは停電のおそれはないのでほっとしたが，とんでもない出来事ではあった。水の浸入箇所は高圧ケーブルの外部からの引込み箇所で，外壁貫通スリーブとケーブル用配管との間の防水処理（コンパウンド充填）不良が原因であるとわかった。しかし，事故に至る経緯は次のように複雑なものであった（▶8図8）。

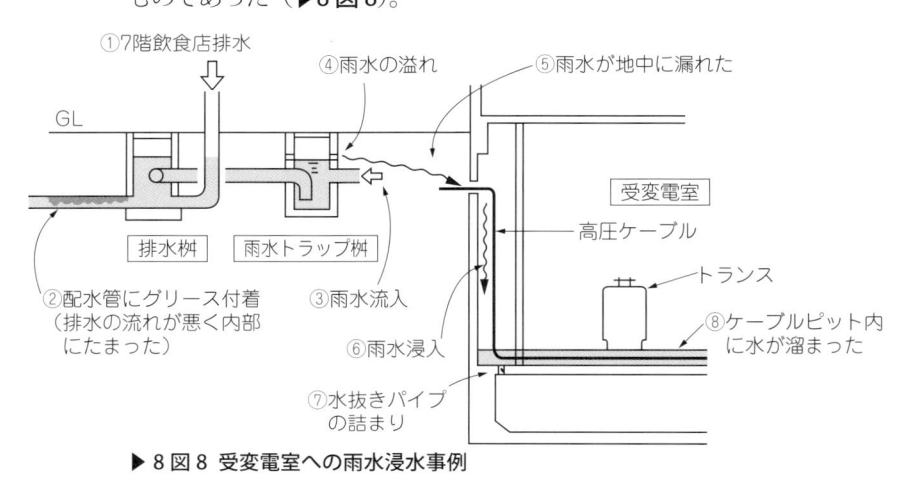

▶8図8　受変電室への雨水浸水事例

①年末最終日に，最上階の飲食店でグリース・トラップの大掃除を行った。
②大掃除で流された厨房排水のグリースが，外部の排水管の上部内側に付着した（筆者が見たら排水管の断面は3分の1程度になっていた）。
③正月に大雨が降った。雨排水の配管は▶8 図8のようになっており，上記排水管の接続桝の上流から雨水が流れ込んだ（建物敷地は周辺より高く，道路冠水はなかった）。
④排水管の断面が小さくなっていたため，排水桝，雨水桝内部で雨水が溢れた。
⑤雨水桝を重ねた部分で，溢れた雨水が地中に流れた。
⑥すぐ脇に高圧ケーブルの引込み箇所があり，施工不良箇所より浸水した。
⑦二重壁内の水抜きパイプが詰まっており（埋戻しの砂が水と一緒に入った模様），ブロックを通してEPS内に水が染み出た。
⑧ケーブルピット内に水が溜まった。

このビルの場合はEPSが電気室の脇にあり，スラブ上で電気室のケーブルピットにつながっていたためすぐに漏水がわかったが，高圧引込み用EPSと電気室とが離れている場合は，高圧ケーブルは二重ピット内で展開されることが多いので，雨水が浸入してもピット内に落ちるので表に現れることは少ない。

この件は正月休みに発生してよかった。店舗がオープンしていたら，汚水が電気室に入るだけでなく，桝の部分で溢れていただろうから。

なお，電気の引き込み箇所からは，工事中に雨水の浸入がある。これについては，「工事中の雨水トラブル」（▶17, 37頁）で述べてある。

2) 電線管内を水が流れた事例　　　　　　　　　　　　　　　　　　▶9
某事務所ビル（コンピュータセンター）
：情報関連引込み配管からの雨水の浸水

［状況］台風時電話引込みハンドホール水没。MDF室に浸水。
［原因］竣工後，情報関連業者が防水シールに穴をあけ施工。HH（ハンドホール）パッキンを取り外した。
［処置］発泡性ウレタン吹き付け穴埋め。HHパッキン取付け。

これは割とよくある話であり，電気設備関係者にとっては『マタカ』であろうが，機械設備の専門家である筆者にとっては，報告を受けたと

きは『マサカ』であった（もっともよく考えれば十分ありうる話ではあるが）。専門業者施工の部分は，新築時にはゼネコン・サブコンの担当者が一応目を光らせているが，竣工・引渡し後の工事の場合，チェック者がいなくなることが多い。電話・情報関係の工事は，今後も引き替え・増設などが多くなってくると思われる。専門業者の場合はとかく自分のところだけキチンと施工すればよいと考え，その他の部分については対応が甘い傾向がある。防水部分のチェックについては，ビル管理者側の責任で行うなど，より一層の注意が必要である。

電線管端部の開口にパテ詰してない場合は，地上からの引込みの場合でも，雨水が流入する。外壁面の立下り配管のプルボックスが豪雨時に水に浸かり，電線管から水が入った事例は類書にある。「電気設備は雨に弱い」ことは，常に気を付ける必要がある。

なお，電線管内を伝わって水がもれた事例は他のケースもあるが，次節でお話する。

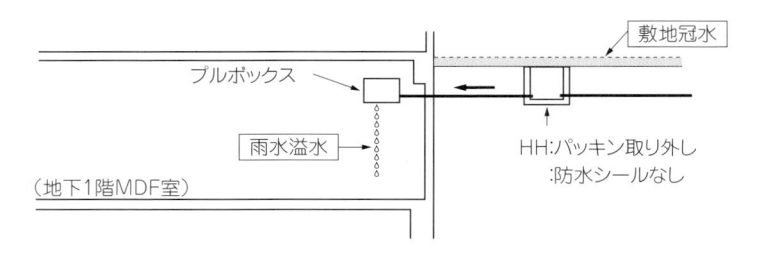

▶9 図9 電線管からの浸水事例

1.3 落ち葉の季節に水害が起きる

敷地外部からの雨水の浸入については，「雨水は裏口から浸入する」（18頁）で述べたが，台風の季節には別ルートからの浸水がある。

建物屋上の雨排水については，設計時点で降雨強度を想定してルーフドレンの数量・サイズを決めてある。屋上の勾配・面積を考え，どちらに流すか配慮するとおおむね余裕のある設計になっていることが多い（特に無駄というわけではないが）。それにもかかわらず，思いもよらない機能障害が起きて『マサカ』の水害トラブルにつながる。

この手の『マサカ』は，秋に発生することが多い。なぜならルーフドレンの機能障害の原因となるものは，秋に大量に発生するからである。

ここではビル管理者の方が一度は遭遇している，落ち葉による屋上やバルコニーのルーフドレンの詰まりによるトラブルについての紹介である。これだけでは『マサカ』というより『マタカ』であるが，その他の要因と結びつくと『マサカ』につながり，思わぬところを水浸しにしてしまうことになるので，注意が必要である。

1）雨水ドレンの詰まりによるトラブル

　この事故はほとんど管理上の問題といえるが，予期しない自然現象を相手とする雨排水の計画に当たっては，設計的にも落ち葉などによる目詰まりに配慮した溢水（オーバーフロー）対策を考えておく必要がある。特に，以下に示すような場所にルーフドレンがある場合は，管理者の目が届かず，トラブルとなりやすい。昔の事例も含め，雨水ドレンの詰まりによるトラブルの発生しやすい状況と一般的な設計上の対応について紹介する。

その1）
ビル管理者が普段あまり行かないところ（屋上に水が溜まる）　▶10
　［状況］某公共住宅で塔屋屋上より雨水が溢水した。
　［原因］ルーフドレンに落ち葉が詰まっていた。メンテ不良というより，そんなところにまで落ち葉が集まることが『マサカ』であった。
　［設計対応］再発防止のため，塔屋屋上のRDは必ず2箇所以上とするか，オーバーフロー用開口を付けることとした。

その2）
居住者（管理者）不在のところ（バルコニーから雨水が浸入）　▶11
　［状況］某リゾートマンション1階でバルコニーの雨水が居室内に浸水した（リゾートマンションのため事故当時居住者不在であった）。
　［原因］RDが落ち葉で詰まっていた。降雨時に上階の雨水が溜まった。バルコニーの外側立上がり部が室内床レベルより高かったため，溜まった水が室内に入ってしまった。また，事故当時の設計ではオーバーフロー対策はしていなかった。
　［設計対応］バルコニーの外側立ち上がりが，室内床レベルより高い場合は，オーバーフロー用開口またはオーバーフロー配管を付けることとした。一般のマンションでも，オーバーフロー対策のないバルコニーはよく見かける。

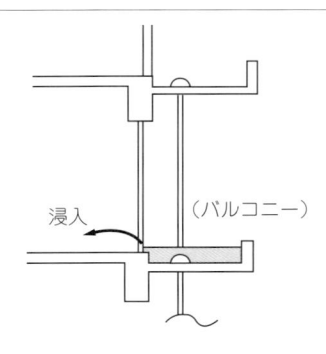

▶11 図10 バルコニーのオーバーフロー対策がなかった事例

その3)
▶12 **雨排水の管理が居住者に任されているところ（マンションピットに水が溜まる）**

　都内の某小規模マンションで，1階床下ピット内に水が溜まることがあるので，何とかしてほしいとのクレームがあった。このマンションは2階建で，直接外から出入する形になっていて共用部がなく，夜間の照明も各住戸の部分を専用部電源で負担するようになっていた。地下水位レベルが低いのと共用電源がなかったので，ピット内湧水排水ポンプは設置されていなかった。また，地中への水抜き穴もなかった。

　［状況］①ピット内に大量の水が（水位30～40cm）滞留し，なくならない。
　　　　　②施工者がポンプで排水しても，いつの間にか溜まっている。
　　　　　③調べても配管類からの水漏れはなく，外部からの浸水ルートもない。
　　　というわけで，直接のトラブルはなくてもクレームになるのは仕方がない。竣工数年後に，本格的に調査を行った。
　［調査結果］1階住戸に中庭があり，そこに暖房兼用の屋外型湯沸器（GWH）が設置されていた。給湯用，暖房用の配管は湯沸器下部の開口からピット内に下っていた。
　［原因］落ち葉によるFD（フロアドレン）の目詰まりにより中庭に雨水が溜まり，湯沸器の基礎をオーバーして配管の周囲からピット内に入った。中庭に雨水が溜まった場合は，居住者はもちろんFDまわりを清掃していたが，事後処置であって，予防処置にはなっていなかった。

［対応］居住者によるFDまわりの清掃を徹底するよう依頼した。

　この事例のように，狭い中庭やドライエリアにRDでなく，FD（排水用目皿）を設置してあることがよくある。排水用目皿は床面と平らなので，落ち葉により目詰まりしやすい。ドライエリアに雨が溜まり，電気室に流入した事例も類書にある。これは，管理者の目が届かなかった事例であるが，雨水の集水にはRDを用いるべきであろう。

①フロアドレンが落葉で詰まった
②集中豪雨時に中庭に雨水が溜まった
③GWH周辺より地中ピット内に水が入った
④地中ピット内に水が溜まった

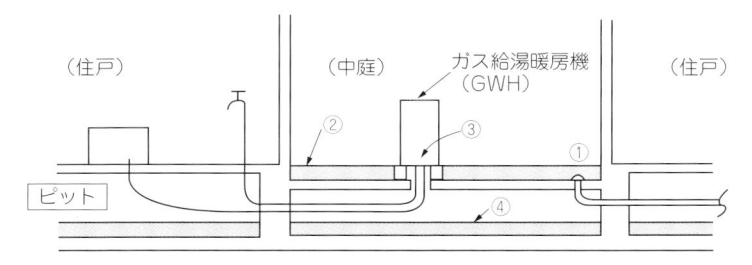

（住戸）　　　（中庭）　ガス給湯暖房機（GWH）　（住戸）

▶12 図11　マンションピットに水が溜まる

2）屋上雨排水の中央監視室等への浸水　▶13

　建物の外側に取り付けられる電気設備関係のボックス類は雨懸かりに配慮した形態になってはいるが，台風や集中豪雨時には対応しきれない場合が多い。ゴムパッキンやコーキングを使っている場合は，劣化により通常の雨でも漏水事故となる場合がある。ここから入った雨水は当然電線管内を流れるが，電線管の経路がまちまちであるため，とんでもないところに水が出てくることがよくある。建物内のプルボックスやスイッチボックスから出てくれればまだよいが，配管内に溜まった水が接続箇所から躯体経由で出てきた場合は原因がわからずまったく困る。地下以外での躯体からの漏水は，電気配管を疑ってみることも必要である。

　雨ばかりでなく，予期せぬ事故で屋上に水が溜まった場合，ボックス類が浸かると屋上の雨水はまともに下の階のどこかに出てくる。これによる『マサカ』事例を3つ挙げる。

その1)
▶13-1　高置水槽オーバーフローが地下動力盤へ流入

某ビルで，塔屋屋上高置水槽のオーバーフローの事故があった。落ち葉によるRDの閉塞により塔屋屋上に水が溜まった。かなりの水位となったので，高置水槽の電極棒制御配線のプルボックスが浸かり，オーバーフロー水が浸入，電線管内を流れて，地下動力盤へ浸水，ポンプのブレーカーが落ちた。

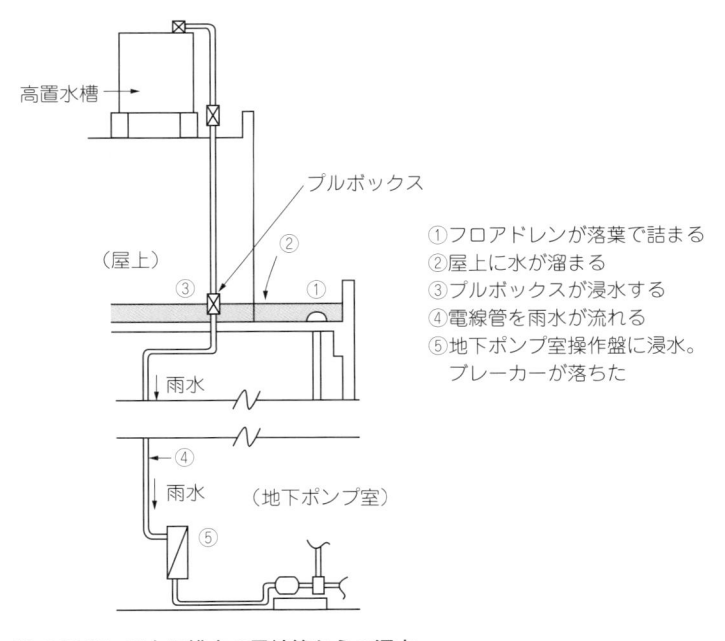

①フロアドレンが落葉で詰まる
②屋上に水が溜まる
③プルボックスが浸水する
④電線管を雨水が流れる
⑤地下ポンプ室操作盤に浸水。ブレーカーが落ちた

▶ 13-1 図12　屋上雨排水の電線管からの漏水

その2)
▶13-2　屋上雨水による地下動力盤のブレーカーの作動

某ビル屋上系統自動制御設備のプルボックスのゴムパッキン腐食部分から雨水が浸入，地下機械室の動力盤まで伝わって，ブレーカーが落ちた。

上記2例は何れも筆者が直接遭遇したわけではないが，『マサカ』の中でも飛び切りの『マサカ』である。特にその2)の事例についてはどこでも発生のおそれがあるので，常日頃の注意が必要である。

その3)
撤去しなかった電気配管から天井漏水

▶**13**-3

　全面改修した3階建の学校でのこと。改修2年後に1階の廊下天井より漏水があった。天井内には，給水や消火栓などの配管はなく，2,3階の天井内にも漏水はない。ペントハウス屋上に上がったら，給水方式が変更になって，撤去したはずの高置水槽警報用の配線用ボックスが残されており，むき出しの配管に雨が流れ込んだとのことであった。制御用・警報用の配管配線撤去工事が，見積りの工事範囲に入っていなかったようである。

　このように，屋上で電気の配管に雨水が浸入することはよくある。水配管がない，雨が止んでも止まらないなどの原因不明の漏水の場合は，電気の配管を疑ってみたらいかがであろう。

3) 冷却塔清掃時の水害事故

　落ち葉の季節は冷房・暖房の切替時期にもあたる。冷却塔清掃時には，冷却水の水抜きも行うので大量の水を使用する。しかもその水は一部の雨排水管のみを経由するので，集中豪雨時よりも流量が多くなり事故に至る場合がある。筆者が遭遇した大変珍しい2つの事例を紹介する。

その1)
冷却塔清掃排水の売場への浸水

▶**14**

　某店舗ビルで塔屋屋上冷却塔の水抜清掃時の水がバルコニーを経由して，屋上から2層下の売場に入ったという事例があった。晴天のこの日は閉店日で冷却塔の清掃が行われており，筆者はこのビルの竣工1年検査に立ち会っていた。検査が終わった頃売場の浸水を知らされ，関係者一同『マサカ』と驚かされたばかりでなく，店員も少なかったので，

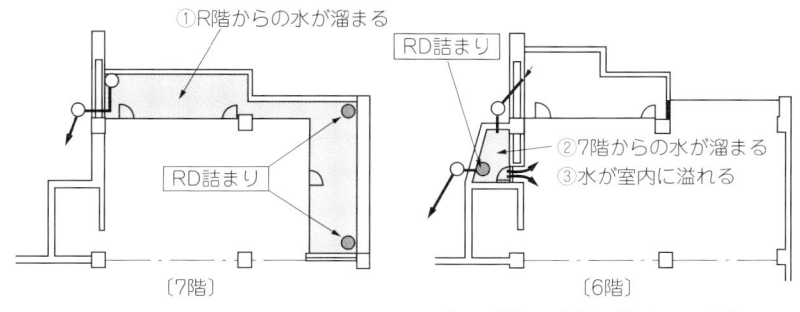

▶ 14 図13 売場へ浸水のマサカ

後始末の手伝いをすることとなった。
- [原因] 直接の原因は，落ち葉によるRD（ルーフドレン）の詰まりであった。
- [状況] このビルは狭い敷地に建設されたため，最上階でセットバックしており，上階の雨水が下の階のバルコニーに開放されていた。冷却塔清掃の大量の水は，下記のように流れて売場に溢水した（▶14図13）。
  ① 塔屋からR階に落ちた水は，7階セットバック部バルコニーに溜まった。
  ② 水は3箇所のRDのうち，詰まっていない1箇所のRDを経由して，6階の小さなバルコニーに溜まった。
  ③ このバルコニーのFDが詰まっており，オーバーフローがなかったため，水はドアの隙間から室内に溢れ出た。
- [考察] 事故の直接原因となった6階のバルコニーは非常に小さく，管理人の目が届かなかったものと思われる。扉の立ち上がりは高さ400mm程度あったが，このような場合には対応不能であった。

　冷却塔清掃時の類似事例が，類書に紹介されている。屋上階からの排水管が2階で横に振られ，2階バルコニーのRDから下に落ちている配管に接続されていた。冷却塔の水抜き時に大量の水が流され，2階のRDより溢れたとのことである。勢いが付いた水は下の階では動圧が大きいので，横に導いた場合，近くに開口があればそこから溢れる。2階バルコニー部の排水管は，排水竪管の下のほうで接続すべきであった。

　筆者の経験では，普通よりやや激しい程度の豪雨で，雨排水管の桝からオーバーフローしたことがある。隣のビルとの間が狭かったので，雨排水は外壁露出で立ち下げ，地面の上で外壁面に沿わせて配管を合流接続し，地中で雨水桝に接続した。このため，桝のところまで雨水が勢いよく流れ，桝というよりマンホールの蓋を噴き上げた。この場合は，化粧蓋の下に蓋を取付けボルト締めとした。

その2）

▶15　**冷却塔清掃排水の1階便所での溢水**

　先が詰まれば手前で溢れるのが，自然勾配を頼りとする排水設備の最大の弱点である。某地方都市のホテルで雨排水管下流での詰まりにより，1階客用便所で溢水し，ロビーに水が出るという事故があった。このと

きも筆者は現場に居合わせ『マサカ』を体験した（▶15）。
［原因］屋外排水管内に角材が入っていた（竣工検査時に気がつかず，通常の使用時には差し障りはなかった）。
［状況］①屋上冷却塔清掃時に，排水が雨水竪管経由で屋外雨水管に流れた。
　　　　②建物は敷地内一杯に建てられていたため，屋外排水管の上流側で雨排水が接続されていた。
　　　　③排水管内に角材があったため，雨水竪樋からの冷却塔清掃排水が排水管・排水桝内に満水状態になった。
　　　　④この間にあった排水桝に，1階便所の排水が直接放流されていた。
　　　　⑤GLと1FLの差が小さかったので，和風便器を逆流して水が溢れた。
［反省点］①雨水・汚水配管の合流は最終桝手前で行う（基本的にやってはいけないことをやったのだから『ヤハリ』ですかね）。
　　　　②上記を行うため，建物は敷地内一杯に計画しない。
　　　　③GLとのレベル差が小さい場合は，1階排水はできるだけ直接放流しない（地下階のある場合は，地下系統排水と一緒にするなど）。

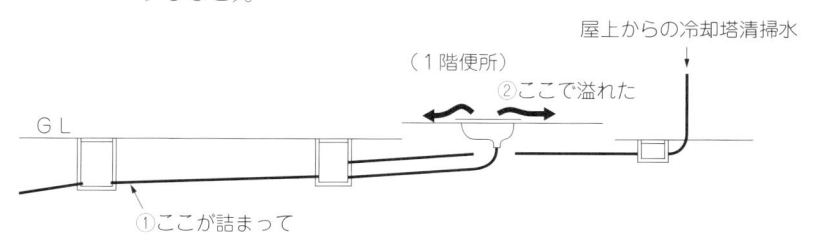

▶15 図14 先が詰まれば上流で溢れる

以上のほか，落ち葉が原因ではないが，**屋上高置水槽のオーバーフロー水がエレベータシャフトに入った事例**▶16を聞いている。
　①竣工間際に，電極棒による水位制御工事が未了のまま揚水ポンプを運転し，塔屋屋上の高置水槽をオーバーフローさせた。
　②この水がRD経由で，エレベータ機械室の前のバルコニー（たまたまこの部分は凹部になっていた）に落ちた。
　③パラペット部分が扉の下框より高かった，またバルコニー部分が小さかったので水が溜まり，プール状になった。原因は，この部分の

ルーフドレンサイズが上から落ちてくる配管サイズよりも小さかったためであった。
④エレベータ機械室扉より浸水し，エレベータシャフトおよびピットを濡らした。

なお，この事故はエレベータ検査の前日に発生し，検査が延期されたというおまけまであったそうである。

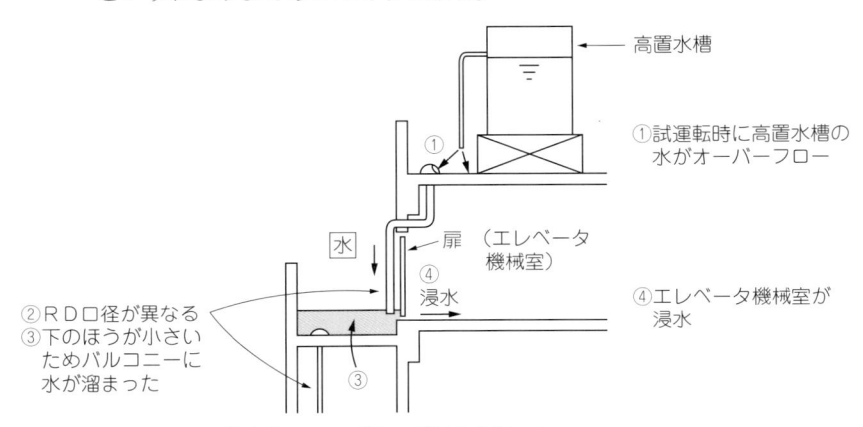

図中ラベル：
- 高置水槽
- ①試運転時に高置水槽の水がオーバーフロー
- 水
- 扉（エレベータ機械室）
- ④浸水
- ④エレベータ機械室が浸水
- ②RD口径が異なる
- ③下のほうが小さいためバルコニーに水が溜まった

▶16 図15 雨排水管のサイズ違いが浸水を招いた

　一般に正常に機能されることを前提として取り付けられているものは，当然ながらその機能が常に発揮されるような状態に保たれていなければならない。RD，FDなどの排水口のメンテナンスは，地味ではあるが重要な仕事である。

　各種の斜線制限により，セットバックさせられている建物はたくさんある。したがって，一つの建物に，最上階以外にも途中階のあちこちにバルコニーも存在する例は多い。また，これらバルコニーは貸し室や専用部に面していることも多く，この場合はビル管理者の目が届かない傾向にある。

　空調設備や，給排水設備の配管ルートはキチンと把握されておられるだろうが，以外と盲点が雨水配管のルートである。設計区分・工事区分が建築・給排水設備に分かれているため，全体的な系統図や平面図がつくられていない。屋上やバルコニーの雨水がどのようなルートで屋外に導かれているのか，落ち葉の季節には掃除も兼ねて一度見直して，系統図をつくっておかれたら如何であろうか。案外，弱い箇所・危ない所が見つかるかもしれない。

1.4 工事中の雨水トラブル

某マンション：工事中の地下の水没　▶17

　給排水設備の給水引込み部や排水管突き出し部のスリーブは，配管工事を行うまでは雨水の浸入を防ぐため，蓋などをしておくのが一般的である。また，この部分を施工する場合も，完了するまでは仮設的処置で浸水を防いでいる。屋上のルーフドレンまわりも同様である。この事例では高圧ケーブル引込み後，防水処置を行うまでの間に集中豪雨があり，ケーブル貫通部からの浸水で地下1階が水浸しになり，ポンプ類が水に浸かったものである。このあたりの危機管理に対する認識は業種によって違い，衛生設備以外の施工業者の認識はやや甘いといえる。

　工事中の配管類貫通スリーブからの浸水事例はたくさん聞いている。建築の施工でも，ルーフドレンの取付け前に雨が降り，せっかく仕上げた下層階の天井や壁を濡らしてしまった事故はよくある。

豪雨に浮かんだオイルタンクピット　▶18

　先輩から聞いた「マサカ」の話。地方の現場でオイルタンク用ピットのコンクリート打設後まもなく，豪雨の警報が出た。水が溜まってはいけないと，ピットの開口部にシートを張って雨を防いだ。これが裏目となった。ピットまわりは埋め戻してなかったので，そこに雨水が溜まり，ピットは周辺を水に囲まれた。ピット内はもちろん空間であるから，コンクリート製であっても，水に浮かんでしまったのである。

　復旧作業は結構大変である。少しづつ水を抜き，潜水夫を使って基礎に合わせたそうである。

　『マンション設備「マサカ」の話』（オーム社）には，集中豪雨時の床上浸水の相談と，ピット式駐車場への浸水事例，他が紹介されている。

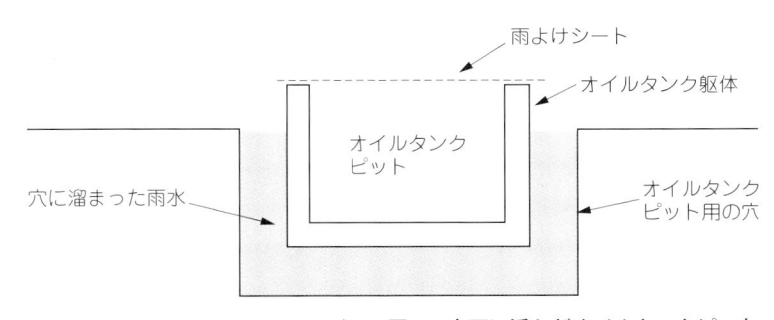

▶18 図16　豪雨に浮んだオイルタンクピット

第2章 水蒸気と結露の『マサカ』

> 　空気の中に含まれる水蒸気は，その含まれる程度によって圧力（水蒸気圧）が異なる。氷の入ったグラス周辺の空気は結露により水蒸気圧が下がり，周辺の圧力の高い水蒸気がグラス周辺に集まって，結露が促進される。これは，原理的にはグラスの水が結露のために凝縮熱を吸収して，空気の露点温度に近づくまで続く。窓面結露についても同様であるが，窓面の外側の温度はほとんど変わらないので，室内の水蒸気発生要因を下げない限り，拭いても拭いても結露はいつまでも続くことになる。これについては別の項で述べる。
>
> 　水が（水圧の）高い所から（水圧の）低い所に流れるように，水蒸気も水蒸気圧が高い所から低い所に流れるが，これはなかなか人目につかない。寒冷地の内断熱工法で，独立気泡の断熱材の内部まで結露する事例があちこちで紹介されているように，この水蒸気圧は馬鹿にしてはいけない。ここでは，結露に関する『マサカ』について述べる。

2.1 電線管に水蒸気(湿気)が流れる―おそるべし水蒸気圧

　機器や設備が，想定された本来の機能を発揮できない場合や，想定しうる障害が発生したりした場合のトラブルは『ヤハリ』である。これについては，計画・施工段階で何がしかの配慮がなされているので，問題は少ない。しかし機能障害は別として，本来想定された以外の機能が発揮されると『マサカ』のトラブルが発生する。電線管には，実はもう一

つの『マサカ』の機能があることについて，ビル管理者の方々は気が付いておられるであろう．

電気設備の配管は，本来電線を通すためのものである．したがって，その中に他のものが通ると『マサカ』が発生する．第1章で紹介したように，この管に水が通ることはまったく予定外のことであるから『マサカ』になるのは当然であろう．このパイプ内に通る物はそれだけではない．この配管は完全に密封されているわけではないので，水蒸気（湿気）もこの中を通り結露に至らないまでも絶縁不良などで機能障害を生じさせる．そればかりでなく，電線管は通気管の機能も発揮し，腐食性ガスが流れて盤内部で配線を腐食させることもある．排水槽の臭気はすぐに気がつくので，パテ詰などの対応がなされていることが多いが，臭気が気にならない程度の水槽・ピットの場合でもパテ詰などの注意が必要である．

電気配管でも配管内部やそれぞれの管端末での水蒸気圧が異なると，水蒸気は圧の高いほうから低いほうに流れる．電線管と電線の間，プルボックスの隙間など，水蒸気（湿気）が出入りするにはこの程度の隙間で十分である．ここで紹介する『マサカ』は，電線管内部を流れる水蒸気（湿気）の話である．

1) プールピット内の湿気が上階事務所の分電盤に結露　　▶19

40年近く前の話である．筆者が中途入社する数年前に竣工した某区の児童会館からトラブルの相談があった．ここのプール脇のピットを換気したいのだが何かよい方法はないか，お知恵拝借というわけである．何でピットの換気をしなければならないのか，不思議に思いながら行くと事務所に案内された．ここはプールの上の階になる．

［状況］事務所階EPS（電気パイプシャフト）には分電盤・端子盤があり，ここに結露が発生するので，何とかしてほしいとのこと．見せてもらうと，EPS内の分電盤は昔懐かしい大理石の板にヒューズ・ナイフスイッチを取り付けた構造のものである．この大理石板に結露するというのであるから，これは確かに怖いトラブルである．

　　　もう一つのトラブルは，電話の端子盤で，結露まではいかないようだが湿気のせいで電話の混信などの誤作動が時々あるという．

［原因］調べてみると，幹線は電気室からプールピット内に入り，ピッ

ト内を展開してEPSを立ち上がり，事務所内の盤に至るというルートであった（▶19図1）。湿気は電線管の中を立ち上がって，分電盤・端子盤のところで開放される形になっている。また，EPSはこの階では外壁に接しており，分電盤・端子盤は外壁側についているので，冬は冷たくなって結露しやすいといえる。

[対策]　幹線には，配管と電線の間にガムが詰めてあった（当時は適当な充填材がなかった）。端子盤の電話線は，細くて適当な詰め物がないので対応しようがない。いろいろ悩んだ末，湿気の発生箇所はプールまわりのピットであるから，ピット内の換気をすればよかろうとの結論に至り，設計事務所が呼ばれたわけである。幸いにプールピットは機械室に接していたので，ダクト類の展開も可能である。詳しい内容は忘れたが，ピット内の換気設備を提案したことを覚えている。いずれにしても，ピット換気を計画したのも初めてであった。

　なお，この時もう一つ相談を受けたのが，プールに付属するトイレの結露であった。水栓や器具類の結露だけでなく，大便器の仕切り板にはかびが発生している。この対策案についても相談に応じたほか，今後の設計の教訓とした。後述の▶21でお話しする。

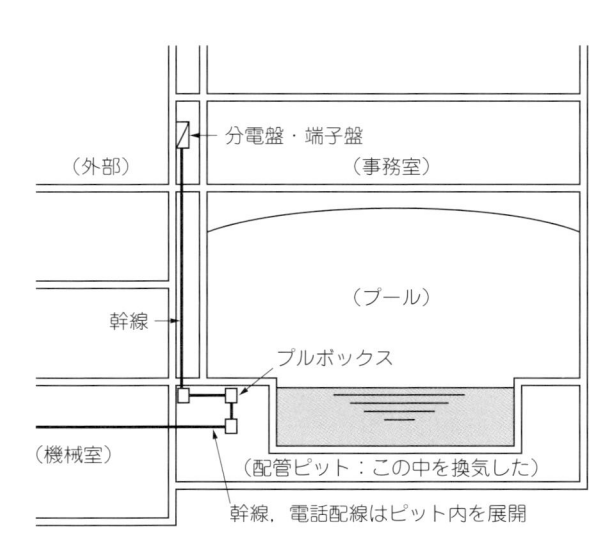

▶19図1　プールピットの湿気で分電盤結露

2）地下ピット水槽類の制御用配線管からの湿気　▶20

　この事例は，色々なトラブルの書籍に載っている。したがって，『マサカ』ではなく『マタカ』に類する話であるが，電気のパイプに湿気が流れるという現象の性格が似ているので，この項に載せることにした。

　建物の最下階には各種の排水関係の水槽が設けられ，水位調整・排水ポンプ発停・警報用に電極棒やレベルスイッチが設けられている。これらの制御線や水中ポンプケーブル類は，電線管を通して動力盤とつながっている。通気管が設備されていても，ピット内の湿度はある程度のレベルにある。したがって，水蒸気（湿気）は電線配管内を通って水蒸気圧の低いところに流れる。行き着くところは動力盤・操作盤である。施工会社の施工基準の有無に関わりなく，汚水・雑排水槽の場合は臭気対策もあって，通常は管と線の間を充填することが多い。湧水槽，その他の場合がこのトラブルになりやすい（もちろん普段乾いているような水槽の場合はありえないが）。

　▶20図2の状況で（詳細は不明であるが），①電気配管内を水蒸気と排水槽のガスが流れ，②動力盤の内部の配線接続箇所を腐食させ，③誤作動が発生したとのことである。

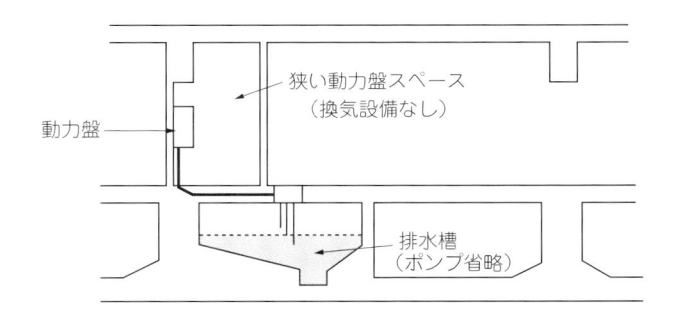

▶20 図2　地下ピット水槽類の制御用配線管からの湿気

3）電線管と湿気のトラブル発生の要因

　電極棒やレベルスイッチ配線用の配管に接続している端子類が，必ずトラブルを生じるわけではない。この現象は，ある程度限定された条件下に発生すると考えてよい。したがって，『マサカ』ということになるわけである。この節のサブタイトルは「おそるべし水蒸気圧」としたが，冬のガラス窓や氷水の入ったグラスの場合ほど水蒸気圧の差が大きいわ

けではない。また，配管内を流れる湿気の量もそんなに多くはないであろう。

　流れてきた湿気が動力盤や操作盤に影響を及ぼさなければよいので，動力盤が大きい場合や，動力盤の設置場所が大きな空間である場合はトラブルにならない。これは盤の換気設備（排気ファンまたは換気口）が機能して，盤内部の湿度は機械室の湿度レベルと同じ程度になるためであろう。また，水槽貫通部と動力盤が離れている場合も，途中のプルボックスの隙間から湿気が抜けてゆくと思われ，トラブル発生は少ない。最初の事例▶19 の場合は，逆にプルボックス部から湿気が侵入してきたものである。

　したがって，この逆の場合にトラブルの発生が予想される。すなわち，狭い部屋に小さな動力盤が設置されている場合や，水槽貫通部と動力盤が非常に近い場合である。ピット内からの水蒸気は何処にも行くところがないので，盤内や，盤設置スペースの湿度は上がる。絶縁不良や結露発生のおそれは十分にある。

　このような場合に，配管の電線管との間を充填することが必要である。現在，電気工事各社の施工基準に入っているかどうかについてはよく知らないが，少なくとも昔の施工では臭気対策以外は気にしていなかったようである。古い建物を管理する立場の方は，上記のチェックポイントを考慮して，怪しい所については見直しが必要であろう。

　その他，類書に紹介されている電線管に関する古典的なトラブル事例について，以下に取り上げる。

- **壁埋め込みボックスからの結露水の染み出し**：マンションの北側の壁にスイッチやコンセントのボックスがあると，壁面が冷たいため電線管やボックスで結露する。
- **壁埋め込みボックスからの冷気の侵入**：マンションで寒くて眠れないという相談がホームページ NPO 住宅 110 番にあった。
- **サーモスタットの誤作動**：サーモスタット用の電線管に配管ルートや躯体の冷気が流れ込み，室内温度を正確に把握できなかった事例もよくある。
- **冷凍・冷蔵庫設備**：冷蔵庫側の壁に埋設または接触した電線管に冷気が流れ，コンセントやスイッチボックス部で結露してトラブルとなった事例は，結露トラブルの本にたくさん取り上げられている。電線配管の両端末の水蒸気圧の違いは，温度の違いと同じと考えてよい。温度差が大きければ，水蒸気圧の差も大きくなり，結露トラブ

ルとなりやすいが，このような因果関係は経験しないとなかなか身に付かないようである。
- 壁埋め込みボックスからの住宅の音の伝達：（結露とはまったく関係のない話であるが）マンションでは同じタイプの住戸ユニットが多い。左右反転の同じユニットが隣り合うと，壁埋め込みのコンセントボックスが同じ位置にくるので，コンクリートの厚さが不足し（場合によってはコンクリートがボックスの間に入らず）隣戸の生活音が聞こえて，トラブルになる。

2.2 換気するほど結露は進む（元から断たねば結露は止まらぬ）

換気の目的は対象となる空間の空気を入れ替えることにより，この空間の空気状態を所定の状態に保つことである。空調を行うのではないから，臭気や汚れた空気の排出，新鮮空気や酸素の供給が主な目的である。換気設備は給気と排気とから成り立つが，給気される空気の質によっては予期せぬトラブルが発生する。原理・原則をキチンと把握していないと，このトラブルを解消しようとして，かえってトラブルを増大させてしまう事がある。ここの『マサカ』は，第3種換気の給気側の空気の状態を考えなかったために起きたトラブルである。原理・原則がわかっていれば，当たり前の『マタカ』の話であるが。

1）温水プール付属トイレの結露（元から断たねば結露は止まらぬ）　▶21

前節で紹介した，児童館のプールで，もう一つ相談を受けたのが，プールに付属するトイレの結露であった。水栓や器具類の結露だけでなく，大便器ブースの仕切り板も結露し，かびが発生している。この対策案として，換気を増強したいのだがどうしたらよいかについてであった。

換気設備は第3種換気であって，プールの空気を給気としている。この現象は，便所排気の給気に未処理の外気を使った場合に，梅雨時に湿度の高い空気により便器や水栓類が結露するのと同じ原理である。むしろ28～29℃，100％近くの空気が入ってくるのであるから，梅雨時の外気より条件が悪い。結露が止まらないのは当然である。この場合は衛生器具だけでなく，便所の壁や天井まで結露の影響が見られた。

　　［原因］排気量をいくら増やしても，湿度の高いプール内の空気を引っ張ってきたのでは結露を促進させるだけで「換気するほど結露は進む」のであり，抜本的な対策が必要である。

［対策］便所の排気は第1種換気とし，外気給気用に専用の外気調和機を設け，1次処理外気を便所の入口部に吹くよう提案した。給気量は排気量より大きくし，余剰分はプール側に流した。この方式は，その後プール付属諸室の換気設備を設計する際の標準とした。

なお，プール内の建築仕上材も，昔は結露を防ぐことを考えて選定していたが，最近では結露を前提としたものに変わってきている。

また，プール天井内にプールの湿気の侵入により，天井材が落下するというトラブルがよくあるが，これについては▶89(136頁)で述べる。

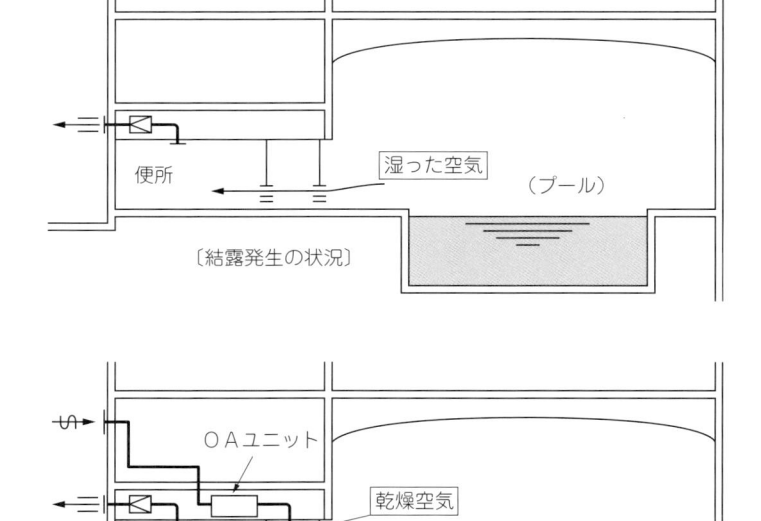

▶21 図3　温水プールに付属する便所の結露

▶22　2) トランクルームの結露

この節のタイトル「換気するほど結露は進む」にピッタリなのが，「トランクルームの換気による結露」の事例である。これはあちこちで見られる事例であるが，『日経アーキテクチュア 2001.5.14号』に夏場

の結露事例として掲載されていた。某マンションでトランクルームが結露したので施工業者に相談したら,「とにかく換気せよ」とのことであった。各トランクルームに換気口を設け,間欠運転を24時間運転にしたら,かえって結露被害が悪化したというのである。こんなアドバイスをするとは『マサカ』であるが,筆者の経験でも,梅雨時の竣工前にゼネコンが換気設備を運転して,地階トランクルームの天井をかびで真っ黒にしてしまったことや,引渡し時の説明不足で梅雨時に換気ファンを運転し,除湿機の能力不足を指摘されたことがある。結露のメカニズムからすれば,冷たい(コンクリートの)壁面に湿気の多い夏の外気が触れたら結露するのは当然で,設備屋にとっては常識であるが,一般の方々には『マサカ』であって,常識ではないようである。

地下のトランクルームには,通常除湿機が設置されているが,除湿機があっても結露・かびの発生している事例がある。梅雨時の換気は最小限にして除湿を行うのは,設備技術者・ビル管理者の常識としてほしい。

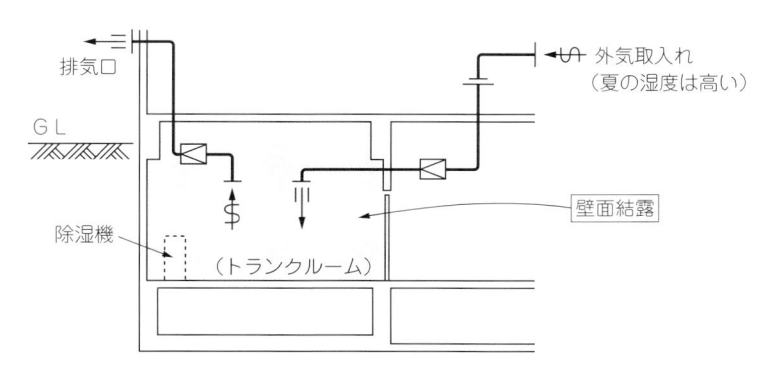

▶22 図4 トランクルームの結露

2.3 マンション結露の『マサカ』

上記以外にも,マンションの結露トラブルはたくさんある。ここでは,窓やサッシの結露という古典的なトラブル以外の『マサカ』に類するトラブルを取り上げる。

1) 浴室の湯気でマンション便所の結露　　▶23

一般住宅で,梅雨時外部に面した便所に結露し,換気しても止まらないといった経験は皆さんお持ちのことと思う。これも上記と同じく,湿気の高い外気を導入して換気するため,換気するほど結露は進む事例である。

これとは別の原因で，マンションの便所に結露が発生するケースがある。便所が単独排気で，外気を直接取り入れていない場合はこのトラブルはあまり起きない。結露の供給源とは，縁が切れているからである。

この現象が起きるのは，①便所と浴室がダクトでつながっており，排気ファンが共用の場合である。といっても常時起きるわけではない。浴室使用時は換気を行っているので，浴室の空気は便所に流れない。浴室不使用時でも，通常は結露は起きない。便所に結露が発生するのは，①のほか，②浴槽に湯または水が入っていること，③浴槽に蓋をしていないこと，④換気設備が動いていないこと，の条件が重なった場合で，もう一つ加えれば浴室のドアが閉まっていることである。

こんな簡単な現象でも，これだけの条件が重ならなければ起きないのであるから，初めてこれに出会ったものにとっては『マサカ』であろう。しかし，「湿気（水蒸気）は水蒸気圧の高いところから低いところに流れる」という原理原則がわかっていれば，湿気（水蒸気）の発生源とその対策は簡単である。

▶23図5のように，上記②，③の状況になっていると浴室の水蒸気圧は高い。ダクトはつながっていて排気ファンは運転していないのであるから，ダクトを伝わって水蒸気は圧の低いところ（便所）へと流れる。便所と浴室の水蒸気圧が同じになれば，流れは止まるはずであるが，便所には結露しやすい器具がある。ここに結露するので，便所内の水蒸気圧は上がらない，したがって浴室からの水蒸気の流れは止まらない。トラブルの所以である。

この場合の対策は，『お湯が入っているときは，お風呂の蓋をしめてください』で済んだ。某設備施工会社のマニュアルでは，ダクトにチャッキダンパーを取り付けるようになっている。この場合は，ダクト内に結露しないか心配である。

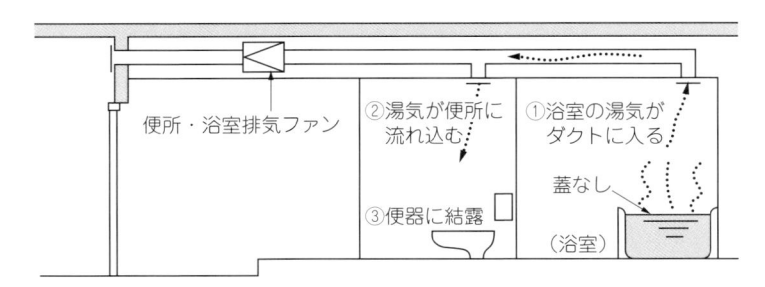

▶23 図5 浴室の湯気でマンションの便所が結露

2）マンションの出入口扉の開閉で水が落ちる（排気口部分での結露）　▶24

[現象] ①玄関扉の上につけられた浴室排気用レジスターからの結露水が，ドア枠の上部に溜まった（▶23 とは別物件）。
②ドアの開閉の際にその水が落ちて，入居者の頭に当たり，クレームとなった。

[考察] ダクト内を流れてきた水蒸気が，冷たいガラリ部分で結露したものである。同じマンションの別の住戸では，この現象の発生は見られなかったので，上記便所結露事例と同じ使い方が原因と考えられた。風呂の蓋をしめるようにお願いしたが，「使い方はこちらの勝手である」と返事されたので，原因を確認できなかったとのことであったが，その後クレームがきていないので，トラブルは解決したものと思われる。

使い勝手でトラブルが発生する場合はよくあるので，使用者側の理解を求めることが必要である。

[対策] 出入口ドアの枠がこのような状況になる場合は，玄関出入口上部には，排気の吹出し口を設けないこととした。

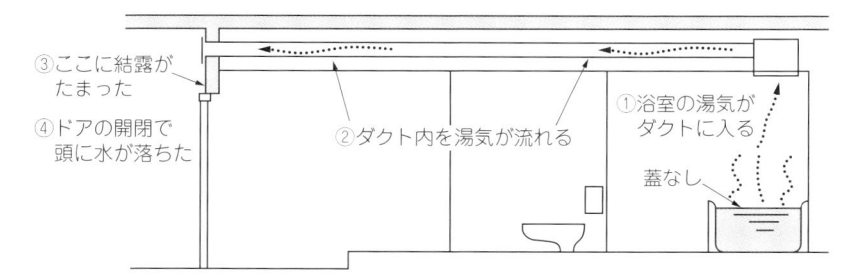

▶24 図6 排気口での結露

3）レンジフードの性能低下で結露が発生　▶25

　住宅やマンションのレンジフードと，結露との間にどんな関係があるか。一見関係ないようであるが，実は大いに関係がある。結露の原因となる室内空気中の水分は，どこから供給されるか。在室する人間からの潜熱の発生が大きな部分を占めるが，炊事の際の厨房からの湯気もその供給源の一つである。炊事の際に厨房のレンジフードや換気扇を使用するのは常識であるが，補足しきれなかった排気中の湯気は住戸内の何処かに拡散されていくはずである。

これがどの程度の影響を及ぼすのかの調査・研究事例については不詳であるが、レンジフードの経年変化による能力低下で結露トラブルが発生した事例があるので紹介する。

ビル管理会社に出向していた後輩（建築設計者）からの問い合わせで、原因の結論は筆者と同じであったのだが、設備屋の見解を聞きたいということで呼ばれたものである。

［状況］①竣工後25年以上経過した某マンションの最上階の住戸で、厨房の天井面に漏水らしきものによる「しみ」が発生した。

②調査したら天井内で排水の通気管が横引きされており、表面が濡れていた。屋上への立ち上がり配管から垂れてきた水滴が、天井面にしみとなったものである。

③原因調査のために、天井開口は空けたままで様子をみようということになった。配管の下には、イチゴパックを置いて水滴を受けることとした。ところが、イチゴパックが満杯になるほどの水が毎日溜まる事態となった。こんなにたくさんの水がどこからくるのか（当初は漏水と考えていたようである）、原因と対策を聞きたいとのことであった。

なお、この現象は冬に発生しており、夏には水は出なかったとのことであった。

［原因］この水は、もちろん通気管の外部結露によるものである。昭和50年台半ばごろの建物であったため、当時は排水通気管には結露防止用の断熱は施されていなかった。通気管の立ち上がり部分は、屋上で外部に開放されている。そのため、排水器具使用時の空気の出入りにより、通気管の開口部近辺は冬には外気と同じ程度に冷たくなるので結露しやすい。この結露水の発生要因については、下記の原因が考えられた。

①経年変化によりレンジフードの排気能力が低下した。

②そのため、レンジフードからもれた排気（湯気）が天井パネルの隙間から天井内に入った。

③通気管（鉄管であった）に結露し、パネルに落ちて"しみ"となった。

④様子をみるための天井開口から湯気が入り、結露が促進された。この量が1日あたりイチゴパック1杯分！であった。

［対策］この対策としては、通気管に断熱を行ったほか、レンジフードの取替えもお願いした。開口部から1〜2mまでの通気管の断

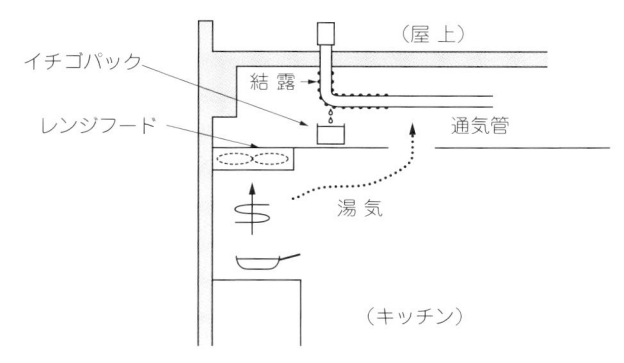

▶25 図7 排水通気管の結露

　熱は，現在大手デベロッパーの場合は標準仕様となっていることが多い。

［考察］朝晩の炊事の時にレンジフードから漏れた湯気が原因ではあるが，毎日イチゴパックに満杯となるのであるから結構な量である。レンジフードの性能低下も間接原因とはいえ，こんなにたくさん結露水が出るものとは，正直言って筆者にとっても『マサカ』（こんなに沢山！）であった。

　炊事の際の排気捕捉漏れにより，居室の湿度が上がる現象については，以前に某マンションの結露トラブルで調査したことがある。自記温湿度記録計で居室の湿度を測定したところ，炊事の時間がはっきりわかるほど，居室の湿度と厨房使用時間に相関関係があることがわかった。このときは湯気の量を調べることなどもちろんできなかったが，窓サッシを結露させるほどに湿度が上がった。

　したがって，「レンジフードの清掃」が厨房排気機能の維持につながり，結果として結露対策の一助にもなることが判明した。このことも本当に『マサカ』の話である。

　またレンジフードは，捕捉できなかった排気を天井面近くで吸込む機能が付いたものを選定使用するのが，結露防止にも有効である。発生原因を取り除くことは，住宅の結露防止対策の一つである。

　余談ではあるが，最近のアイランドキッチンについている換気扇はデザイン的には優れているようであるが，機能的には疑問がある。厨房使用時には水蒸気ばかりでなく，油の蒸気も発生する。これらを100％すべて捕捉し，排気しない限り水蒸気・油蒸気はどこかに付着する。水蒸気は結露するか仕上材に吸収されるので問題は小さいであろうが，油蒸

気を吸収する建材はないであろうから，冷たいところに付着したものは蓄積される。フィルターのメンテ不良や数年後のレンジフードの機能低下を考慮すると，このような換気設備は望ましいとはいえない。

2.4 結露を抑えれば何処かで結露する（窓サッシは冬の除湿器）

　住宅の品確法では窓ガラスやサッシの断熱性能の等級を決めることにより，断熱性の向上を図っており，結果として結露防止にもなっている。省エネ性はもちろん望ましいことであるが，生活習慣のほうを変えない（高い室温での生活）場合は，目に見える部分での結露は防止できても，結露しなかった湿気（水分）はどこへ行くのか不安である。

　北海道のマンションでコンクリート躯体と内部の吹付け断熱材との間に結露が発生し，外断熱の有効性が云々されているように，湿度が上がると水蒸気圧は無視できないほど大きくなる。暖房時の室温が本州より高い傾向にある北海道のように，内部結露とまで行かなくても，関東圏でも吹付け断熱材の内側がかびだらけといった事例は多いそうである。

　ガラスやサッシの結露防止を行うとどうなるか。サッシで結露しない分（言い換えれば除湿されない分）湿度は上がり，水蒸気の分圧が高くなる。したがって，いままでは結露が発生しなかった箇所でも，断熱性能が二重ガラスや断熱サッシより低いところ（熱貫流率の大きいところ）があれば，そこに結露するおそれがある。もし発生すれば，この場合の結露は目に見えない部分で発生することになる。従来，結露しなかった部分に結露が発生すれば『マサカ』である。

　筆者の私的な見解では，窓ガラス・サッシは冬の除湿器と考え，結露はある程度やむをえないものとしたほうがよい。目に見えない部分で結露するよりは，ガラス・サッシで結露してくれた方が安心である。ただでさえ気密性が向上し，24時間換気設備はあるが，室内の湿度は上がりやすい。省エネ性を採るか，建物の耐久性を採るかであるが，結論を出すのは難しい。「快適性に関する『マサカ』」（175頁）で後述するように，室温をできるだけ上げないで生活するのも一案である。

　なお，結露については，『建物の結露－トラブル事例と解決－』（学芸出版社）および『水にまつわるトラブルの事例・解決策（設備編）』（学芸出版社）という参考資料がある。事例が豊富であり，「マサカ」「マタカ」の話も多い。一読をお勧めする。

多種多様な技術者の存在と報・練・相の不足

「浜の真砂は尽きるとも世に設備トラブルの種は尽きまじ」と設備技術者である筆者の同級生が述懐したように，多品種一品生産物である建築物の設備については，この条件だけでもトラブルの発生は避けられそうにない。そのうえ建築物の計画から使われるまでには多くの技術者が携わっており，その間の情報伝達のいわゆる「報・連・相」＝報告・連絡・相談は不十分である。また，特に計画段階でのそれぞれの技術者の業務範囲と責任範囲は不明確な場合が多い。『マサカ』『マタカ』のタネは至る所に転がっているといえる。

一般的な工業製品と異なり，建物の建設から運用に至るまでの過程においては，下表に示すように計画・設計・施工・ビル管理はそれぞれ別個の会社で行われており，しかも建築・構造・設備（空調・衛生・電気）・その他別途発注設備類と，専門分野が区分されている。構造・設備の技術者を抱えていない建築設計事務所も存在する。その場合は，構造計画・設備計画を意匠設計者が行う。建物全体をトータルに見ることができるというメリットはあるが，業務量の関係で対応可能な規模が限られてくる。設備計画までは目が届かなくなるので，問題が発生しやすい。設計施工一体の場合でも，設計部門と施工部門の間の溝がないわけではない。

建築物の計画から使われるまでの業務の流れと業務担当（標準）

工事区分	事業者	計画	設計（取合）	設計（計算作図等）	施工	管理	使用者
建築	デベロッパービルオーナー		建築設計事務所ゼネコン設計部	（建築協力事務所）	建築施工業者	ビル管理会社	テナント来客
構造				（構造事務所）			
空調				（設備設計事務所）	空調設備業者		
衛生					衛生設備業者		
電気				（設備設計事務所）	電気設備業者		

したがって，業務の流れの各段階・各層ごとに情報断絶が発生し，「報・連・相」が十分に行われず，業務の狭間に『マサカ』のトラブルが起こりやすい。特にトラブル・クレームは竣工・引渡し後，使用されてから発生するので，小さなものは設備施工会社・建築施工会社が対応してしまい，設計責任に至るような大きなものでない限り，設計者までは情報が上って行かない。情報が垂直展開しないので，本来の是正処置とならないのが問題である。また，各個別の会社内ではトラブル情報の水平展開を行っていても，同業他社まで水平展開されているわけではない。

第3章 『マサカ』の凍結

> 　地球温暖化・都市化現象に伴い，冬期の外気温度は確実に上がってきているが，やはり冬は寒い。寒くなれば，増えるのが凍結事故である。寒冷地では設計・施工の当初から対策を考えてあるが，関東地方以南ではリゾート地など特殊な場合以外は，一般的には凍結対策は配慮されていない。
> 　筆者の経験では，寒冷地以外での凍結事故は，25年以上前の大寒波の際に1件あっただけである。このときはただ寒いだけでなく，別の要素も加わって事故に至ったものであるので，参考のため紹介する。
> 　寒冷地での凍結事故についても，数少ないがあわせてご報告する。

3.1 風に吹かれりゃ温度が下がる

▶26　1) 泡消火設備感知ヘッドの凍結

　25年近く前，大寒波により全国各所で配管の凍結事故が多発した。神戸のポートアイランドのマンションでは，消火栓配管がパンクしたほどであった。外構散水栓の凍結などもあったと思われるが，ほとんどの事故が自然現象によるやむをえないものであったので，クレームとして上がってきたのは一つだけであった。

　これは，駐車場ビルの泡消火設備感知ヘッド内の水が凍結したものであった。

　外気温度は−2〜3℃であり，裸の水道管でも必ず凍結するという温度ではない。しかしこの夜は風が強く，東西に長い形状で近くに高い建物もなかったので，北風がまともに吹き抜け，凍結に至ったものである。現象自体はありうる話で『マサカ』というほどではないが，ちょっとした盲点を衝かれた感じであった。

　このクレーム対応の際に，消火設備会社から面白い話を聞いた。他の地域の同じような駐車場ビルで凍結事故があったが，この場合は▶26図1のように風上側のビルより高い部分だけで凍結したとのことであ

った。

　外気温度が低くても風のあるなしで，凍結事故発生の有無に関係してくるということは新しい発見であった。

　今後の再発防止策としては，温昇線（テープヒーター）の使用はいくらなんでもオーバーなので，感知管は保温することとし，以降駐車場ビルを計画する際の標準仕様となった。

　また，北側に面した建物内の駐車場や仕入れ口などで外気の吹き込みによる凍結が予想される箇所にも，同様の処置を行うこととした。

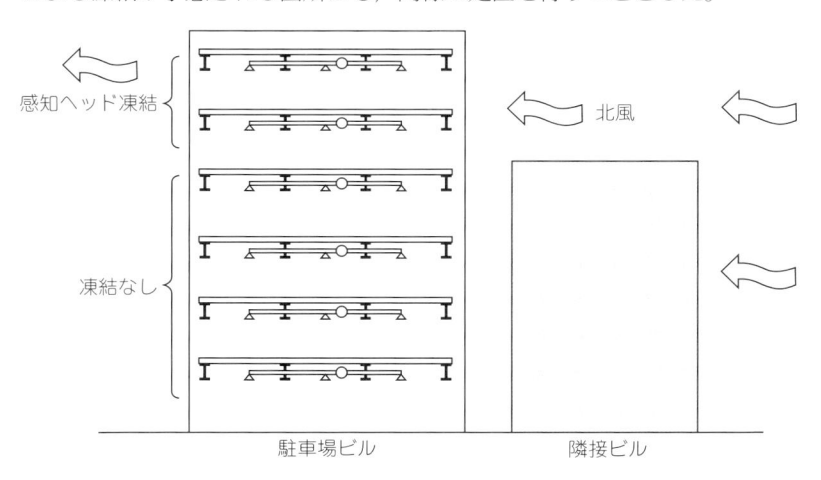

▶26 図1　泡消火設備感知ヘッドの凍結

2）ホテルの渡り廊下でスプリンクラー配管の凍結　▶27

　建物内の配管については，寒冷地でも凍結対応をしていないのが通例であるが，以下のような場合は配慮不足としか言いようがない。

　某寒冷地のリゾートホテルで増築計画があった。既存ホテルにはスプリンクラーは設置されていなかったが，新館には設置が義務付けられた。既存部分にも遡及により全館設置となるはずであったが，大幅なレイアウト変更となる1階のみに設置されることとなった。

　さて，客室増に伴い厨房は大きくなるので新館側に設けられた。旧館にある宴会場は新館とは反対側になるため，配膳用には1階ロビーを迂回して渡り廊下が計画され自動搬送機械が設置された。建物は旧館・新館ともRC造であったが，渡り廊下は鉄骨造であった。

　この部分にもスプリンクラーが設置されたが，隙間風のため天井内の温度が低下し凍結事故となった。建築担当も設備担当（筆者）も，若く

て経験不足が原因であった。対策としては，スプリンクラー配管の保温で解決したが，施工会社には迷惑をかけた。

3）外気調和機蒸気コイルの凍結

寒冷地の空調設備で最も怖いのは，コイルの凍結である。蒸気コイルの凍結防止策については「序章」で触れたが，より詳しく述べる。

上司の教訓……蒸気コイルは竪管方式に

サブコン在職時代の先輩方は，色々な技術の話がお好きであった。札幌勤務の経験ある上司から昼食後の茶飲み話に，外気予熱用蒸気コイルの凍結防止法を伝授されたのは45年以上前のことであるが今でもよく覚えている。

まず，フィンピッチは熱交換効率を落とすため粗めにする（寒冷地の外気と蒸気との温度差が大きいので，冷温水用の普通のコイルでは熱交換効率が高すぎる。ということは，凍結のおそれがあるということになる）。次に蒸気ヘッダーは上に，ドレンヘッダーは下に配置し，コイルチューブは縦にする。コイルチューブを横にすると，凝縮したドレンが，ドレンヘッダーに到達する前に外気により凍結する。なおかつドレンヘッダー部分での凍結を防ぐため，コイル部分（図Aの点線で囲った部分）のみを外気が通過するような構造とする。

ここまでやれば十分であるが，より完璧を期する場合は，空気の上流側から下流側に山形となるようにフィンの形状を変えることもあると教えられた（図B）。

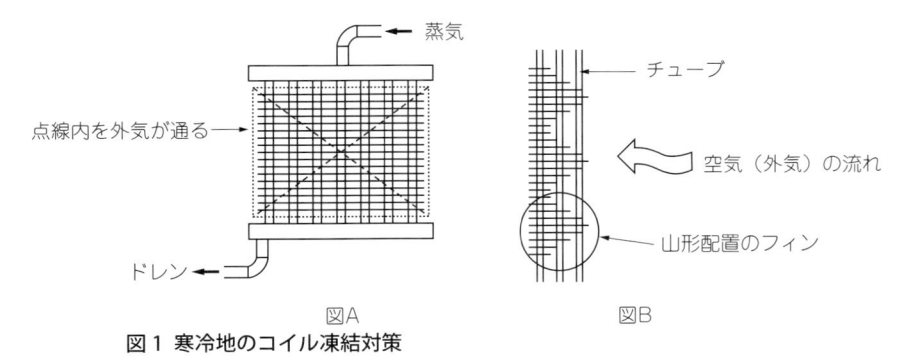

図1 寒冷地のコイル凍結対策

▶28　それでも起きた凍結事故

北海道の某市にホテルとショッピングの複合用途のビルが計画された際には，外気調和機系統の蒸気コイルはもちろん竪管方式とした。蒸気

圧は2kgであり，ドレンはリフトアップできるのでVE提案[*1]により設計時にあった真空ポンプを取り止めた。ところが最下階（地下2階）空調機室設置の外気調和機で凍結事故がおきた（▶28図2）。真空ポンプを取りやめたため，ドレンが完全にリフトアップされず，ヘッダーおよびコイルチューブの下部に残ったのが原因であった。解決策としてはピット内までトラップを下げ，残ったドレンが外気に接しないようにした（▶28図3）。

　上の階に設置した外気調和機の場合は，ドレンはリフトアップせずにそのまま下に落とせばいいので，このようなトラブルにはならなかった。

　技術の世界は，奥が深いと反省させられた。

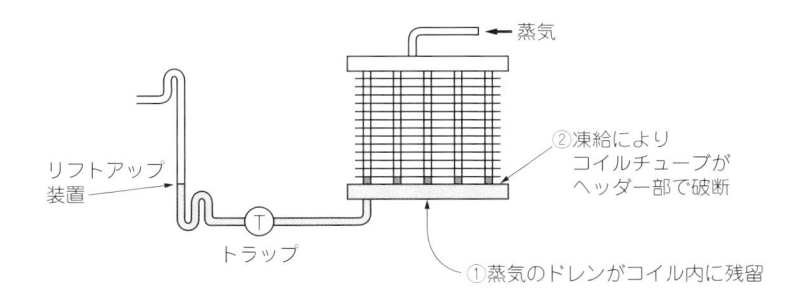

▶28図2　外調機蒸気コイルの凍結

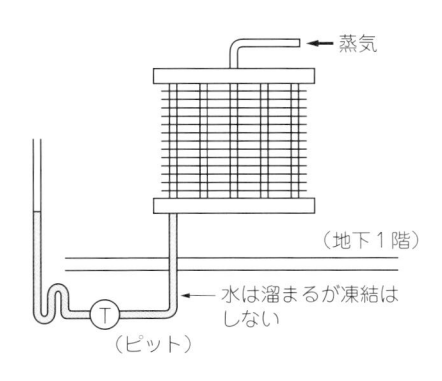

▶28図3　解決策

*1　VE提案：VEはValue Engineeringの略。工事の入札・契約時に設計の機能・性能を低下することなくコストダウンできる工法等を提案すること。昨今の工事予算の厳しい状況では単なるCD（コストダウン）提案が出てくることもある。

▶29　4）屋上設置の排煙機まわりの氷結

　定年後，関東地方の某ビルの工事監理をお手伝いしたが，竣工検査は1月末であった。このビルでは排煙設備は自然排煙方式となっており，廊下部分のみに排煙設備がつけられていたが，この排煙機（軸流型）は屋上露出となっていた。

　検査時点で，排煙機周辺の屋上スラブに氷結しているのが見つかった。原因は，排煙ダクト内の結露水が下向きの排煙吐出口から滴下し，屋上に氷結したものであった。排煙ダクト内には，室内の暖房された空気が排煙口の隙間から流入する。この空気の湿気が屋上の排煙機と露出ダクト部で結露するのは，当然といえば当然であるが，通常は，屋上が濡れるだけであろう。関東地方の冬であるから，結氷しこの『マサカ』現象が認識されたのである。

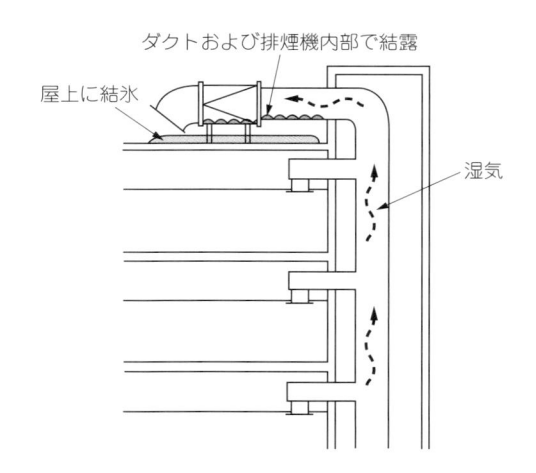

▶29 図4　屋外設置排煙機まわりの結露

　凍結対策については，『空気調和・衛生工学会誌』や『設備と管理』などでも時々紹介されているので，関係のある地方の皆さんはよくご存知であろう。関東地方以西では，凍結の問題は余りないので，関心が薄いのでないだろうか。凍結対策がなされていても，今までよりもっと外気温が下がったらどうなるか，気をつけておく必要がある。例えば，凍結防止対策としてよく採用されるのが，温水コイルの最小開度設定であるが，水量が少ないための温度むらで，凍結に至る事故も発生している。寒冷地でなくとも，凍結対策についての配慮は必要である。

凍結事故は建築基準法違反か？

建築基準法は建築設計に関する技術基準なのか，絶対に守らなければならない「法律」なのか？　建築基準法の規定には，仕様規定と性能規定があるが，建築設備に関しては性能規定があちこちにみられる。性能規定は，そのまま文章どおり適用されては困ることが多い。そのうち問題になりそうなのが，凍結に対する規定である。

凍結に関する建築基準法の規定：

建築基準法施行令
第 129 条の 2 の 5　2　四　「給水管の凍結による破壊の恐れのある部分には，有効な防凍のための措置を講ずること」

　給水管が凍結した場合は，この規定はどのように適用されるのであろうか？　規定には「有効な」の文字がある，凍結したら「有効ではない」ことになる。被害者から被害の補償と手直し金額を請求されたら，設計者・施工者は責任を取らねばならないのであろうか？

第4章 風による『マサカ』の話

> 　風を防ぐのも建物の目的の一つであるが，これに設備で対応するのは不可能に近い。エアカーテンは，本格的なものでなければ効果は薄い。上や横から吹出すだけの簡易なものはあるが，二重扉や回転ドアには及ばない。風に起因するトラブルは建築計画で対応してもらわなければならないものであり，設備独自で対応できるものは少ない。現役時代に風のトラブルに遭遇しなかったわけではないが，『マサカ』の話というより『マタカ』の話が多く，連載にも載せるような話はなかった。この章の終わりに取り上げた「引用・参考文献」で，「建築計画に起因するトラブル」の項で風のトラブルを執筆したので，ここにまとめた。したがって，この章では設備で対応できない風のトラブルについて述べる。

4.1 設備で対応できない風のトラブル

「暑い寒いのクレームは設備」ということでトラブル現場に立ち会うと，根本的原因は建築にあるというのが風・隙間風によるクレームである。

　冬期に足元が寒いというクレームは，1階のエントランスロビーや吹抜大空間で発生する。もちろん原因は，出入口から侵入した冷たい外気である。出入口からの外気は床上をすべるように侵入してくるから，風の吹き込み対策・通り抜け対策が不十分である場合はクレームになることが多い。大きなガラス面での冷気の下降も影響がある。

　床暖房は密閉空間用であり，外気の出入りが大きいところでは対応は難しい。二重ドアでもドア内・外の間隔が狭いと，両方同時に開放され，外気の侵入を防ぐことができない。

　通常は出入口周辺にトラブルが発生するが，風が流れやすい形態や，風の吹き抜けのルートができてしまうと，足元が寒いというクレーム範囲は大きくなる。

　上からの温風で暖房を行うことの多い昨今の空調システムでは，密閉空間であっても，大空間の足元を暖めるのは難しい。

このような状況は，出入口と冬の風向の関係，風の入りやすい形状，風除室の有無など，建築の計画に大きな関係がある。これらの情報が建築設計者にフィードバックされなければ，以下のようなトラブルはなかなか減少しない。

4.2 風のトラブルと注意事項

1）建物の配置・出入口は風に配慮する

計画上やむを得ない場合もあるが，基本的には冬の風向きの風上側には出入口を設けないほうがよい。設ける場合は風除室を設け二重ドアとしているが，以下の事例のように効果がない場合もよくみられる。

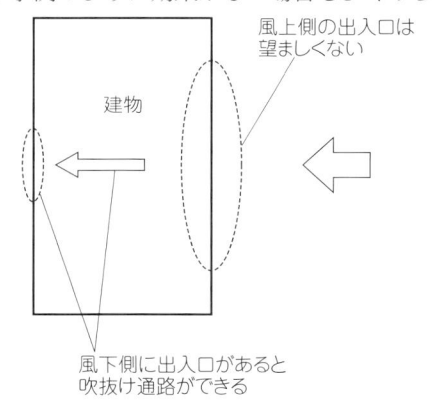

図1 建物配置と風の関係

2）床上の風は，コアンダ効果[*1]で奥まで流れる

冬期の室内は暖かいので，冷たい侵入外気は床上を流れる。したがって，コアンダ効果により奥のほうまで届くことが多い。

事例1：ホテルロビーの足元が寒い　▶30

某ホテルで姪の結婚式があり，春先にもかかわらず，1階のロビーのソファで足元が寒く感じられた。二重扉の内側からは10m以上離れており，コアンダ効果で風が届いたものと思われる。その奥のラウンジで

---

*1　コアンダ効果：壁面や天井面に接近して吹き出された空気は，その面に吸い寄せられて付着して流れる傾向をもつことをいう。この場合片側のみ拡散するので自由噴流に比べて速度の減衰が少なく，到達距離が大きくなる。（「建設設備用語集」より）

は，クレームになっていないのか気になった。このホテルの形状は北側に向かって大きなV状になっており，その中央部が出入口になっていたのが原因と思われる。よく見られる事例である。

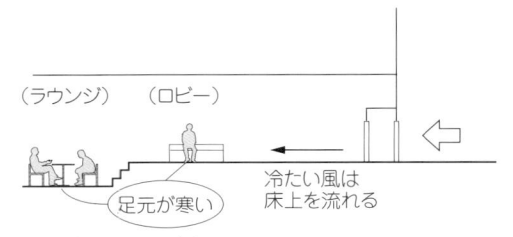

▶30 図2 ホテルロビーは足元が寒い

▶31 事例2：侵入外気はエスカレータを下る

出入口近くにエスカレータがあると，侵入外気がストレートに地下階に流れ込む。店舗ビルであったが，ショーケースのレイアウトによっては，売場の店員から寒いとクレームが付いたことがある。

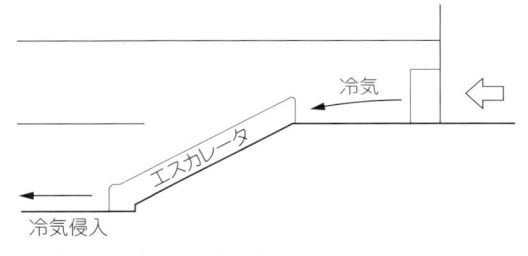

▶31 図3 侵入外気はエスカレータを下る

▶32 **3）出入口位置が 90 度振れ，高さが 2 層ずれても，風は通り抜ける**

風下側に出入口があると，風の通り道ができるので，これに面した諸室で足元が寒くなる。筆者の経験した某店舗ビルでは，1階の出入口が北面に，地下2階出入口が西面であった。3層スキップの構造であり内部階段で一体化された空間であったため，高さは2階分ずれていたが，北面出入口から冬の北風が侵入し，開放階段を経由し西側の出口に流れた（▶32図4）。竣工後，北側の外に風除けを設けた。売場面積が小さく，風除室を設けなかったのも一因であったが，道路の反対側のビルが，出入口に面したところだけ低層であったのも，北風が入りやすくなった要因であったと思われる。また西面の道路も，両側に高いビルのある細い道であったので，ここを流れる北風により，侵入外気が出入口から引

っ張られる形となったものと考察される。現在は，出入口に温風ヒーター付きエアカーテンを設けてある。このほかにも，吹き抜けの経路が形成され，風上側に，風よけや扉を取り付けた事例はよくある。

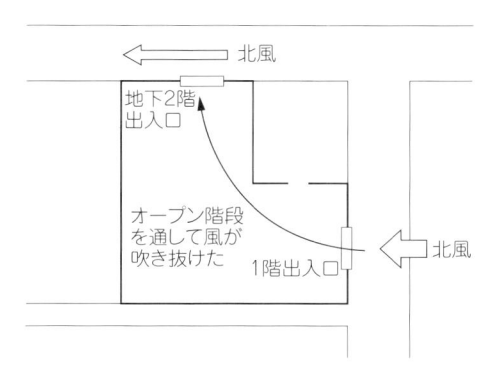

▶32 図4 出入口がずれても風は流れる

4）足元が寒い地下の飲食店 ▶33

　冷たい風を防ぐには，出入口で防ぐのが効果的である。設計時点では，外気の進入に配慮し，ファンコイルユニットを風除室に設置しておいたが，工事段階で取り止めとなって，予想どおりのトラブルになったことがある。大型複合ビル地階の飲食店舗で，外部への直通階段近くのテナントから足元が寒いというクレームになった。工事監理担当者と事業者側との合意の上でのことであったので，責任問題にはならなかった。

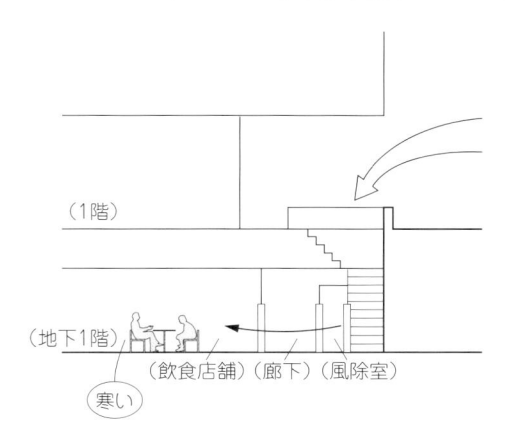

▶33 図5 足元が寒い地下の飲食店

侵入した外気は，床上を流れるので，障害がなければ地階に侵入しやすい。このような形の場合は，建築的に対応を考えるべきであろう。

▶34　4.3 開けっ放しにすれば受付嬢は寒い

　　内部に吹抜を設けた某本社ビルでは，出入口扉はもちろん二重で，同時開放を少なくするため風除室も大きく取り，受付嬢の机も出入口から離れた奥の方に配置し，おおむね問題はなかろうという判断であった。しかしこの会社は，出勤時には扉を開放し，守衛が社員を出迎えるというマサカの社内風土があった。したがって，受付嬢のところまで冷たい外気が流れ，足元が寒いというクレームとなった。電気ヒーターは設置したが，風の流れによる寒さには効果がなかったようである。

　　似たような構造の某建築施工会社の本社ビルでは，打合せコーナーになっている1階吹抜部は，入口から鍵の手に配置してあり，侵入外気の影響は少ないように配慮されている。

　　また，某大型ビルでは非常に人の出入りが多く，1階ロビーは外から来た者でも足下が寒い。しかし，受付嬢の周辺は側面から後ろまでを囲ってあり，しかも座って対応するように，来客の目の高さに合わせて床を少し上げてあった。後はこの部分に，床暖房があれば十分である。

▶35　4.4 大きな扉は侵入外気を防げない

　　どんな建物でも1階出入口は建物の顔であるから，玄関扉は立派で大きな扉となっている。しかしこれも建物の規模によりけりで，筆者の会社で，規模に似合わぬ大きな扉をつくって失敗した事例がある。1階の天井高3mに合わせて，事務所テナント扉の高さを玄関扉と同じように3mとしたために，出入りのたびに冬の外気が侵入しクレームになった。小規模ビルなので風除室はない。扉のそばにライン状の吹出し口が設置されていたが，効果はなかった。大手名門事務所から，筆者の会社に移った若手（当時）建築設計者が，玄関扉はビルの顔であるという，前の会社での教えにこだわったためであった。

　　（この節の内容は，建築技術2009年8月号（㈱建築技術）の特集『建築設計者に知ってもらいたい建築設備計画の勘所』の，「建築計画に起因するトラブル」（筆者執筆）より取り上げたものである。）

どうして『マサカ』が起きるのか②

コミュニケーションを阻害する権威勾配

　筆者が設計事務所の部長を務めていた頃の話。ある日現場から電話があった。他のものが留守だったので，筆者が電話を取った。「K先生いらっしゃいますか？」，Kはウチの若手技術者である。「K君は他所の現場に出ていて，夕方○時ごろ帰って来る予定です。」「わりました。その頃また電話を入れます。」ここで一言いわずにすまないのが，筆者の悪い癖。「ところでお宅の会社では，設計事務所の担当を『先生』と呼ぶことにしているの？」「……いけませんか？」「いいはずないだろ。」施工会社上がりであるから（？）しゃべり方も若干乱暴になる。「K君は幾つだと思っているんだ。」「お若くは見えますが……。」「あんたたちから見ればヒヨッコみたいなもんだろ？　まだ，修行中の身の上だとはわかるだろが。」「はー，まーそのようですね。」「じゃ，本人のためにならないから，絶対に先生と呼ばないでくれよ。ついでに建築の担当者も先生といっているの？」「そうです。」「これもやめてくれ。うちは大先生の事務所ではないんだからそんな呼び方は必要ないからね。ゼネコンにもよく言っといてよね。」

　夕方帰ってきたK君いわく，僕も『先生』なんて呼ばれて，お尻がこそばゆいのでやめてくださいといっていたんですが，やめてくれないんですよね。部長からいってもらえてよかったです。」

　このように建設業界では，生産過程において設計者／施工者間に大きな権威勾配が存在する。建築意匠および設備設計者はあまり意識していないだろうが，施工者やビル管理者サイドにはかなりの遠慮がある。同じ設計者同士でも，建築意匠設計者と構造・設備設計者の間にも，状況による大小はあるが権威勾配が存在する。請負関係がある場合は，この勾配はより大きくなる。この関係は『マサカ』『マタカ』のトラブル発生の大きな原因となるばかりでなく，設備のトラブル情報が設計事務所，特に建築設計者に伝わりにくい大きな要因となっている。

　『あの時もっと強く主張すればよかった。』といった経験のない設備屋（設計者・施工者）はほとんどいないであろう。また，『あの時設備屋のいうとおりにしておけばよかった。』と，反省する意匠設計者も少なからずいるものと推察する。

　取り敢えずは，設計事務所の意匠・設備設計担当者を「先生」と呼ぶ風潮だけはやめにしたい。事務所によっては「先生」の呼称を禁止している所もある。

第5章　臭いによる『マサカ』の話

> 　設備トラブルのうち，計画・設計する前から予測可能なものが臭いによるトラブルである。臭い（臭気）の場合は，発生場所・原因がはっきりしているので，計画時点から給排気ガラリなどの配置計画をきちんとしておけば通常は対応可能である。したがって，筆者の数多い経験内でもトラブル件数は少ないが，それでもこういうこともあるという事例を紹介する。
>
> 　煙突の煙も含め，排気の基本は拡散とそれに伴う希釈である。しかし状況によっては「臭いが風に乗って運ばれる」ために，拡散も希釈もされずに外気取入れガラリに到達してしまうことがある。もちろんこういうことの発生を予測して計画したが，結果として，臭いが回ってしまったという意味では『マサカ』というより『ヤハリ』である。トラブル事例は厨房排気の取入れ外気への回り込みによる混入がほとんどであるが，浄化槽排気やごみ処理室排気にも注意しておく必要がある。また，近隣への影響も十分配慮を行う必要がある。

5.1 臭いは風に乗って運ばれる

▶36　**1）やってはいけない2大事例**
　いわゆるショートサーキットを起こすケースである。

▶36-1　**給気と排気は同じ壁面に近接して設置しない**
　わかってはいてもよくある事例。どれぐらい離したらよいかは，経験工学の範囲である。
　バブル時期に某複合用途ビルで上記のケースがあったが，竣工前に若い担当者の上司が気が付き，幸いにシャフトの上には何もなかったので，頂部を開放して上方に放出した。トラブルにはならず『アワヤ』で済んだが，このこと自体が『マサカ』である。バブル期でいくら忙しいとはいえ，こういうチェック漏れもあるという反省材料であった。

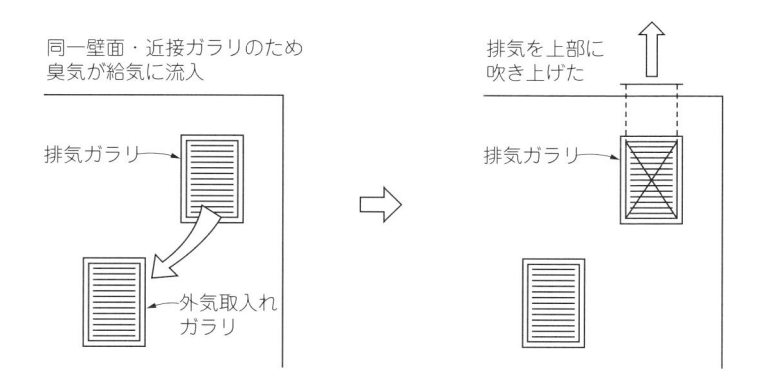

▶36-1 図1　排気のショートサキット標準事例

排気塔の両側に給気・排気ガラリを設置しない　▶36-2

　クライアントの役員の方が住んでいた高級マンション（他社設計）事例。厨房臭気が住居内の居室で感じられるというので，調査してわかったことである。屋上を風が流れると，▶36-2 図2 のように排気が給気側に回り込む。これは前項の「給気と排気は同じ壁面に近接して設置しない」と同様，古典的といってもよいほどの代表的ミスである。どのように解決されたかは不明である。

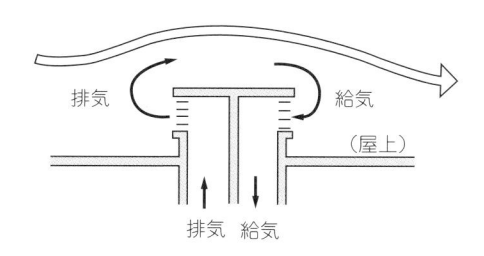

▶36-2 図2　排気のショートサキット屋上シャフト事例

2）臭いが風に乗って運ばれた『マサカ』『ヤハリ』事例

　いずれも厨房排気の OA ガラリへの回り込みの事例である。計画の時点で配慮してあるので，竣工時の状況の変化や，予想通りにならなかった場合についても対応が可能であった。

▶37　排気は広い外壁を伝わって流れる

　某再開発ビル（ホテル・百貨店など）で従業員食堂の排気が，事務室系統 OA に混入した。各階 AHU 方式で空調機室に外壁面に OA ガラリを設けるため，排気ガラリの位置には注意して計画した。▶37 図 3 のように相互のガラリ位置は同一壁面であるが，平面距離は約 35m あり，かなり離したつもりであった。排気ガラリは地下機械室などの排気用で，従業員食堂厨房の排気もここに出したが，他の排気と一緒なので臭いは薄まるつもりであった。しかし，省エネで一部の排気ファンが止められ（寒冷地のため，常時運転はしなかった），従業員食堂厨房排気のみの使用時に，風向きによっては壁面伝いに「臭いが風に乗って運ばれ」問題となった。発生状況が限られていたので，特に対策はしなかった。大きな壁面の場合は，コアンダ効果により風が壁面伝いに流れやすいので，注意が必要である。

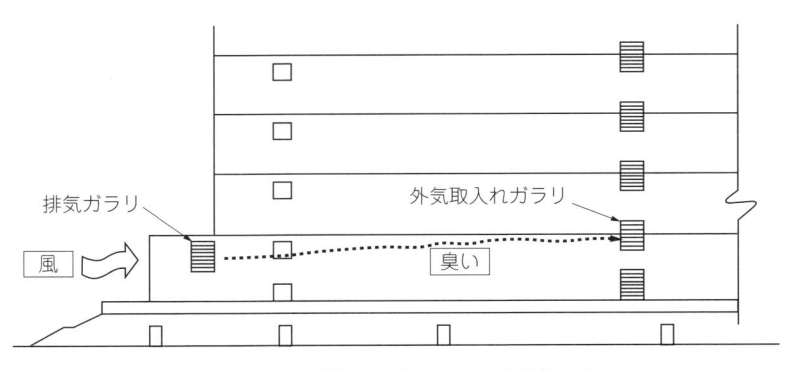

▶37 図 3　同じ壁面でのコアンダ効果によるショートサキット

▶38　広告塔に囲まれると，排気は予想外の方向に流れる

　某大型デパートでは，40m 離れた別々の塔屋で給排気を行うよう計画されていたが，排気ガラリがネオン広告塔に囲まれてしまった。排気の一部が下向きに流れ，▶38 図 4 のように屋上の床を這うような形で風に運ばれて OA ガラリより吸い込まれた（これもコアンダ効果によるもの）。

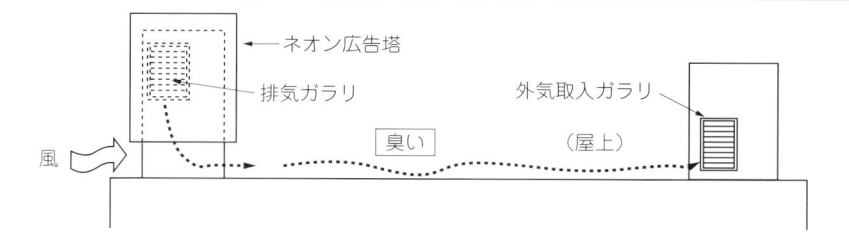

▶38 図4 排気ガラリが広告塔に囲まれショートサーキット

排気ガラリの前の隣地にビルができた事例 ▶39

　某店舗ビルでは，施工中に排気ファンルームの位置が変更され，排気ガラリの位置がOAガラリに近くなった。竣工時には問題なかったが，1年検査時点でOAガラリへの厨房排気の混入を指摘された。原因はガラリ側の隣地にビルが新築され，排気が回り込みやすくなったせいであった。発生頻度が少ないので，対策はしていない模様である（詳細不明）。

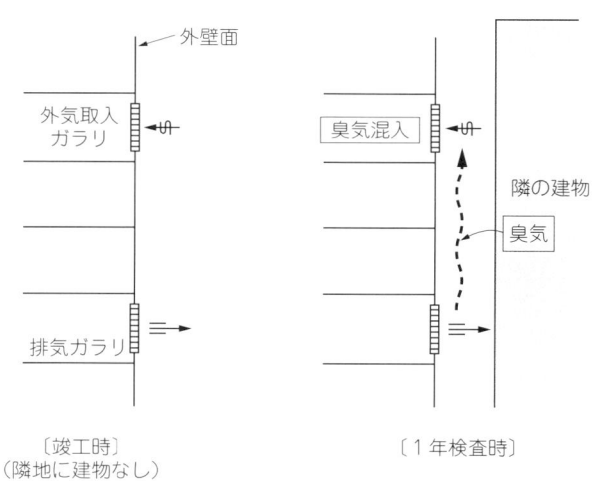

▶39 図5 排気ガラリの隣にビルができてショートサーキット

風速が低いと風に負ける ▶40

　某店舗ビルでは塔屋の同じ側面に給排気ガラリが設置されるため，排気側はガラリの外に上面開放のシャフトを設け，上方に排出することとした。しかしシャフトが大きく，上方への風速が小さかったため，臭い

が風に乗って壁伝いにOAガラリに到達してしまった（▶40図6）。対策としては、排気ダクトを上向きに立ち上げ、風速を上げて上方に排出した。

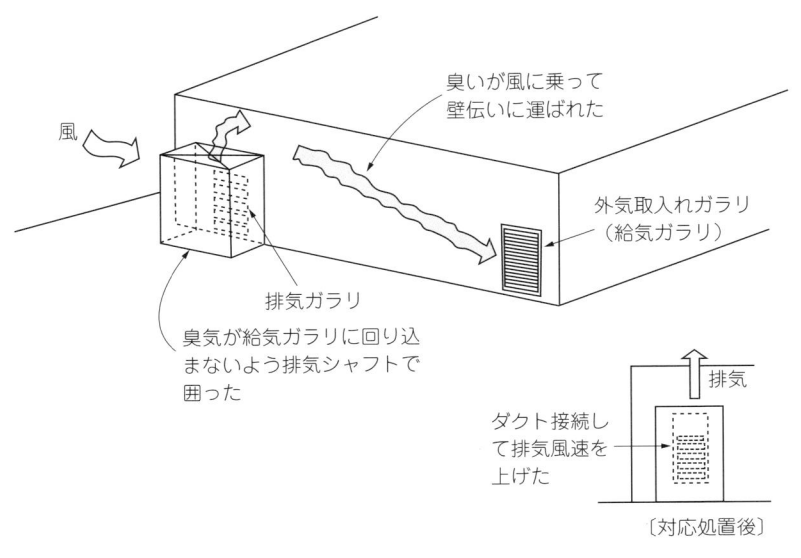

▶40図6 吹出風速小のためにショートサーキット

▶41 風に乗って運ばれたガーリック臭気

飲食店厨房の排気で、微量でも臭いを感じるのがカレーとガーリックの臭気である。某大型オフィスビルの場合、付属する低層飲食店舗棟の排気はその屋上に設置された排気ファンで、事務所棟と反対の方向に吹き飛ばす方式とした。給気ガラリとの間は平面で22m、高さで16m離れており、その間はまったくの空間である。しかし、イタリアンレストランの仕込み時のガーリック臭気が、冬期に高層棟事務室内で感じられた。ビル管理者が行った時はもうわからない程度の微量な臭気で、発生頻度もシーズンに2、3回程度、発生時間は仕込みのためにガーリックをいためている間の短時間であったがクレームとなった。冬以外の季節には発生しておらず、風向と風速がちょうどマッチした時に「臭いが風に乗って運ばれた」典型的な事例であった。

原因は、ガラリ面での面風速が遅かったためである。排気は▶41図8のような排風機室（排気チャンバー）内で開放されていたが、3方向にガラリを設けたため排気の風速が遅くなり、反対方向からの風に乗っ

て匂いが運ばれたものである。対処方法として、排風機にダクトを接続、ガラリ面近くまで延長し、ガラリ部での面風速を上げて吹き飛ばした。

この話には後日談がある。このビルの機械室には、アフターサービスのため設備施工会社担当者の机が置いてあって、控え室的に使われていた。別件でこの機械室に顔を出した際、担当者とこの件の話しになった。「臭いは事務室には出なくなったんですが、ここで臭うんですよ」ということで、吹き飛ばされた臭気は地下機械室の給気ガラリに回り込んでいたのであった。

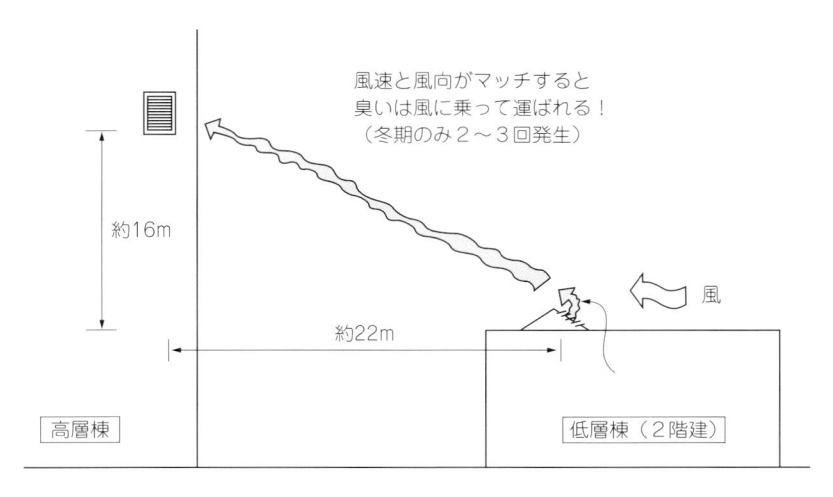

▶41 図7 臭いが風に乗ってショートサーキット

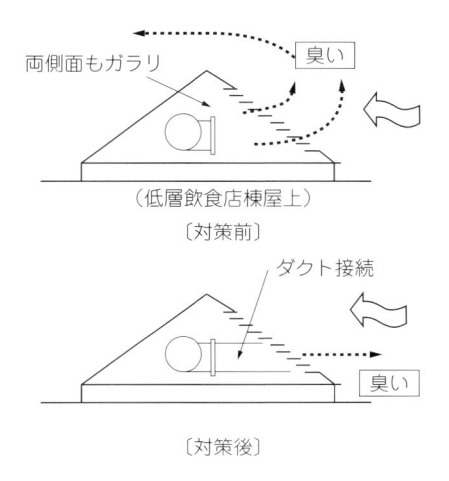

▶41 図8 ショートサーキット対策図

▶**42　重い臭気は床の上を流れる**

　某ショッピングビルでは，飲食店とまったく関係ない下の階の売場系統にガーリック臭気が感じられた。外のガラリからなのか内部のどこかからか，当初は臭気源とルートについてはまったくわからず，関係者が立ち会って本格的に臭気の調査が行われた。その結果，上階飲食店階のスパゲッティ屋の仕込みに使った「にんにく」の匂いであることがわかった。それも仕込み時ではなく，ゴミ用のポリバケツから流れ出たものであった。厨房は換気回数 80 回程度の第 1 種換気で，排気量としては問題ないが，ポリバケツから洩れた臭気が，床面を伝い，開いていた厨房の廊下側扉から（出入りの開け閉めも多かったようである）売場の床面を這って，吹抜け開口から下の階に流れ，下の階の売場系統空調室の吸込みガラリから吸込まれていることが確認された。床面 10 ～ 15cm を流れたのでどこから臭気がくるのかわからなかったのである。この場合は，ポリバケツの蓋をきちんと閉めておくこと，厨房の扉は開け放しにしないことで対応した。

　なお，この調査時点で臭気の拡散する速度が意外に早いこと，空気の流れとは関係ないことがわかったそうである（高校の化学で習った「分子のブラウン運動」について思い出す）。

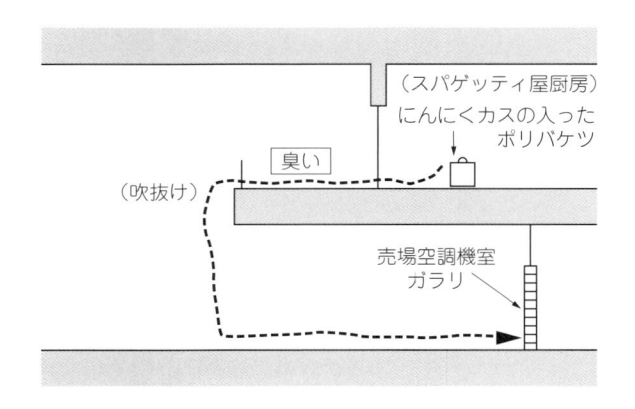

▶42 図 9　重い臭気が吹抜けより下の階に侵入

3）トラブル原因把握のポイント

　一般的に自然の条件によってトラブルが発生する場合は，同じ状態の再現が困難であるため，原因の究明に時間がかかってしまうケースが多

いが，臭気の場合は，「風に乗って運ばれたガーリック臭気」のように臭気の発生源とその伝達ルートは比較的はっきり特定できる。臭いの場合に限らず，トラブル発生の場合は発生時の状況（発生日時，天候，気温，風向／風速の概略，空調機／送排風機の運転状況，自動制御機器の設定状態，臭いの発生源（厨房など）の使われ方などなど）を，できるだけ把握しておくことが解決の早道である。

4）厨房排気のトラブル対策　対策2

　臭気によるトラブルは，竣工後に建物内で対策を行うのが難しい。上記事例のように，目立たぬように対策できればよいが，最悪の場合は露出ダクトを屋上まで立ち上げるというみっともないことになりかねない（街中でよく見かけますな）。したがって，計画時に下記のような配慮を行っているが，給排気用のダクトシャフトとガラリ，ファンルームとの関係など，平面計画・立面計画段階で建築意匠担当者との緊密なやり取りが重要である。また，設備設計者サイドで安易な妥協をすると，あとで『ヤハリ』を思い知らされることになる。

- 厨房排気，浄化槽排気は原則として屋上までダクトを立ち上げ，上部に吹き上げる。
- 排気ガラリによる場合は，風向きに注意し，給気ガラリとの設置距離を十分に離す。この際**「臭いは風に乗って運ばれる」**ことを常に意識する。
- 場合によっては排気風速を上げて，影響のない方向に吹き出す。
- 飲食テナントがまとまっている場合は，あらかじめ共用排気系統に脱臭・消臭装置を組み込む。また，イタリアンレストランのガーリック臭など匂いの強い場合は，テナントに脱臭・消臭装置を組込むことを要求するのも一案である。

　臭気の排気には，OAガラリへの回り込みだけでなく，周辺の建物（特にマンション）・環境に影響を与えないように配慮することも大切である。屋上までダクトを上げられない場合でも，影響の少ない高さで排気を行っている他，マンションの厨房排気はかなり遠くまで届くので，隣の建物が近い場合は吹出し方向に注意して計画を行っている。都内の繁華街では排気ダクトの持って行き場がなくて，道路側など人のいる方向に厨房排気を出しているビルが沢山ある。おおむね小型ビルに事例が多く，スペース的に余裕がなかったためかと思われるが，おいしい匂いとはいえ，臭気を吹き付けられる側は不快である。こういう場所に建物を計画する場合は，外気取入れ位置にも気をつかなければいけない。

5.2 元を断っても止まらぬ臭気

1) 排水槽の臭気

　平成12年12月に建築設備士の更新講習を受講した。そのときのテキストに「建築設備に関する事故例とその対策」の項があり，「建築物周辺への悪臭の伝播防止」として汚水・雑排水槽からの悪臭防止策が載せられていた。地下ピット排水槽のポンプの起動時，建物周辺に排水の臭気を撒き散らし，住人や通行人に迷惑をかけている事例は時々あり，冬より夏により多く発生する。講習会のテキストでは「東京都ビルピット対策指導要綱パンフレット」より，「新設排水槽の構造基準例」が紹介され，2時間以内のタイマー運転が推奨されていた。その他，講師の方から「最終退出者の退出後に排水ポンプを運転する」システムが提案された。しかしそれ以外にも，臭気の発生源があったのである。

　以前のコマーシャルに「くさい臭いは元を断たなきゃダメ！」というのがあったが，**「元を断っても臭気を断つことができない」**というのが，ここで紹介する『マサカ』である。

　東京都では下水処理場の能力の関係で，排水量の流出規制を行っているため，都内の大型ビルは昼間の汚水・雑排水を貯留して夜間に放流している。もちろん汚水槽は曝気を行って，腐敗の進行を防いでいる。しかし，それでも放流開始後排水配管のマンホールからは臭気が漏れ，このトラブル・クレームについては各社で色々な対策を行っているが，これぞという解決策はなかった（もうすでに見つけている方も居られるであろうが，筆者はこれまで知らなかった）。このたびその原因と対策が判明し，発見者はぜひこれを皆さんに教えてほしいとのことであったので，ここでお知らせする。

　排水槽内に汚水・雑排水を長時間貯留させておくと腐敗し，硫化水素により臭気が発生することは設備関係者によく知られている（約2時間経過すると，硫化水素濃度が極端に上がるそうである）。通常は曝気を行ったり，ポンプで撹拌したりして，排水槽内の腐敗を防いでいる。上記のトラブル・クレーム事例でもこれらはもちろん設置されているが，それにもかかわらず，腐敗臭が発生しクレームとなっている。さてどこで腐敗が発生しているのか，調査の結果，それは排水管の中であることが判明した。

　夜間放流を行っているような大型ビルでは，排水管サイズも大きく，

排水ポンプ以降の配管距離も長い。排水ポンプが長時間停止すれば、大量の汚水・雑排水が配管内に滞留し腐敗する。したがって、夜間にポンプ運転を行うと臭気トラブルが発生するのである。

2) 排水管内での腐敗の進行　▶43

　10年以上前都内に竣工した某ビルでは、100Aの排水管の総延長が70mもあり、竣工後すぐに排水臭気トラブルが発生した。人出の多い場所でのトラブルであったため、関係各社が色々調査・検討を行った（条件を変えて臭気テストを何回も行ったとのことである）結果、明らかになった結論が『排水管内での腐敗の進行』であった。答を聞けばありうる話で、『マサカ』というより『ナルホド』である。

　配管距離が短かければ、腐敗した排水も少量でトラブルにはならない。したがって、夜間放流するビルがすべてこのトラブルを起こしているわけではないのも納得できる。逆にそれ程大きくないビルでも、排水槽が過大の場合はポンプ停止時間が長く、排水管の延長が長ければこのトラブルが起きやすい。今回の事例のように毎日必ず発生するような現象は、あれかこれかの原因追求ができるので、比較的早く結論が出るが、時々発生する場合はなかなか原因を特定できない。今回の本格的な調査で、今までなんとなく「しょうがないな」と半ばあきらめていたトラブルの別の原因がわかって本当によかった。

　原因がわかれば、対策は簡単である。このビルでは、①日中でも排水ポンプを1時間ごとに5分間タイマー運転することとし、下水道局の了解を得た。ただし、次の年の異常な暑さではやはり多少の臭気はあり完全ではなかったので、現在は②電動弁による落水装置を設け、排水ポンプ停止後電動弁を開けて、排水を排水槽に戻すようにしている。その

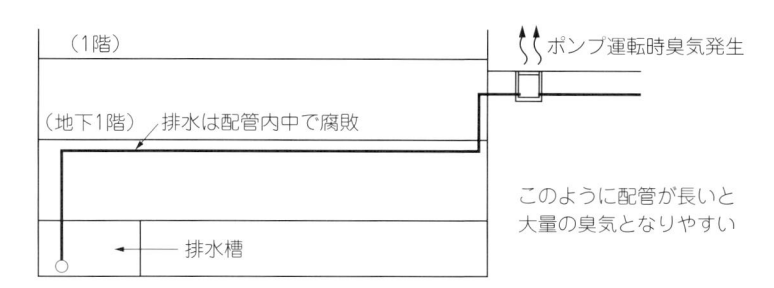

▶43 図10　排水管内での腐敗による排水臭気

後，臭気のトラブルは発生していないとのことである。その他，③中水設備があるので，配管内に一定量の中水を注入する案も検討されたが，工事費の関係で落水方式となった。タイマー運転方式の場合は，これほど金と手間のかからない対策は少ない。都内某ホテルを初めとして，この手のトラブル・クレームでお困りの方はぜひ参考にされたい。工場などは排水配管の距離が長いので，臭気トラブルのある場合は配管内腐敗が原因となっている場合もあると思われる。

なお，この原因と対策については，筆者在職中の企業グループ建設会社設備部課長氏（当時）より貴重なご意見を頂いたものである。

5.3 通気口の臭気も風に乗って流れる

排水管の通気口からは，大量に排出されるわけでないが，排水配管内臭気が外部に漏れる。したがって，建築基準法で，窓などの開口部からの離隔距離を決めている。しかしこの臭気は鼻が曲がるほどきついので，建築基準法通りに施工されていても，臭気が壁面を流れて開口部に流入した場合，トラブルの発生を完全に防げるわけではない。したがって，集合住宅においては通気口を屋上に立ち上げるのが常識といってよい。しかしこの常識を知らず，通気口をバルコニーに出し，臭気に困った入居者からホームページ「NPO住宅110番」に相談があった。このような設計があること自体が「マサカ」であるが，集合住宅経験の少ない技術者の場合はこのような設計を行うことがある。

同様に，経験不足や低い技術力が招く臭気トラブルが2階，3階建の住宅（マンション）における，トラップの封水切れである。困った住民の相談から判断すると，原因は通気管の未設置のようである。2階建の場合は，排水管をサイズアップさせて，通気管を省略できるが，3階建でも大丈夫だろうということで，通気管を設けずにトラブルとなる。信じられないほど，『マサカ』のトラブルである。相談から判断すると，基本ができていないだけでなく，通気弁の存在すら知らないようである。町の水道屋さんレベルの工事会社もあるので，建築設計者もこの程度の話も常識として知っておいてほしい。

住宅サッシの気密度向上に伴い，排水管からの臭気トラブルの相談もあるが，これは8.3「給気口がなければ他所から吸われる」（137頁）で述べる。

通気管と排水トラップ

- トラップないのは基準法違反
  建築基準法の設備の規定のうち＜排水設備＞の規定は割と厳しい。

- （建築基準法施工令）第 129 条の 2 の 5
  建築物に設ける給水，排水その他の配管設備の設置及び構造は，次に定めるところによらなければならない。
  1，2，3 ―（略）
  二　配管設備には，排水トラップ，通気管等を設置する等衛生上必要な措置を講ずること。

- この項も排水設備の基本中の基本であると思うが，戸建住宅では排水トラップや通気管のないトラブル事例がまだ存在している。厨房のシンク（流し）に関しては，初期のマンションでは，孔が開いているだけでトラップは付属しておらず，蛇腹ホースや塩ビ管を S 字状にしてトラップを組み立てていたことを思い出す。昔の旅館や宿泊設備で見られた，蛇口が並んで洗面器に水を溜めて顔を洗うような流しの場合も，もちろん排水口だけがあってトラップはないことが多い。これらの流しに対応するにはこの規定が必要である。
- 戸建住宅で 2 階に便所がある場合は，汚水排水管をサイズアップすれば，通気管がなくても機能障害にならないことが多い。この場合排水管のサイズアップは，「通気管を設置する等衛生上必要な措置」を講じたことになるのであろう。
  しかしこの方式が機能するのは 2 階までで，3 階に便所・流しがあると，下の階で排水した場合にトラップ封水が切れて臭気が上がってくる。
- 戸建住宅や小規模ビルでも，上記のような建築基準法不適合による設備トラブルはときどき発生している。小規模ビルでの設備設計の責任者は，一級建築士である。したがって，小規模ビルや戸建住宅の場合でも最小限設備技術者のチェックを必要とすべきであろう。

第6章　騒音による『マサカ』の話

　各種トラブル・クレームの中で，一度起きると解決に以外と時間がかかるのが騒音のトラブルである。水漏れや，臭いなどのように原因の除去が簡単な場合は，早く解決するが，騒音の原因はいろいろあるので，状況によってはこのトラブルの除去はなかなか難しい。人により音の感じ方が違っているのは当然であるが，感じ方に個人差が大きいためである。特に一旦耳についた音はその感じが残ってしまって，少々の改善策を施しても効果が感じられないのが困る。マンションのように大勢の人たちが生活する場では，計画時からの音に関する配慮が特に重要である。生活音が関係してくると，原因者も絡んでクレーム処理が泥沼化してしまうことがある。

　さて私たちの音の感じ方にもっとも関係あるのが，周辺の音（暗騒音）である。繁華街の真中で宣伝スピーカーが多少大きな音を立ててもそれ程気にならないが，残業時に周りの者が帰って静かになると，空調機の音が耳につき始める。道路の騒音に配慮して，サッシの遮音性能を高めたら，給水ポンプの音が気になるようになったなど，周りが静かになると暗騒音に隠れていて，普段は気付かなかった音が表に出てくる。したがって，同じような設計条件・仕様の建物でも，建設地周辺の静けさの程度によりまったく問題とならないこともあれば，大変なクレームにつながることにもなる。リゾート施設も周辺の暗騒音が低いので注意が必要であるが，この場合は周辺の建物・環境への影響も配慮しておかなければならない。

　この章では静かになって気がつく，音にまつわる『マサカ』の話である。

6.1 『静かなところで音は際立つ』(コンサートホール編)

　音に対する要求レベルが，最も高い建物が音楽ホールであろう。「残響2秒」に代表されるような，ホール内空間の音の響に関しては言わずもがなである。ピアニッシモの非常にかすかな音でも客席の隅々まで届かさなければいけないのだから，騒音レベルは極限まで低く抑えなければいけない。空調・換気などの機器類は運転すれば音が出るし，ダク

トでホール内吹出し口・吸込み口までつながっているのだから，この処理は大変である。他の機械の音や建物の外部から伝わる音もある。計画・設計時から遮音・防音・防振・吸音など色々配慮を行い，竣工後は騒音測定を行って問題箇所を洗い出し，調整・処置を行って満足するところまで追い込んで初めてオープンを迎える。建物によっては，オープン後もしばらくは担当者を常駐させ万一に備えている。それでも耳の鋭い指揮者・演奏者によっては，演奏中には空調を止めるよう要求する方も居られるそうである。聴衆でも，結構空調音を気にする者もいる。そのほかに，使ってみなければ発生しないようなトラブルもある。空調・換気設備の音のトラブルは発生しても『ヤハリ』であるが，以下の事例は筆者の周辺で実際に起きた『マサカ』である。

1）シャンデリアのキシミ音 ▶44

某ホールで竣工後暫くの間，天井から下がっている照明器具（シャンデリア）が点灯していないことがあった。何かのトラブルかと電気設備担当者に尋ねたら，原因は器具から発生する音であった（照明器具から音が出るなんて信じられますか？）。シャンデリアは開演前には電灯が点いていて暖められているが，演奏が始まると消されて冷える。空調の風がこれを促進させる。それほど複雑な形状ではなかったのだが，使われている材料が冷えてゆく過程でせりあってキシミ音を生じたのである。暫くすると温度は一定となって音は止まるのだが，演奏が始まる前，指揮者が登場するまでのシンとした静かな時に発生するのがマズイ。これは『マサカ』ではあるが，器具だけの問題であったのでメーカーが手直しをしたとのことである。

このトラブルの確認のために，当時の電気設備施工会社の担当に訊ねたが聞いていないとのことであった。「別途発注だったんですよね」がその理由で，こういう情報が電気設備施工会社に伝わっていないのも情報断絶である。

ホールではないが，事務所ビルでも同様のケースがあった。普段は使われていない役員会議室の大型照明器具のアクリカバーが8灯の蛍光灯に暖められて膨張し，騒音源になった事例である。役員が重要な報告をしているときは，皆静かにしているので騒音はよく聞こえる。この場合はビル管理者が，アクリカバーを支持しているフレーム部に，絶縁用ビニールテープを貼って（すべりをよくして），音を止めたとのことである。

ホテルの宴会場にもシャンデリアが設置されるのが普通であるが，この手のクレームは聞かない。騒音は発生するかもしれないが，宴会場内の騒音レベルは高いし，また主賓の挨拶の頃には灯具も熱的に安定して騒音は発生しないのであろう。

　なお，某ホームページには，居室の天井内で水滴音がするので見てもらったが，天井内に配管はなく，結局電灯の笠が膨張した音であったという相談事例があった。後述するように，マンションの騒音トラブルで配管類の膨張・収縮に伴う騒音トラブルはたくさんある。

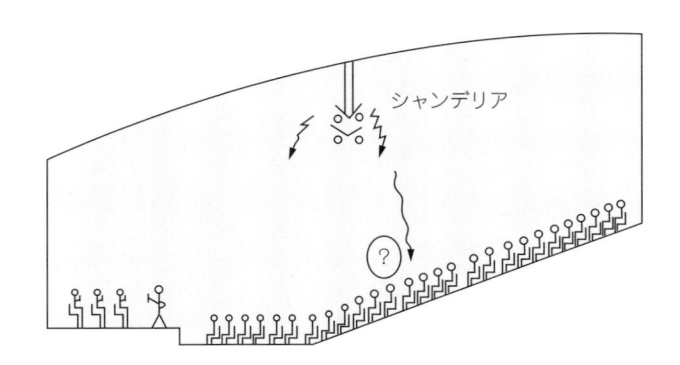

▶44 図1　シャンデリアのキシミ音

2) コンサートホールでの工事音

　筆者は，某オーケストラの定期演奏会の会員である。土曜日のマチネーの会員であるので午前中ゆっくりし，午後はコンサートを楽しみ，終了後は同じ会員の友人とレコード屋をのぞいてから，軽くビールというのが当日の行動パターンである。10年近く前，その日は建物の屋上塔屋部分に工事用シートがかかっていたので，何か工事をやっているのだなと軽く考えていた。ところが，前半の曲の途中静かなところで，壁をコツコツ叩くような音がし始めた。初めは演奏者に対する嫌がらせかと思ったが，工事用シートのことを思い出した。外装のタイルの"浮き"を調べるために，叩いていたのだ。ホールを囲む躯体が最上階ではそのまま外壁になっていたようで，そこを叩いたのではたまらない。もちろん音は直ぐに止められ，演奏はそのまま続けられた。休憩時間に責任者らしき方がお詫びを述べた。

　一件落着のはずであったが，そうはいかなかった。後半の曲が始まって，暫くして再び音が聞え始めた。今度は，さっきよりは小さい音であ

る。演奏の邪魔にならないようにと明らかに気を使って叩いている。
「気をつけて静かに作業させますから，なんとかやらせてくださいよ。」「駄目だよ。さっき言われたじゃない。」「でも，今日中に調べておかないと工事が遅れてしまうんですよ。」「じゃ，しょうがないな，ほんとに静かにやれよ。」なんて，やり取りが想像され内心ニヤリとしたが，気をつければ何とかなるレベルではない。このホールは割と静かなところにあるとはいえ，都内であるから街中の暗騒音は50db近くはあろう。職人さんは聞こえるか聞こえないかのギリギリまで気を使って作業した積りであろうが，その程度ではホール内にはよく響く。職人にとっては『マサカ』であっても，工事関係者やホールの事務方にとっては『マサカ』では済まされない。どのような指示があったか知らないが，このような作業は初めから中止するのが常識である。

コンサート終了後，怒った聴衆が事務局に押しかけた。中には名古屋から新幹線で毎月一回通っている人もいて，皆で一緒に料金の払い戻しを要求している。事務局の方たちは平謝りであった。筆者の席はS席なので，払い戻しがあったらCDを何枚か買えるのにいいなと思って見ていたが，結局払い戻しはなかった。その代わり商売柄，帰りがけに施工業者を確認しておいた。どこかは言わないのが武士の情。関係者は後でこっぴどく叱られ，始末書でも書かされたであろうから。

3）雨排水の流水音 ▶46

その他，ホールでの『マサカ』は雨排水の音である。これは筆者の友人が実際にコンサートで経験したが，壁の近くの席だったので，天井ではなく壁の向こう側から聞こえたとのことで，パイプシャフト内に雨排水管があったのであろう。いずれにしても特定の座席でのことで，音と雨量の因果関係も限られている。また，演奏されている曲の音の大きさによっては，気がつかない。通常の排水管は，音が出るのは常識であるのでそれなりの配慮を行うが，雨排水については設計者・施工者でも『マサカ』であったろう。初めからルートを考え，遮音シートを巻くなどの対応が必要である。この場合はどのような処置がなされたのであろうか，きわめてレアケースであるのでクレームにはなってないかもしれない。

4）ウィーンのホールで気になったこと

ヨーロッパの古い建物には，冷房設備のないものが多い。夏には演奏会はお休みで，その替わり涼しい各地で音楽祭が行われるので，コンサ

ートホールも暖房設備だけで十分である。しかし夏でなくても，人がたくさん入ればホール内が暑くなってくるのは当然で，世界一音の響きがよいと評判のウィーンのムジークフェライン大ホールで聴いた時も同様であった。

　ここで定期演奏会を聴いたのは4月末で，マチネーの定期演奏会のキャンセル券をウィーン留学中の知人に事務局への交渉をお願いして手に入れたものである。室内環境の状態は，初めはマアマアの快適な状態であったが，途中から少しずつ蒸し暑くなってきた。しかしよい響きの演奏（ズービン・メータ指揮，マーラーの交響曲第3番）に夢中になって，気が付いたら，それ程暑くはなっていないし，なんとなく空気の動きもある。見回すと道路側でないほうの上の窓が開いていて（始まる前はしまっていた），自然換気で対応していたわけである。帰国後，筆者の恩師のところへ報告に行った際にこの話をしたら，「ウィーンではヘリコプターは飛ばさないのかな？」といわれた。確かに遮音性能はそれ程期待できるようには見えなかったので，窓が閉じられていても外からの音は聞こえるであろう。何か規制があるのかもしれない。

　騒音とは関係ないが，世界で一番響きがよいというホールであっても，初めと終わりでは明らかに温湿度の状態が違っている。この辺の関係について，音楽関係の専門家の意見を聞いてみたいものである。

　ホールの計画では，設備機械室をレイアウト的に演奏会場から離すことは心がけていても，トイレがホールに接しているところもある。近くの客席で，大便器フラッシュバルブの流水音が問題となった事例は聞いている。

　某ホールでは，大きなガラス開口つきの幼児同伴者用特別室がホールの後部座席の後ろに設けられていたが，あるとき気が付くと鍵がかけられていた。聞いたら幼児が窓ガラスを叩くので，使わないことにしているとのこと。『マサカ』である。

　逆に吸音材の使いすぎで，静かになりすぎ，音を大きくしようとして，三味線の糸が切れたという話も類書にある。

6.2 『静かなところで音は際立つ』（マンション編）

　マンションのトラブルで，最も多いのが騒音トラブルである。このうち上下階の生活音トラブルは建築構造や生活の仕方によるものであるから，（『マサカ』でもないので）本書では取り上げない。設備機器による

騒音は計画の初期段階から配慮しておかないと，後からの手当てでは対応が難しいが，マンションでは騒音源が限られているので，計画時の配慮である程度の音のトラブルに対しては防止策が講じられている。

しかし最近のサッシは，気密性の向上とともに遮音性能もよくなってきている。サッシの遮音性能が向上すれば必然的に，室内の騒音レベルは低くなる（最近では音楽ホール並に暗騒音がNC-20！以下のところもある）。サッシの気密度（遮音遮音性能）を上げたために，今まで気にならなかったレベルの音でも聞こえてくるようになり，『マサカ』ならぬ『マタカ』の騒音トラブルはあちこちで発生している。この原因の一つは，建物が24時間使用されることにより，夜間になって「静かなところで音は際立つ」現象が起きるためである。

計画・設計時点の配慮項目は以下のとおり（ 対策3 ）。
① ポンプ室・受変電室（電力会社借室）の位置は住戸の下に配置しない。
② 上階に居室がある場合は防水も兼ねて二重スラブにする。
③ ポンプは防振架台に，トランスは浮き床の上に設置する。
④ 配管類は防振装置を取り付ける等々で，デベロッパーや設計事務所により基準が決められている。
⑤ 機械室・電気室等の換気設備は給気側・排気側に消音を行うのはもちろん，第3種換気の場合でもドアガラリにせず，壁ガラリ消音ボックス経由として，入居者ばかりでなく近隣住民にも配慮して計画されるのが望ましい。
⑥ 建設地の夜間の騒音レベルを測定しておく。

マンションではきちんとした騒音配慮設計をしなければトラブルになるのは当然なので，トラブル事例があれば『ヤハリ』や『マタカ』に類するものの方が多いが，それでもたまには設計・工事上のうっかりミスや使い方による『マサカ』の発生もある。ここでは，これらの『マサカ』を紹介する。

なお，本書で紹介したのは，他人の経験も含め筆者が現役時代のトラブルである。定年後，北海道のNPO団体がつくっている「NPO住宅110番」の無料相談コーナーでの回答，その他のトラブル事例は『マンション設備「マサカ」の話』（オーム社）を参照されたい。

1）外から回ってきたポンプ室騒音　　▶47

ポンプの運転音がトラブルになる場合は，基礎や配管の吊り金具から躯体に振動が伝わるものがほとんどである。このマンションの場合も，

受水槽・圧力ポンプ室および東電借室は，住戸の下ではなく玄関ロビー下に配置し，防振対策も十分であった。ところが思いがけないルートから音が伝わった。地下ポンプ室内でのポンプの起動時の騒音がドアガラリより外部に出，中庭側にあった点検用の階段を経由して，1階の窓から室内に入った。

　昼間は暗騒音で気にならなかったのだが，夜間のポンプの起動音は耳につく。そのうえ音が入ってくる窓に頭を向けてベッドが配置されていたのだから，問題になったのは当然である。処置としては，ドアガラリに消音ボックスを取り付けた。

　なお，排気側には消音ボックスを付けていたのでトラブルにはならなかった。

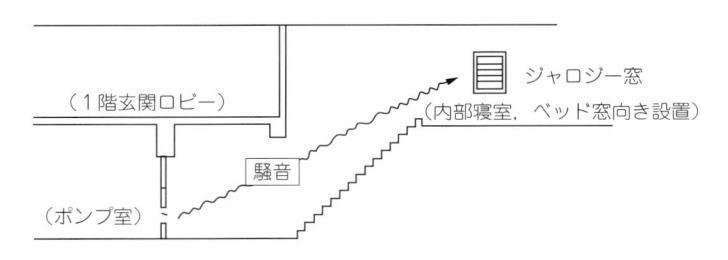

▶47 図2　外から回ってきたポンプ室騒音

▶48　**2）換気レジスターの閉め切りでファン騒音が別の住戸に**

　某マンションの住戸で，夜中になるとファンの運転音らしきものが聞こえてくる。騒音源は不明であるが，共用部ではないようである。ベテランである管理会社の知人は直接関係者ではなかったが，呼び出された。どうもレンジフードらしいということで，下の階の住戸を覗いた。レン

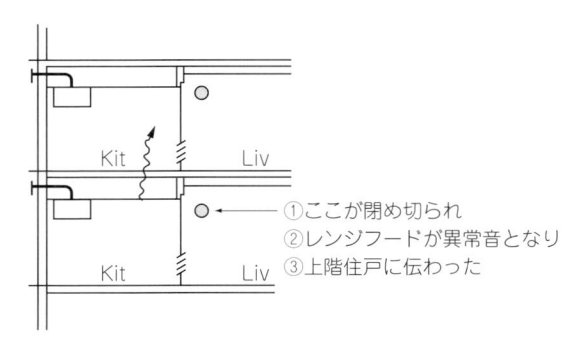

▶48 図3　換気レジスターの閉め切りでファン騒音

ジフードは，特に異常音ではないがなんとなくおかしい。よく調べたら，換気用のレジスターが全閉になっている。これを開けたら音が変わり，上階住戸での異常音も消えてしまったそうである。別項の気密性のトラブルで述べたように，マンションの換気扇類は各社とも能力アップしており，サッシの遮音性能もあって，閉め切り運転時の異常音が上階に伝わり増幅されたものと思われる。

3）建築図の仕上線の読み違いが排水騒音トラブルに ▶49

某マンションで，竣工後にあるタイプの住戸だけ，上から下までトイレの排水騒音がトラブルになったことがあった。排水管は壁式構造の躯体の向こう側にあり，シャフトもボード3枚張りになっており，同じ構造のほかのタイプではトラブルとはなっていない。

よく調べたら，そのタイプのトラブルになった部屋だけ壁仕上げにGL工法[※1]を採用していたのである。GL工法の壁は騒音源に接すると太鼓状に音を増幅させるので，マンションではだいぶ以前からこのようなところでは使われていない。この場合は施工者が建築図の仕上線が1本のところを，すぐ脇の寸法線と合わせて仕上線を2本と読んだため，このタイプだけにGL壁をつくってしまったのである。10dB程度騒音レベルが上がるので，トラブルになったのは当然であった。

ボードを全部はがして壁仕上げをやり直すのは大変なので，対策としては建築施工会社の技術研究所と打合せ，30cmピッチでボードに孔を開け，RC壁とボードとの間にGLボンドを注入した。RC壁とボードが一体化したので，騒音の増幅は解消した。珍しいトラブルであった。

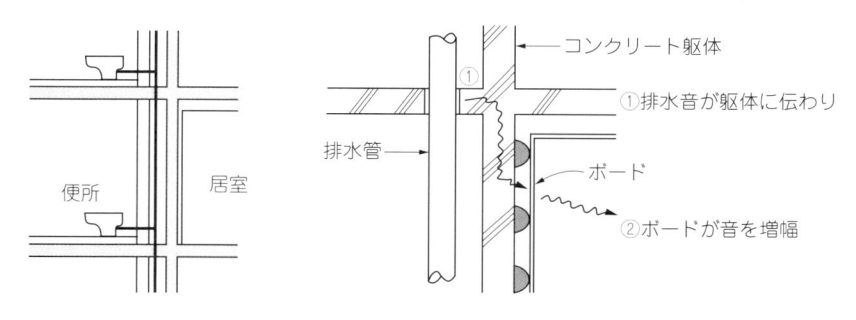

▶49 図4　GL工法で音が増幅

＊1　GL工法：石膏ボードで壁を仕上げる場合に，下地を組まずに団子状のボンド（GLボンド）でコンクリートの壁に直接貼り付ける工法。

▶50　4）ポンプ逆相運転の騒音トラブル

　知人の元ゼネコン部長氏の経験である。住戸数250戸以上の大型マンションでの出来事。竣工後，建物内に揚水ポンプの騒音が聞こえてトラブルになった。このくらい大きいとポンプも大型となり，運転音も大きい。アフターサービス担当者がいくら調べても，原因がつかめず音は消えないので，管理職である知人の出番となった。ポンプの架台から始まって，吊り金具の防振，躯体貫通分の縁切りなどの処置を確認したが，騒音・振動の伝わりそうなところはそれなりに対応されており，何故騒音が響くのか見当がつかない。

　こういう場合は消去法で一つずつつぶして行くのが鉄則である。「ヨシ原点に戻って，始めから見直しだ。」ということで，手始めにポンプの電源接続の確認を行った。担当者は「それは大丈夫です。水もちゃんと出ています。」と，これの見直しには乗り気でない。ここの受水槽は躯体式で，ポンプは水中ポンプであった。回転方向は確認できないが，高置水槽で水は出ており，「水が出ても，量が足りなきゃトラブルになる」（▶75，117頁）で述べるような減水などのトラブルにはなっていない。しかし，元部長氏は「とにかくはじめから見直しをするんだ。」と，動力電源のつなぎ替えを指示した。つなぎ替えた途端に，嘘のように騒音が消えたそうである。さすがベテランというべきであるが，**「わからなかったら原点に戻れ」**という氏のトラブル解決のモットーは，どんな場合でも忘れてはいけない教訓である。

▶51　5）仮設ポンプが1年間も動きっぱなし

　これは知人のサブコン技術者の経験。某マンションの6階で，何かしらの機械の運転音がするということでクレームが発生した。設計・施工関係の技術者が集まって調査をしたが，時間をかけてもどうしても原因がつかめない。設備施工会社の技術者がたまたま1階の廊下を歩いていると，何となく振動が感じられる。近くにある床の点検口を開けてみたら，なんと仮設の排水ポンプが回っていたとのことであった。このマンションの1階の床下はコンクリート製のピットではなく，配管スペースの空間は土間になっていた。この部分に湧水が流れてくるようになっていて，排水用に設置された仮設ポンプが竣工後も動いていたのだそうである。仮設電源が生きていたのも『マサカ』であるが，ポンプが焼き切れなかったのも不思議であった。

6) トラブルを大きくした管理人氏　　　▶52

　建築設計者から又聞きした話である。某マンションは都心から1時間以上の所にあり，周辺環境は大変よい。当然夜は静かである。建築設計者は，一応表通り側のサッシのグレードを上げて騒音対策を行った。ところが周囲が静かなため，夜になるとより一層静かな環境となった。このため，従来なら許容範囲であるような騒音トラブルが発生した。いろいろな音が指摘されたが，特にシングルレバー操作時の音（軽いウォーターハンマー音）が問題になった。設計では下層階には減圧弁（設定は $0.2Pa/cm^2$）を設置してあったが，上から3層には付いていなかった。これが原因であるというわけで，上階の住人の方が問題にしたのである。最上階でのクレーム件数が一番多いというのであるから，一寸つじつまが合わない。いろいろ調べたら管理人氏の不用意な一言も，トラブルを大きくした原因であったそうである。初めに住民の方からウォーターハンマー音を聞かされた不慣れな管理人氏，「これは大変な音ですね」といったことから話が大きくなってしまった。話が大きくなってから呼ばれたので，建築設計者も実際の音は聞いていないが，デベロッパーの責任者は「俺ん所のマンションの音よりずっと静かなのに，余計なことを言うから……」と大変困ったそうである。マンションでは色々なクレームが発生するので，管理人の慎重な対応が大切である。

7) 雨排水管の膨張キシミ音　　　▶53

　夜になると，バルコニー側でギシギシと何かがきしむ音がする，とのクレームがついた某マンション。ここの暖房・給湯設備はセントラル方式であり，温水器（ガス焚き）は屋上に設置されていた。この温水器の安全弁からの排水管が，ルーフドレインのところまで延長されていた。ルーフドレインに開放される排水はまだ暖かく，これが雨排水管を膨張させキシミ音が生じたのである。この場合は温水器のそばで排水を開放し，防水層の保護も兼ねて，ルーフドレインまでコンクリート板を敷いた排水溝をつくってもらった。

　また，住宅排水管でも建築部材に固定または接していると，冬に洗面所や厨房で温水を流した際に，塩化ビニル排水管の膨張により音が発生することが知られている。これは参考文献（250頁）に詳述してある。

　それ以外にも，熱膨張・収縮で発生する音は給水・給湯配管以外の建築材料にも多く見られ，サッシ・PC版・型枠セパレーター・笠木など

で発生するそうである（建築技術 2006 年 3 月号）。この特集でこれらをまとめたのは「不思議音分科会」で，実に適切な名前である。

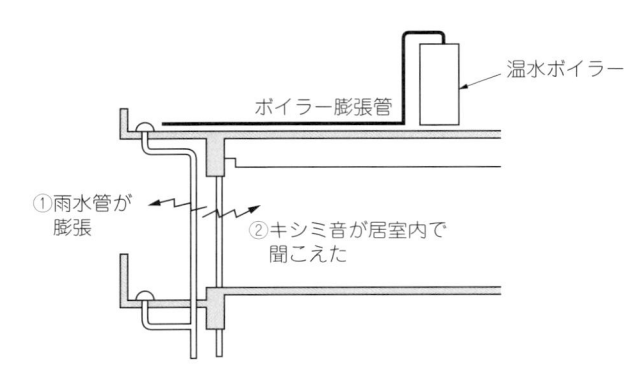

▶53 図 5　配管膨張キシミ音

8）風が吹けば音鳴りが発生

　強風時にサッシの隙間から風が侵入して音鳴りが発生することはあるが，このマンションの場合は，サッシ以外のどこからかヒューヒューと風切り音が聞こえた。特別な状態のときでないと発生しないので，原因の把握に時間がかかったが，外側に何か付いているのではないかと誰かが気付き，調べたらテレビのアンテナがあった。これが強風時の風切り音の原因であった。それ以後，電気設備設計の際には，アンテナ設置位

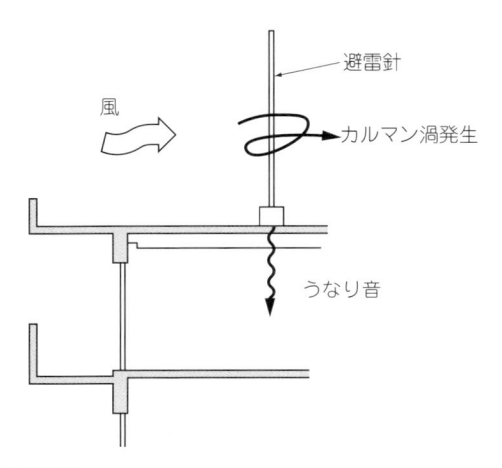

▶54 図 6　風による音鳴り

置には気をつけることとなった。

　最近では，避雷針の風切り音のトラブルも多い。最近のエレベータは，リニアタイプのものが多くなり，屋上にエレベータ機械室がないマンションが増えている。避雷針は最高部につけるが，機械室がなければ屋上に直接設置される。この場合には設置位置に気をつけないと，風が吹いたときに発生するカルマン渦[*2]の騒音が屋上スラブに伝わりトラブルになる。基本的にはスラブ上には設置せず，柱または大梁上に設置すべきである。類似のトラブルは「NPO住宅110番」のホームページで数件紹介されている。

9）浄化槽の曝気の音も騒音源　▶55

　浄化槽は騒音源となりやすいので，計画の際には建物躯体と離して設置されるのが通常ではあるが，30年以上前の地方の某マンションの場合は敷地の都合もあって建物の地下に設置された。ポンプやファン類は防振をきちんと施工し，この種の騒音の躯体伝達は防止されていた。ところが曝気システムであったため，ブロワーから空気が水中に放出される際の音が水から躯体に伝わり，トラブルになった。この対応については当初は特に考えていなかった。結局水槽部分の内側にスチロール板を貼り付けることにより一件落着となった。

　類似事例としては，高級マンションで，水景施設のポンプ騒音が問題になった。この場合も，スタイロフォーム板を躯体に貼り付けたとのことである。

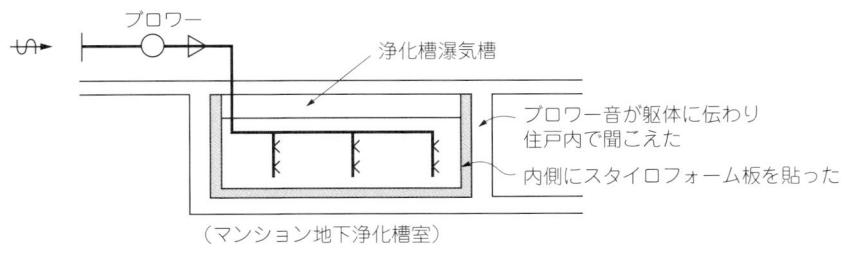

▶55 図7　浄化槽曝気音

[*2]　カルマン渦：関西電力美浜原子力発電所の蒸気配管腐食爆発事故で，一躍有名になった現象。流体の流れに直交して円柱（原発の場合は測温用の挿入管，本件の場合は避雷針）が配置された場合，流速と円柱の関係で円柱の前後に渦が発生する現象をいう。この渦により，原発では配管が腐食し，本件では避雷針が振動し騒音となったのである。

ホテルや旅館の設計で最上階に大浴場やプールを設置する場合は，下の階の客室への騒音伝達のおそれがあるので，浮き床構造にするなどの配慮を行っているが，浄化槽や水景施設の場合は配慮が甘くなり，『マサカ』のトラブルになる。

10) 最近のマンション騒音測定事例

10年前知り合いの管理会社に頼まれて，神奈川県の某マンションで騒音測定を行った。住人の方は騒音が気になるので理事会に相談し，聞きにきてもらったが7人中1人だけは聞こえて，他の理事には「耳の錯覚ではないか」と相手にされなかったようだ。和室だけで聞こえ，寝るとき気になるので何の音か聞いてほしいということであった。

夜の9時を過ぎると，暗騒音は25db以下20db近くになり騒音計では測定不能となる。近くの電車や車が通る時は，はっきり音が聞こえるがこれは気にならないとのこと。気になる音は，かすかではあるが確かに聞こえる。周波数分析器では±20db増幅できるので，調べたら250Hz付近にピークのある何かの回転音で2～3dbの幅で針が揺れる。うなり音のようである。音源は特定できなかったが20db以下の音なので，気にはなっても通常は許容範囲であり，瑕疵やクレームの対象外であると説明した。この方の場合は，自分の空耳でないことが証明され，安心されたわけである。

断言はできないが，和室天井で共鳴していたようであった。

このことで某ゼネコンの技術研究所の方にいろいろ聞いたが，最近はこのような事例が多くなったそうである。隣の住戸の冷蔵庫の音まで，聞こえたそうであるから大変である。やはりサッシの遮音性能がよくなりすぎたのも，一因であろうとのことであった。

「マンション換気の各種トラブル」（▶94, 142頁）のところでもトラブルを紹介しているが，設備設計者としては，サッシの機能性の向上はほどほどのところにしてほしいものである。

なお，建築設計基準となっている，住宅居室の騒音レベルであるが，サッシの遮音性向上により，暗騒音がNC20以下となっている現状では，35～40dbの基準は「暗騒音—○○db」のように見直すべきであろう。

6.3 『静かなところで音は際立つ』(リゾート編)

マンションの騒音トラブルの原因の一つは，建物が24時間使用され

ることにあり，夜間になって『静かなところで音は際立つ』現象が起きるためである。

　同じように24時間使用される建物は旅館・ホテルなどの宿泊施設であるが，これらは建物規模も大きく，機器類からの発生騒音は大きいので，当初からある程度の配慮は行っている。しかし，リゾートの宿泊施設の建設地は周辺が静かで暗騒音が低く，トラブルが発生しやすい。特に小規模のホテルや保養所等の場合，機械室・電気室と客室などとの離れが十分に取れないことが多く，マンションの場合と同じような状況といえる。筆者の経験でも，「（いろいろやって）ダメだったら，BGMの音を大きくしてもらおうか」と冗談を言ったこともある。

　また，外部に対する騒音についても配慮の必要があるが，敷地が大きく周辺に居住者がいないなどの条件でトラブルになっていない場合もある。ここでは，上記のようなリゾート施設特有の騒音トラブルについて反省事項も含めて紹介する。

1）建物内への騒音トラブル　　　　　　　　　　　　▶56
騒音源をつぶしてゆくとほかの騒音が浮かび上がる

　機械設備は運転音が問題になるが，発電機以外に動くものがないからといって，電気設備が騒音トラブルとは無縁というわけではない。騒音源の一つである発電機は常時運転ではないので，屋外設置の場合の設置場所に気をつければ，通常はトラブルにはならない。

　電気設備の騒音源はおおむねトランスである。一般ビルの場合，受変電室は生活空間と離れた位置に設けられることが多いのでトラブル例は少ないが，集合住宅や小規模リゾート施設の場合は受変電室が生活空間に近く，夜間の暗騒音が低いので「ブーン」という低周波の唸り音がトラブルにつながりやすい。電気室には当然換気設備があるので，初めはそれが原因とされる。これに防音対策を行ったら，別の騒音（トランス騒音）が浮かび上がってきたというのが，この項の『マサカ』である。

　某設備施工会社の保養施設では，もちろん騒音に配慮して計画したつもりであった。竣工後のデータでは，電気室の換気設備の騒音が上階の管理人寝室で約26db（A）であった。暗騒音が20db（A）近くなので，寝る時に気になるとのこと。このところまでは『ヤハリ』であるが。最終的に解決するまでいろいろな手立てを講ずる羽目になったので，参考のため順を追って対応策を説明する。

[状況]　電気室は第3種換気で，竣工時は給排気ガラリに消音ボックスを付け，低騒音型有圧換気扇で排気を行っていた。この換

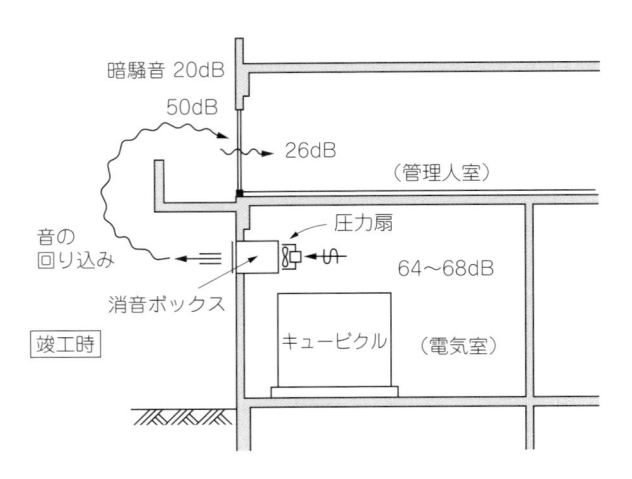

▶ 56 図8　電気室キュービクルの騒音

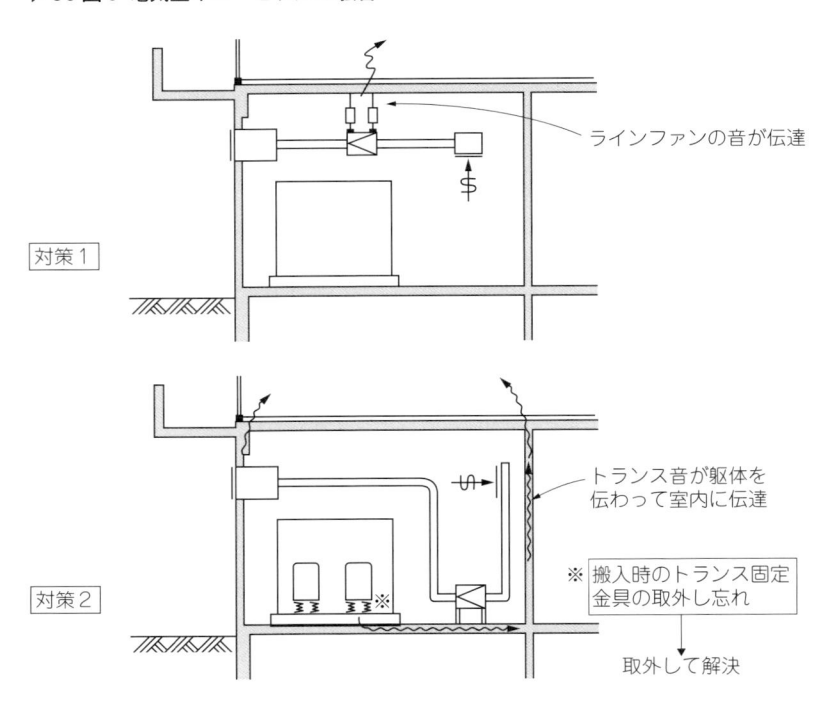

▶ 56 図9　対応策

気扇とガラリの風切り音のため、管理人室バルコニーでの騒音値は50db（A）あり（電気室内騒音は64〜68db）、当初の音の伝達は外部からのものであった。

［対策1］換気扇は撤去し、消音型ラインファンを設置、消音フレキシブルダクトで排気用チャンバーに接続した。給気側もチャンバーに消音フレキ接続として、音が外に出ないようにした。もちろん、ファンの吊具には防振ハンガーを用いた。

［対策2］それでも音が気になるので、ファンは電気室の床に設置し、ファン本体をチャンバーで囲ったが、あまり効果が現れなかった。

［結論］ファンを止めても音がするので、原因はトランスであるということがわかった。

ここの受変電設備は小規模な建物なので、キュービクルタイプのものを室内に設置してある。この時点では建物は引渡し使用開始しているので、今更本格的な防振設備を設けるのは大工事である。電気設備の担当者は大いに困ったが、電気設備施工業者に再調査を命じた。

後日担当者からの報告は「イヤー、助かりましたよ。搬入用の固定具がつけっぱなしになっていて、それを外したら直りましたから。」であった。トランスがキュービクルの中に入っているため、気が付かなかったのが原因である。こんな単純ミスはめったにないが、初めからトランスが原因とわかっていればもっと早く解決していたであろう。トラブル解決には、「……のはずだ」「……であろう」の部分まで逆上って原因追求することが大切である。

煙突が尺八となる　▶57

某リゾートホテルでは、温水機試運転時に煙突からジェット機のような大変な唸り音を生じた。

3台の温水機を100％運転すると、夜間暗騒音が約25db（A）（NC-15）に対し、煙突近くの客室内では45db（A）（NC-40）以上の音。当然周辺の客室や廊下でもよく響くので試泊中の施主関係者に聞かれてしまい、オープンを前にして余計な心配をかけることとなった。筆者の会社をはじめゼネコン・サブコンでも、『マサカ』こんなことがと初めての経験であり、燃焼機に関係するトラブルでもあるので、どうしてよいのか手がつけられない感じであった（もっともサブコン本店の筆者の先輩は経験があったが……）。

しかし温水機（ボイラ）メーカーの方はさすがに経験豊富で、温水機

の空気取入れ口と煙道のドラフトダンパーを調整しただけでピタリと騒音を止めてしまった。聞けばきわめて稀であるがこういう現象はあるそうで，煙突の口径が大きく，高さが低い場合に発生しやすいとのことであった。機械室内では1k〜2kHZにピークのある音が，客室や廊下では125HZにピークがあり，明らかに煙突内で増幅され，あたかも煙突が尺八になったような感じであった。

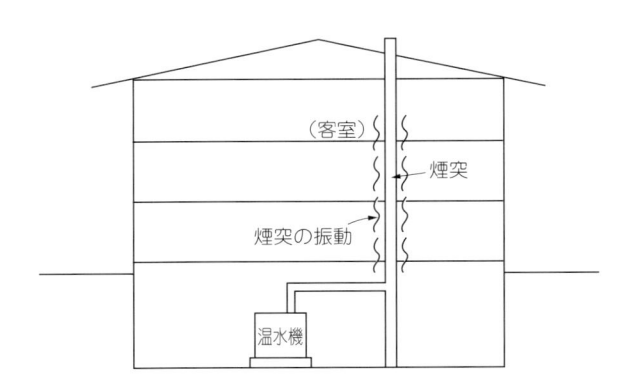

▶ 57 図10 煙突の音鳴り

▶58　設備屋が面倒を見ないために起きたトラブル

　　工事区分上建築工事や別途工事に含まれている機器類の防音・防震については，通常それらの専門業者任せになりやすい。設計範囲外になって，設備スタッフの目が届かないことが多いので，建築設計者だけの管理下では，結果として騒音トラブルになることがよくある。

　　某リゾートホテルの場合は，浴室関係特殊機器類（ジャグジー風呂などのポンプ，コンプレッサー類）が工事区分上で建築工事に入っていた。建築設計者はこれら機器類の設置箇所は浮き床構造とし，防音・防振上の配慮は行っていた。しかし，配管類の壁貫通部の防震工法には目が届かず，客室に音が出てしまった。設備スタッフの応援で，対応は容易であった。トラブルには至っていなくても，この種の隠れた『アワヤ』は案外多いと思われる。

　　機器類の防音・防振に対しては，共振・共鳴が原因となる場合以外は，「縁の切れ目が，音の切れ目」が基本である。

2）外に対する騒音トラブル
機械室が狭いと防音処置ができない　▶59

　静かなところに建つにもかかわらず，周辺に居住者がいないので幸いにトラブルにいたらず，出来上がってから冷や汗ものであった事例が2つある。

　何れも最上階破風屋根部分についている排気ガラリからの騒音で，市街地の中なら多分問題にはならない程度のレベルである。これにはリゾート施設特有の共通点があった。それは破風屋根下の排風機室の空間的狭さである。平面的にはそれほど狭いわけではないが，躯体が打ち上がってみると，斜めの屋根のせいで使えるスペースが非常に限られてくる。この時点で排気ファンの設置場所を変えたくても，客室の上では機械室スペースは広げられない。結果としてガラリチャンバーは小さく，排風機との距離も十分取れず，もちろん消音上有効な処置もできない。

　立場上竣工前に現場に行くことが多かったが，周辺を回ると上の方から音がする。仕事柄こういう音には敏感である。よく調べたら，上記のような状況が判明した。建物から離れると気がつくが建物近くではあまり聞こえず，トラブルとはならなかったが反省させられたことであった。計画時点で機械室スペースの検討は行うが，平面的なチェックだけで空間的なチェックがおろそかであったのが原因である。

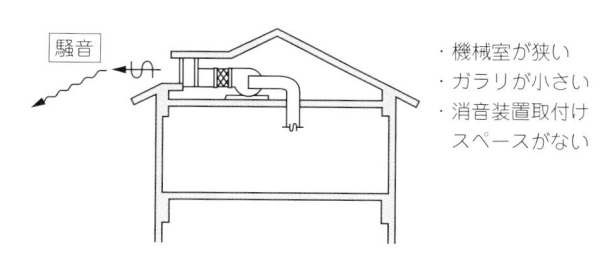

・機械室が狭い
・ガラリが小さい
・消音装置取付けスペースがない

▶59 図11　リゾート施設のガラリ騒音

空冷チラー騒音トラブル　▶60

　建物からの騒音が近隣に対してクレームになるのはよくある話であるが，周辺が静かなリゾートの場合は特に注意が必要である。外部への騒音でトラブルの原因になるのは，ガラリからの騒音と冷却塔・エアコン屋外機など限られた機器である。

　某社の保養所の空調システムの熱源は，空気熱源ヒートポンプ冷温水

機であった。施設の屋上に設置された，この機器の騒音が隣家との敷地境界線上で 48db となった。暗騒音は 41db であったので，遮音壁およびファン吐出し側の吸音ダクトの設置で対応できたが，暗騒音がもっと低いところであったら大きな問題になるところであった。

　ここの場合は施設内への騒音対策として機械室を別棟とし，裏側に配置したのが原因であった。ヒートポンプ冷温水機騒音以外にも，機械室騒音（ボイラー，ファンの運転音）の扉からの漏洩，浄化槽ポンプ運転音，池の循環ポンプ音と流水音などの騒音源があったが，それぞれの程度に応じた対応策を講じた。

　これも反省点の多い事例であった。

6.4 『静かなところで音は際立つ』（一般ビル編）

　市街地に建設される建物は，商業ビル，事務所ビルが主体であり，ホテル以外は建物内の騒音的設計条件は甘いといえる。しかし，外部に対しては商業地域といえども配慮が必要である。屋外機器やガラリからの騒音は，周りが静かでなくてもクレームになる。建物からの騒音に対しては，騒音規制法により敷地境界線で何デシベルという規制値が決められているが，これは必ずしもトラブル解決の決め手にはならない。規制値以下であっても，原因が建物施設にあれば納得してもらうまでは，改善が求められるのが常である。したがって，ガラリの向き，屋外機の設置場所などの計画にあたっては，周辺の建物の状況に配慮することが必要である。

　設計時に配慮しているので，ここに該当するトラブル事例は以下の1例だけである。

ガラリの向きは地域指定に注意

　某商業ビルは幹線道路に面して建設された。建設された地域は商業地域に指定されていたが，裏側は住居地域であった。建物の表側はもちろん幹線道路側である。したがって，各階の空調機室は住居地域側に面することとなった。当然排気も住居地域側に出される。竣工後，ビルからかなり離れた地域の住民から騒音クレームがあった。騒音規制値を上回っていたので，ガラリ内側に消音措置を行うことで対応したが，担当者にとってもあんな遠くまで聞こえるかと『マサカ』の経験であった。

▶ 61 図 12 ガラリの向きは地域指定に注意

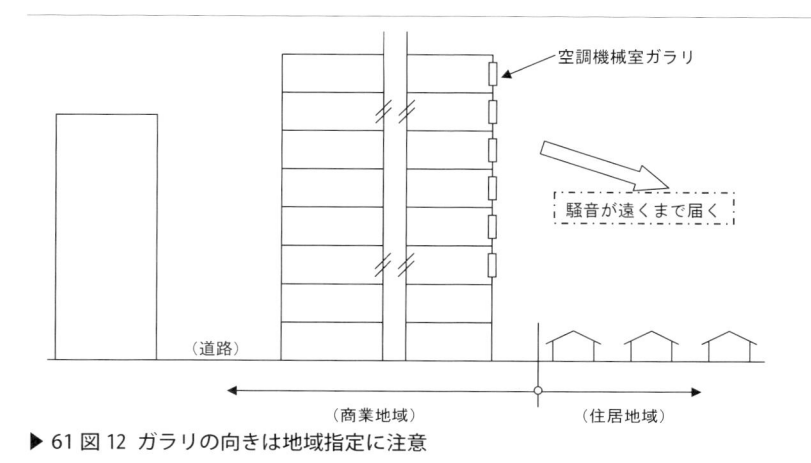

ガラリの向きはマンションに注意 ▶62
『建築設備士』（2006 年 10 月号）に掲載されたトラブル事例である。ショッピングセンターの排気ガラリの正面にマンションがあった。離れた距離ではあったが，騒音トラブルとなったとのこと，ガラリ配置は騒音加害者とならないように注意が必要である。

夜間運転機器はトラブルの元
　周辺がうるさい市街地でも，夜遅くなれば静かになる。この時に聞こえるのが，設備機器騒音，特に室外機騒音である。エアコンの室外機は比較的，音は静かであるし，運転時間は決まっている。トラブルになりやすいのは，冷凍冷蔵庫の室外機または冷却塔である。これらは 24 時間運転であるので，設置位置については計画当初から配慮しておく必要がある。
　建物内の騒音伝達に関しては，要求される騒音のグレードにより計画・設計されている。ホテルでは，客室の浴室排気ダクトが伝声管になって，隣の音が聞こえるから，施工図を描くときには気をつけるようにとサブコン時代に教えられた。当時のホテルの共用排気ダクトは竪ダクトであったので，両側からダクトを接続すると，客室内相互の音が伝わりやすかったのである。竪ダクトの場合は SFD（煙感知器連動ダンパー）が必要なので，最近はホテル客室給排気の共用ダクトは各階横引きとなっている。したがって，このトラブルは耳にしていない。

column どうして『マサカ』が起きるのか③

あいまいな業務範囲と責任範囲

　筆者の同級生の建築意匠設計屋は，天井カセット型エアコンができてから設備計画・設備設計が楽になったといって喜んでいる。「今までは設備屋を呼ばなけりゃ計画が進まなかったけど，カタログを見て配置すればいいんだから，俺だってできる」というわけである。「オイオイ，それだけが設備計画じゃないだろ」といいたいところであるが，デザイン事務所（設備屋にいわせると先生事務所）の認識はこの程度のことがよくある。

　設備設計者の居ない事務所では，外注費の関係から設備計画を建築意匠設計屋が行うことがよくある。この友人はベテランであるから，もちろんある程度の設備計画はできるが，設備計画のすべての業務範囲をカバーできるわけではない。各種情報についても，設備技術者と同じというわけには行かない。

　建築と設備は一体であるから，これの計画にあたってここまでが建築，ここまでが設備と明確にはわけることができない。お互いにカバーしあっている場合はよいが，それぞれの担当者が「俺の仕事はここまで」と業務範囲を勝手に規定すると計画に隙間が生じやすい。

　施工の場合は，設計図に工事区分が決められているので業務範囲は比較的明確である。しかし，施主の別発注となる工事については眼が届かなくなるのはやむを得ない。監修料・エンジニアリングフィーを払って，設計者・上位業者に面倒を見させることも必要である。

技術の狭間に『マサカ』が起きる

　上記のように，建築計画の段階では，建築設計者と設備・構造技術者との業務分担の境界が明確でないことが多く，それぞれの技術者が専門分野のからに閉じこもると，下図の右のように誰もやらない領域が生じる。望ましい形は，各分野の技術者が関連する他の分野に関しても，自分の業務範囲と考えて一歩踏み込んだ姿勢でいる場合である。この場合はお互いにカバーしあうような形となるので，下図の左のように隙間は生じない。

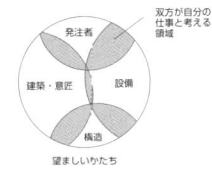

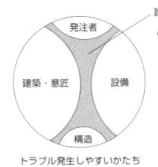

（建築技術 2009 年 8 月号）

技術の狭間で特にトラブルになりやすい分野は，雨排水処理，マンション換気設備，騒音関係で，デザイン偏重に伴うトラブルもこれに該当するといえる。

ウォーターハンマー

　最近ではマンションの騒音トラブルのうち，ウォーターハンマーの比率が大きくなってきているようである。サッシの気密度が上がって遮音性が高くなり，室内暗騒音が低くなれば，小さな音も聞えてくるのは当然である。建築基準法では，ウォーターハンマー（以下，WH）防止の規定があり，場合によっては設計者に責任が及ぶかもしれないことを建築設計者・設備設計者はどの程度ご存知であろうか。

ウォーターハンマーに関する建築基準法の規定：
■建築物に設ける飲料水の配管設備及び排水のための配管設備の構造方法を定める件
（昭和50年12月20日建設省告示第1597号）
　建築基準法施行令（昭和25年政令第338号）第129条の2の5第2項第六号及び第3項第五号の規定に基づき，建築物に設ける飲料水の配管設備及び排水のための配管設備を安全上及び衛生上支障のない構造とするための構造方法を，次のように定める。
第1　飲料水の配管設備の構造は，次に定めるところによらなければならない。
一　給水管
イ　ウォーターハンマーが生ずるおそれがある場合においては，エアチャンバーを設ける等有効なウォーターハンマー防止のための措置を講ずること。

　この告示が決められたころのウォーターハンマーは，配管が壊れるほどのレベルのものを意味していた。現在のマンションのシングルレバー操作時の音は，WHというよりは操作音のレベルであるが，状況によってはクレームの対象となる。困ったことに建築基準法では，WHの定義付けはない。したがって，クレーマー的ユーザーに遭遇したら，一級建築士または設備設計一級建築士が責任を取らねばならない。とりあえずは，各住戸に減圧弁を取り付け，郊外型マンションではオーバースペックであるが，水栓類に水撃防止器を付けておく必要がある。

第7章　使われ方による『マサカ』の話

> 　建築設備の使われ方は，その用途によってまちまちである。建物の使用状況に応じて，年間通して使われるものが一般的であるが，冷房・暖房用熱源設備のようにシーズンにより別々の機械が使われる設備もある。器具類が使われるときだけ作動すればよいのは給排水システムであるが，空調・換気設備は連続運転が求められる。電気設備では受変電設備は24時間稼動しているが，照明設備は建物の使用状況に応じて点灯される。竣工後，テスト運転以外に稼動したことのない発電機設備や，めったに使われない消火設備もある。これらは肝心なときに動かなければ困るから，常日頃のメンテナンスが重要である。
> 　リゾート施設は，使われない時間の方が長い。
> 　また経験工学であるほか，稼働率工学・負荷率工学の要素が強い給排水設備では，使われ方によっては機能障害を起こす場合があり，電気設備でもブレーカーのオーバーロードはよくある。
> 　ここでは，使われ方に起因する『マサカ』の話についてまとめてみたい。

7.1　機械は初日に故障する

　建物の計画・設計・施工に携わるものにとって，新しい建物のオープニングは長い間の努力が報われる記念すべき日であるが，目出たい反面，一抹の不安もないわけではない。

　建築意匠設計の担当者にとっては，人目に付きやすい所は当然きちんと納まっているであろうから余り不安はないであろうが，それでもたま

には出来栄えがよくない箇所もある。どういうわけか，関係各社，特に施主筋の偉い方の足は見てほしくない所の方へ向かいがちである。そのためばかりではないが，施主のトップの方が竣工式などで建物内を巡視される場合は，設計者側でも色々ないきさつや問題点をすぐに説明できるような態勢を取っているのが常である。

　機械設備担当者にとっては，初めて機器類がフル稼動するのであるから一大イベントである。試運転調整は完了しているとはいえ，空調設備の初期故障（トラブル）が竣工式やオープニングの当日に発生することはよくある。引渡されてはいても，ビル管理者はまだ不慣れであり，設計者がまったく無関係というわけにはいかない。したがって，大型物件や重要なプロジェクトの場合は必ず内部で事前に対策を考えておくのが通例である。しかし，それでも前日まで順調だった機械が故障で止まるといった『マサカ』や，それに近い『アワヤ』の発生があるのが不思議である。機械も緊張して「アガル」のかもしれない。

1）オープニング当日の熱源機の故障
ホテルの事例

▶63
▶63-1

　筆者の元上司のOB氏から聞いた話である。OB氏は米軍占領下の沖縄で，シティホテルの設計監理を担当された。当時の沖縄では，冷房の普及率はまだ低く，セントラル方式の空調システムはそのホテルが初めてだったとのことであった。ここで，レセプション当日にターボ冷凍機が故障した。さてどうするか？　幸いセントラル方式なので宴会場系統の空調機は大きい。そこで氷屋から氷柱を買ってきて，空調機のドレンパンの中に立て，ファンを運転して冷房することとした。そのころの冷蔵庫は電気式でなく，氷の塊を冷蔵庫の中に置いて内部を冷やす方式であったので，氷柱は簡単に手に入る。しかしこの程度の冷房では，ないよりはマシであろうが気休め程度のものである。レセプションの来客の皆さんは扇子を使いながら，「セントラル方式と言うのは余り冷房が効きませんな」と話し合っていたそうである。

　この話を某設備施工会社の営業部長にしたら，やはり沖縄のホテルの海水浴施設（食堂）でレセプション当日パッケージ型空調機の故障があったとのこと。試運転でコンプレッサーを焼いてしまって，持ってきた替わりのものがまた故障したそうであるから，現場関係者には気の毒であった。空調機内に氷を入れ，室内に氷柱を立てて対応したが，まったくダメで皆さん汗びっしょりだったそうである。数年前のサミットでも

裏方の方々は大変であったろうが，熱源設備その他の機器の事故がなかったようで（報道されていない），何よりのことであった。

▶63-2　店舗ビル事例

　某店舗ビルでは，オープニングの時（9月9日（土）午後）に大変な人出を見て，真夏になって冷房は大丈夫だろうかと施主の偉い方が心配された。筆者が立ち会っていなかったばかりに，すぐ答える者がいなくて，余計な騒ぎになってしまったことがある。

　この系列店舗が首都圏に建設され，基本設計および設計・監理監修が筆者のいた会社，設計施工が某ゼネコンという業務分担であった。したがって，オープニング当日の立合い義務はないが，一号店での反省もあって，一応朝から担当者が立合うこととした。しかしビルの設備管理者のほかに，建築施工会社，設備施工会社，メーカー，自動制御業者などの担当者も多数詰めており，特に問題も無かったので，午後になってから様子を見た上で担当者は会社へ戻った。その後，暫くして冷水機2台の内が1台止まった。その上設備管理者がまだ操作に不慣れであったため，外気量を絞って対応しようとして，逆に外気ダンパーを開けてしまい，冷房が効かなくなった。この場合は，機械の故障＋ビル管理者側の取扱いミスが原因なので，設計者にとっては特に大きな問題にはならなかったが，いきさつの説明などで若干の手間となった。その後，この系列店の物件では監修業務であっても，オープン時対策について施工業者には特に丁寧に指示・指導している。

2）『アワヤ』事例4つ

▶64　オープン当日のエアハン動かず

　筆者が設備施工会社在籍時に設計の見直し（新入社員であったので，教育もかねて熱計算からダクト・配管系の計算まで手計算で行った）から現場・竣工まで全工程に携わったのは，山手線某駅の正面に建つ，約1万坪の事務所・店舗複合用途ビルである。最上階は飲食店になっていて，営業時間は午前10時から午後11までであった。

　オープン前日は客先関係のレセプションのほか，現場員慰労のレセプションもあり，夜は所長以下，全員早めに現場事務所を引き上げた。その後，最上階飲食店系統の2台の空調機が動かなくなり大騒ぎとなった。関係者（動力設備工事は空調工事であった）が行方不明，管理の方々はやきもきされた。次の日早く出勤された次席の方が動力設備工事

の担当者（朝4時に帰宅だったそうだ）自宅に電話，「パトカーに先導してもらってでも直ぐ来い。」と呼び出した。飲食店オープンは6月12日午前11時（他の階は10時），客は大入り満員，窓を開けてもどうしようもない。電気担当者が冷や汗と本物の汗でびっしょりになって頑張って，昼過ぎには復旧し何とかことなきを得た。原因は電気室1次側のヒューズの絶縁材が熱で劣化してトリップしたためであるが，大事な日に発生するところが『マサカ』である。自分の守備範囲だけで手一杯の当時の若手社員としては，そんなこともあったなという印象しかない。今では携帯電話があり，何処にいてもすぐに呼び出されるところである。

　なお，事業者側の設備責任者（電気）の方が自分史を書かれていたが，この日はエスカレータも大勢のお客が乗ったため，安全装置が作動して動かなくなったそうである。

　このビルは竣工後もアフターサービスや改修工事を担当し，筆者にとって大変勉強になった。

レセプション当日の冷水落水事故　▶65

　上記現場の次席氏の話。某大手都市銀行本店のビルで，竣工レセプション当日（6月末）の開宴前に落水事故（冷水が蓄熱槽に落ちて配管内が空になること）があった。システムの構造上，配管内に水を張るには上から給水しなければならない。開宴までには復旧しなかったので宴会場には係員を配置し，温度状況を刻々連絡させ（もちろん空調機は運転した）たが，中々水が溜まらず関係者はあせったそうである。レセプション会場が暑くなる前に水張り完了し，冷水を送り，『アワヤ』のところでトラブルにならずに済んだとのこと。関係者しか知らない，この手の話は探せば結構あると思う。

オープン前日のガス冷温水機の失火　▶66

　ボイラーなど燃焼機器の運転には，換気設備のバランス調整が重要である。燃焼に必要な給気量が供給される必要があるので，通常は給気量＞排気量となる。某ショッピングビルで，オープン前日にガス冷温水機の本格的試運転を行ったところ，バーナーの失火（煙突のドラフト（吸引力）が強すぎて，バーナーの火が消えてしまう現象）で運転できない事態が生じた。それ以前に着火テストは確認され，運転に異常はなかったとのことなので，たぶんその時は誰かがどこかをいじってしまったのかも知れない。ともかく夜中に呼び出された関係者が青くなったところ，

設備施工会社の責任者（筆者の先輩）がオープン当日の朝現場に現れて，換気設備のバランスを調整して，失火を止め，無事に支障なくオープニングの運転が行われた。この話をしてくれたのは，このとき呼ばれた現場の自動制御屋で，先輩の技術力を誉めていたが，設計・工事監理者である筆者は最近までまったく知らなかった。久しぶりに筆者の事務所に遊びに来て，昔話の際にわかったのである。このような『アワヤ』の話は，事故報告書には載らないので表には出てこない。

▶**67　飲食店舗ビルの受水槽はオープニング当日に空になる**

　オープニング当日のトラブルには，受水槽の警報事例もある。

　これは水をたくさん使う飲食店ビルで発生した。オープニング当日に来客が非常に多く，多ければ水はたくさん使われる。想定外の使われ方で，受水槽の減水警報が出たことがあると後輩から聞いた。対応は，洗い場の水の流しっ放しと考えられる。この章の「同じ日にお湯と水とのダブルの『マサカ』」（▶**76**, 118頁）と同じような状況である。

3）オープニングやレセプション時の対応　対策4

　竣工時のトラブルは，建物の種類やオープニングの時期により内容が異なる。一般的には，人が大勢集まり設計条件以上になるため，夏には冷房の効きが悪く冬には暑くなりすぎる傾向がある。ホテルの場合は，宴会場でのレセプション対応が大切である。招待客は夏でもネクタイをしてきちんとした服装をしている上に，当然のことながら酒が入る。地方都市に竣工した建物の場合は，物珍しさもあってレセプション招待者の出席率は非常によい。宴会場は，文字どおり立錐の余地がなくなる。おまけにシャンデリアの白熱灯で輻射熱が感じられる。主賓の挨拶が連続すると，「暑いな」ということになる。

　したがって，通常の対応策は「**冷房時には事前に十分冷やしておき，暖房時も設定を低くして暖房運転にならないようにする**」ことであるが，それ以外には，

- 空調機のファンのプーリーを変えて，モーターの容量いっぱいまで送風量をあげておく（騒音が大きくなるが，人が多いと問題にならない。インバーターでの対応も可能）
- 他の系統の空調機から宴会場系統に仮設ダクトを接続し，風量アップする。
- 宴会場と厨房が近接している場合，ドアを開け，厨房系統の給気ファ

ンを時々停止して，他の部屋→宴会場→厨房の風の流れをつくり，ドラフトにより体感温度を下げる。この場合，宴会場に隣接した他の部屋（ホワイエ，店舗など）も十分冷房する。
- 空調機内部に氷を入れる。
- 自然排煙の場合は，季節によっては排煙口を開放する。

などが考えられる。暖房時にオープンする場合は，外気冷房が頼りとなるが，時期と地域によっては冷水運転ができるようにスタンバイさせておく必要がある。

　店舗ビルの場合，通常の設計ではオープニング時の余裕は冷熱源の容量に見込んでないが，「冷房が効かないぐらいお客が入った」ということで，余りトラブルにはならない。しかし，設計条件以上に人が入るのは確実なので，できることなら風量アップ対応はしておいた方がよい。この逆にオープン時に客の入りが悪いと（設備の影響で人が入らないのではないのだが），細かいところで色々クレームをつけられることになり勝ちである。がらんとしていて冷房は効いているよりも，暑さを心配するぐらい人が入る方がよいのはもちろんである。

4）竣工式やオープニングで設備技術者は何をすべきか

　オープニング時には，設計・施工を問わず設備技術者はレセプションにただ出席して，酒を飲んでいるだけではいけない。指示した対応策がうまく行っているか，温湿度条件が適切でも場所による温度ムラはないか，気流，騒音はどうかなど，竣工データだけではわからないことについて，担当者とは別の目で検証をしなければいけない。トラブルが起こればオープン時という特殊な使用条件下であっても，設備の評価は下がるし，解決の手間も無駄である。トラブルがなくても細かい所で設計の意図を満足しているか，問題点はないかなど，使ってみなければわからないことも多い。

　したがって，オープニング時の設備技術者（自社だけでなく，協力事務所も）の出席は設計検証，顧客サービス，万が一のトラブル対応を考えれば，当然のことである。設備設計者の技術力向上のためにも，忘れないでほしいことである。ただ，昨今の設計料が厳しい状況では，遠隔地の場合は経費節減もあって，担当者が竣工時に出張などさせてもらえない場合があるのが問題である。

　出来上がってからのことでは，毎年暖房開始時期に行う「ふいご祭り」（ボイラー祭り）で，事前の予行演習ではきちんと着火したのに，

本番のときは着火せず,ボイラーマンが冷や汗をかくなどということは時々あるそうである。

5) 漏水事故は関係者のいないときに起きる

筆者の初めての現場で,関係者がいなくなってから空調機が動かなくなったのと同じような状況の漏水トラブルがある。マンションの給湯用の被覆銅管が建築床仕上げの釘で打ちぬかれて漏水事故を起こす例は時々あるが,竣工後すぐに発生しないことが多い。これもどういうわけか,竣工1年検査時に起こったことが数回あった。それも検査が終わって,特に問題となるようなトラブルもなくてよかったねと,関係者一同旧交を温めにどこかに消えてしまってから起こるのが困る。マンション管理会社から,連絡を受けても,施主から始まって設計者・ゼネコン・サブコンまで,関係者全員が行方不明。大いに困ったことであった。携帯電話普及以前の話である。

7.2 「去年良ければ今年も良いはず」

——【序】——

電気設備や給排水設備は一年を通して同じような運転操作であるが,建築設備のうちで空調設備だけが季節により動作が逆になり,それに応じたシーズンごとの調整が必要である。大型機器の場合はこの間に定期的な点検整備が行われるので,気が付かなかった不具合はそのとき発見されるが,入居者が勝手にいじれるような設備では,シーズンが変わると不具合が生じる場合がある。自分たちの行為がトラブルの原因であるとは気が付かないので,関係者は責められ解決に時間がかかる。ビル管理者やサブコン関係者が調整した場合も同様で,忙しさにまぎれて忘れたり,記録がなされなかったり,担当者が替わったりして,情報の伝達漏れが生じ,クレーム処理が遅れる。

——【起】——

ある夏の終わりごろ,建築意匠担当のN君が空調の改修工事の見積りをチェックして欲しいとやってきた。事務所ビルのテナントに,エアコン2台を追加設置するという内容である。幹線道路沿いの8階建の小型ペンシルビルでもあり,担当者もいなかったので彼が直接空調のアフターサービスも見ていてくれていたのである。基準階は約470m²で

あり，ペリメーターを分けるほどの規模ではないので，南北2系統（各階2台）のダクト接続型エアコンが天井内に設置されていて，7階南系統の不具合である。8階はビルオーナーの住宅である。

「冷房が効かないって話は聞いてないよ。去年はどうだったの？」「暑いって言うんで，私が見に行きました。確かに冷房が効いていなかったので，ゼネコンやサブコンに見てもらって，何回か打合せしました。最終的にエアコン増設の必要があるといわれたので，見積りをつくって貰いました。」「冗談じゃないよ。他の階はどうなっているのよ。」「うちの土木の分室（このビルの4階に入っていた）は冷えています。でもこの階は，最上階で他の階と同じ機械が付いていますから，暑くなるんじゃないですか？」「屋根面の負荷なんて，冷房効かなくなるほど大きくはないよ。上に住宅が載っているんで大丈夫のはずだよ。工事費はどうするのさ，テナントが出すの？　本当に容量が足りなきゃウチのせいになるよ。」「それを来週打合せるので，誰か設備の人に出てもらってください。」「○○君は辞めちまったしな。しょうがない，じゃ俺が行くか。」「本当は僕だって関係ないんですよ。担当は現場に出ているし，マネージャーは大阪転勤だし……。」と，折角設備の面倒も見てやったのに，N君は不満顔である。

早速図面チェックを行い，能力的には問題ないことを確認して，土木分室に電話した。「やー，こんにちは。突然の話だけど冷房効いている？」「効いているなんてものじゃないですよ。皆さん低い温度が好きで，私寒くて……。」ここの庶務の女性は中年の方である。「部長の後ろの窓（南側）の外には，隣に建物なかったっけ。日が当たっている？」「まともに日が当たってますけど，ブラインドを下げてあるので充分涼しいです。」……ここまで聞けば安心である。

───【承】───

当日の午後は，テナントの応接室に関係者が集まった。「こっち側（北側）はいいんですけどね。向こうは日が当たって暑くてしようがありませんよ。」なるほど暑い。小部屋に間仕切されているせいもあって，30℃近くになっている。冷風は出てくるが，ただなんとなく風の出が少ないようだ。去年はこんなに暑くなかったと言う。「冷夏だったからじゃないですか。」が関係者の意見。メーカーは機械的には問題ないという。いきさつや経過報告を聞いたあと，皆に尋ねた。「どこか，何かいじってない？」「……」「何かやっているはずだけどな。暖房の時のこ

とでもいいよ。」「……そういえばダンパーを閉めました。」と設備施工会社担当。「エッ！どこ？」「エアコンの出口のメインダンパーです。冬に温風が出て暑いと言われて……。」「じゃ，それだ。」と点検口を開け，ダンパーを全開にする。冷風がドット出てくる。

―― 【転】 ――

これで大丈夫ですといっても，テナントさんは『マサカ』と半信半疑である。色々説明し，涼しくなったことを確認して，納得していただいたが，最後に一言言われた。「こんな簡単なこと，何で始めにわからなかったのですか？　今は夏の終わりですよ。」これには皆平謝りするしかなかった。関係者が後で，筆者から叱られたのは当然である。それ以後，もちろん何のクレームもない。冬期の暖か過ぎに対しては，サーモの温度設定を20℃程度に下げておくようお願いした。

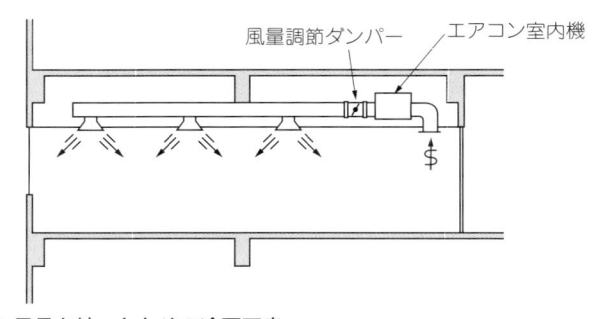

▶ 68 図1 風量を絞ったための冷房不良

―― 【結】 ――

気象条件の違いや経年変化はあっても，通常は『去年良ければ，今年も良いはず』と考えて間違いはない。トラブル解決のためには，考えられる問題点を一つずつ潰してゆくのが一般的な手法であるが，前のシーズンがどうであったかを確認することも重要である。そのつもりで探せば，『マサカ』と思われるようなことを結構やっている。

夏冬切替のバルブを閉めたままで水が出ないとか，ブレーカーを落としたままでスイッチを押しても，運転再開できないとかの事例はよくある。シーズン終了後，ヒューズを外しておいて，次のシーズンに冷却塔が回らないと騒がれたこともある。昨日まで動いていた機械が止まって原因がわからない場合は，最近何かいじっていれば「アレノセイカ

ナ？」と思いつく。しかし半年前のことは忘れてしまっていて，トラブルの原因であると思いつかないことが多い。しかも，全体装置にタッチする者はメーカーサービスマン・設備施工会社社員・職人・自動制御屋・ビル管理者と多様であり，情報管理は完全ではない。テナントが勝手にいじる場合もある。『マサカ』の生まれる所以である。

　意匠屋だけの事務所が設備のアフターサービスに対応する場合，ともすれば上記のN君のように設備に対する生兵法が怪我のもととなりやすい。屋根面からの負荷は多少はあっても，個別式エアコンの場合は選定の際の余裕に含まれる。したがって，同じ面積・用途の場合，最上階と基準階の機器の能力が同じでもほとんど問題がない場合が多い（AHU選定の場合は，熱負荷計算に見合った能力の機器を選定しているので多少の能力差がある）。

　また，年度による気象条件の違いも，影響は少ない。あれば全館に影響があるはずである。冷えない，暖まらないなどの基本的機能に類するトラブルは，発生すればほとんど初年度に集中し，調整・対応されているはずである。もちろん特別な場合もあるが，空調設備の場合は，冷房・暖房とも1シーズン過ぎれば，ISO9000でいうところの「**設計の妥当性**」は確認されたといってもよい。筆者は建築設計事務所に在職中，この手のトラブル・クレームの報告を受けたときは必ず「去年はどうだったか」「今まではどうしていたか」を確認していた。基本的には，『去年良ければ，今年も良いはず』を念頭において，原因調査を行えばトラブル・クレームの解決は早まることと思う。

　この場合は初動捜査段階で設備関係者に話がこないで，単純に原因を「設計ミス」としてしまったのが，解決が遅れた原因であろう。トラブル・クレームの原因は設計・施工・運転管理（幅広い意味で）・故障・不具合など色々あるので，1つに決めてしまうと他の原因に考えが及ばなくなる。しかも建築施工会社・設備施工会社・管理会社の技術者の場合は，思考回路的には「設計ミス＝俺のせいじゃない」となるので判断停止されてしまったようである。中途半端に風が出ていたのがいけないが，他の階では十分に冷えていたので「おかしいな」ぐらいは思ってほしかった。

　マンションについても同様で，住戸ユニット（平面形）の形状は違っていても，基本的には『隣よければ，こちらもよいはず』である。これにあわせて，『今まではどうだったか』の面からも対応してゆくのがトラブル解決の近道である。

7.3 触れば動く，止まった機械

　設備管理で一番困るのは，原因不明の事故・トラブルである。いつも順調に動いていた機械が，ある日突然動かなくなってしまうことがあるが，これが大変困る。何せ原因不明である。管理者が見ても，メーカーの技術者が見ても動かない。関連する他の機械には異常はないし，電源も供給されている。ここで超能力者（？）の出番である。どういうわけかこの人が触ると，それだけでトラブルが解決する。あちこちいじってから直るのではない。「ドレドレ」なんていいながらスイッチを押すだけで，ウンともスンともいわなかった機械が動き始める。『マサカ』であるが，こういう貴重な人材がいると，設備会社や管理会社は楽である。施主に書く事故報告書の原因欄への記入が一寸困るが……。

　ビル管理の業界については知らないが，筆者の周辺のサブコン業界にはこの手の超能力者が少なからず存在しており，スイッチを押しただけで動いた話は時々耳にしている。『マサカ』と思われるだろうが，実をいうと筆者にもこの能力が若干備わっていた。といってもどんな機械でもというわけでなく，自分の担当した特定のクライアント物件だけではあったが……。

　ここでは，筆者のささやかな超能力発揮の歴史をご紹介する。

1）住宅の小型ボイラーは顔を出せば直る

　設備施工会社時代は，自分が担当した物件のトラブルに呼び出されるのは日常茶飯事であったので，触れば直る超能力を発揮した場面は何回かあったようであるがはっきり覚えていない。記憶にあるのは，某住宅（O氏邸）の暖房設備を施工してからである。

　筆者の在籍していた設備施工会社はビル関係が主体で，住宅の冷暖房は営業の対象外であるが，施主やゼネコン関係で例外的に住宅の空調・暖房工事を行うことがあった。筆者は当時施工中の現場近くの住宅で温水暖房設備2件を担当したが，そのいずれも小型温水ボイラー故障時には筆者が顔を出せば何もしなくても直るという傾向があった。

　どういうわけかトラブルは夜に起こる。それもO氏邸近くの現場事務所に居るときには起きない。残業で遅くなって帰宅すると，O氏宅からの電話である。温水ボイラーが動かないときの応急処置は教えてあるのだが，と思いながら受話器を取る。

「どうしてもボイラーが動かないのよ。電源を一度切ってから入れ直したり，サーモスタットの設定も下げたけど駄目なの。もちろん，箱（小型温水ボイラーのバーナーに付いている制御箱）も叩いてみたけど，山本さんとは叩き方が違うみたいで……」と，寒い冬の夜に奥さんは困った様子。

　筆者が行ってスイッチを押すと，直ぐ動き始めるから不思議である。筆者の超能力か温水ボイラーのわがままのせいか知らないが，そのたびに奥さんを恐縮させた。ある時はスイッチが入れっぱなしになっていたと見えて，顔を出しただけで，「あら，たった今ついたようよ」といったことすらあった。これらは初期故障といえるのかわからないが，次の暖房シーズンからは呼び出されることはほとんどなくなった。

　その後，設計事務所に移ったので，この能力については関心が薄れた。

2）超能力の喪失

　筆者のいた事務所は某社の本社ビルを購入したものであるが，当時の空調設備はファンコイルユニット方式で，熱源は水冷チラー＋小型温水ボイラーであった。ある冬の日このボイラーが動かなくなった。管理会社に来てもらっても直らない。筆者に連絡が入ったが，バーナーについている制御盤（箱）を叩いた程度では動くはずがない。メーカーに来てもらう前に，会社の電気設計者T氏に見せた。制御盤を開け，回路図などを調べてみてもおかしいところはない。T氏は「しょうがないな」と箱を閉じ，この上をポンと叩いた。そのとたんボッとバーナーに着火した。「俺が叩いたときは動かなかったのに……」と，超能力が失われたことを知らされたのであった。

3）超能力で治ってしまったため，事故原因不明で報告に苦労

　ある事務所ビルで，補助熱源の温水機が停止した。メーカーや自動制御屋が見ても直らないとのこと。次の日に筆者が行くことになった。大型ビルを計画中のクライアントであるため担当者だけでなく，管理職も顔を出せという営業担当からの要望であった。

　現場で説明を聞いて，温水機を見に行った。屋外型温水機が屋上に設置されている。

　試しにONボタンを押してみた。ボッと着火するではないか。超能力の復活である。一緒にいた設備工事屋はあっけに取られている。「昨日，一日中かかっても動かなかったんですがね」と恐縮の態である。「こう

いうこともあるさ。(機械の) 機嫌が悪かったんだろう」ということで一件落着となったが，困ったのが報告書である。事故原因がわからないから，事故報告を行っても説明にならない。ビルオーナーはあまり大きな会社ではなかったので，この程度のトラブルでも上に上がっている。「何か具合の悪いところがあったから，動かなかったんでしょう？」。「機械ですから，こういうこともたまにはあります」とメーカーの担当。「そういう機械は次のビルには使えないね」とビルオーナーの偉い方。「よその機械でも同じようなことはたまにあります」と筆者もフォローしたが，最後まで納得してもらえなかった。超能力も良し悪しであった。

4) オーディオ・アンプも触れば鳴り出す

　前記O氏は大学の大先輩であり，音楽の趣味も同じだったので，最初の会社をやめてからも亡くなるまで親しくさせていただいた。筆者が愛用していたラックスの真空管式プリメインアンプLX38も，O氏宅の居間で，ロジャーズのスピーカーLS3/5を鳴らして活躍中であった。ところがこの機械，時々筆者に会いたがったのである。「山本さん，たまには遊びにこない？」手放してから1年ぐらいしたころ，O氏からの電話である。色々な話の後，「そのうち行きます」と数週間後に顔を出した。「どうですかアンプの調子は」。「それが実は動かなくて，この部屋ではCDを聴けないんだ」。アンプが鳴らないから，来てくれとは言いにくかったようである。O氏は自分の部屋にはQUADの装置があるが，リビングでも聴きたいので筆者のアンプを下取りしたのである。電源を入れてCDを動かすと，ちゃんと音が出る。「君，どっかいじったの？」「いや，スイッチを押しただけです」「私がいろいろやっても鳴らなかったんだけどね」と，O氏は面目なげである。奥さんは笑っている。「ボイラーの時と同じね。山本さんだと触っただけで直るのね。」と言うわけで，O氏邸での超能力は健在であることが判明した。その後も時々同じようなことがあったが，現在はアンプもトラブルなく動いている。

5) さわれば壊れる家電製品

　この逆に，なんでも触れば壊してしまう方がいる。定年後，顔を出していた事務所の女子社員に，触れば直る超能力の話をしたら「私の友達にその逆の人がいます」という。「いつ遊びに行っても，テレビやなんかが新しくなっているんです。どうやったら壊れるのか，聞きたいぐらいです。」と，品質管理のしっかりした日本の家電製品にしては考えら

れない『マサカ』の現象を紹介してくれた。その話の一週間ぐらい後に会ったら，「この間の休日に遊びに行ったら，ラジカセがまた新しい物になっていました。」と笑っていた。

どんな能力にも向き不向きがあろうが，ビル管理者にだけは絶対持ってほしくない能力である。

機器類の操作回路は，各種のリレーやマグネットスイッチ類を組み合わせてつくられている。この操作盤が，小型ボイラーなどに組み込んである場合は，経年変化や振動などにより接点不良になることがある。また，新しい場合は接点類のなじみがいまいちなのであろう。したがって，そのうちに直ってしまうのは超能力とは関係ない。たまたまのめぐり合わせであろうが，機械が人の顔を見るのが不思議である。筆者の家の家電製品でも，家人がどうやっても直せない不具合も，メーカーのサービスマンが来たときには，全然発生しないで直ってしまったことがある。

設備関係の機器類の場合も，サービスマンが顔を出しただけで，トラブルや不具合が解消するなんてことはよくある話なのだそうだ。

6) 撤去する前に機械はトラブル

某高級マンションで，住棟セントラル暖房・給湯方式のリニューアルの工事監理監修業務を行ったことがある。温水配管と温水機の取換え工事である。このうちの１台の温水機が，撤去予定の数日前に原因不明の停止事故となった。工程会議で報告があったが，理事長さんからは，工場などではこういうことはよくあることなので，工事関係者は知っておいたほうがよいといわれた。寿命であってもまだ動く機械にとっては，撤去されるのは嫌なのであろう。

7.4 同時に使えばお湯はなくなる

建物の設備の設計は，純工学的素養だけでは十分ではなく，経験工学的素養の比率が非常に高い。これは程度の大小は別として，空調・衛生・電気何れの設備の設計についてもいえることである。給排水設備の場合は使用率・負荷率工学といっても過言ではなく，同時使用率をどのように採るかによって，主要機器の容量や配管径までもが変わってしまうことさえある。

特にその傾向が顕著なのは，セントラル方式の場合の貯湯槽の容量である。給湯設備においては，瞬時の負荷が大きく，ボイラーで即応させ

ると機器容量が過大となるために貯湯槽を設けてある。これの容量算定には一応の基準はあるが，以下に述べるように同じ種類の建物でも，使われ方によって同時使用のピークが違っているので，算定を誤るとお湯が出なくなる（ぬるくなる）というトラブルにつながるので注意を要する。その事例を挙げる。

1) ホテルのお湯は30分でなくなる

　某シティホテルが竣工し，オープニングの十数日前，施主のS氏より電話があった。この会社では，2，3人の担当の方が1か月以上前から常駐して，各室ごとに細かくチェックを行うことになっている。浴槽の湯張り検査の際，1人で20室ずつ同時に湯張りを行い，これを繰り返すと貯湯槽がカラになってしまった（湯温が下がってぬるくなった）が大丈夫でしょうかという問い合わせであった。貯湯槽の容量は $4m^3 \times 2$，水栓一個あたりの湯量を $10 \ell/$分とすると，2人で20室を同時開放すると約20分でお湯がなくなる計算になる。実際には加熱コイルでバックアップしているが，連続で流すと冷たい水が勢いよく入ってきて，お湯とよく混ざるので30分程度でぬるくなるであろう。部屋数は360室あるので，運営サイドの心配はおかしいわけではない。一応他のホテルと容量比較を行い，担当者と相談し，大丈夫ですとの返事をしたが，一瞬あせったのは事実である。その後，容量不足の話はないが，同時使用率の魔術である。

2) 観光ホテルは団体バスが到着するとお湯がなくなる

　上記のように，一時に使われ，同時使用率が高いのが，団体客主体のホテルの場合である。観光バスで多数の宿泊客がどっと到着すると，宴会が始まるまでの短時間に一斉に入浴するので，通常の計算容量では不足するおそれがある。温泉地などで大浴場のある場合は，この傾向はもちろん若干緩和される。修学旅行客相手のシティホテルの場合も，何台ものバスが来るので要注意である。この他研修施設では，研修が終わると晩飯前に一風呂浴びるので，同様の傾向があるといえる。

　同じような状況は，赤坂迎賓館の竣工後，国賓を迎える晩餐会の予行演習を行った際に起きたとのこと。晩餐会は無事に終了，各自が部屋に引き上げた後，主賓役の小渕元首相（当時は総務庁副長官）から，事務局へ「お湯が出んじゃないか」とのお怒りの電話。調べたら100人ほどの出席者の皆さんが部屋に戻って，一斉にお風呂に入ったのがその原

因であったとのことである。この後，対応策として圧送給湯ポンプ2台が増設された（田中隆著『続　物語・建設省営繕史の群像1』より）。

　こういう失敗談は設備の使われ方に関する重要な情報であるから，もっと一般的に広く知られてよい話であると思うが，関係者としてはあまり話したくないであろう。筆者は亡くなった恩師の遺品整理でこの書を見つけ，初めてこのことを知った。

　数年前の1月に，家内と二人で行ったスペインのパック旅行でも同じようなことがあった。某ホテルに着いたときは，ちょうどスキーの団体客が戻ってきたのとかち合って，ロビーは混雑していた。夕食前にシャワーを浴びようとしたらお湯がヌルイ。こうなると『マサカ』でなく『マタカ』である。

3) アーバンリゾートホテルは大晦日にお湯がなくなる　▶70

　最近のホテルの傾向として，「正月をホテルで」と年末・年始客をターゲットにしている。特にアーバンリゾートホテルの場合は，この時期が一番の稼ぎ時であり，稼働率も高い。これは観光地のホテルも同じである。ピークは12月31日，昔は紅白歌合戦が終わると，皆が同時に風呂に入るので，お湯がなくなるというトラブルをよく聞いた。現在は紅白歌合戦の視聴率が下がってきているので，ピークの集中は若干下がってきているであろうが，大晦日の夜更かし傾向には変わりがない。エキストラベッドも入れて，客の数も常日頃より多い。大浴場のないホテルの場合は集中利用の影響を受けやすいし，最近では家族が別々に入浴することの方が多く，給湯負荷への影響大である。給湯温度を摂氏70℃に上げても（通常60℃），間に合わなかった事例も聞いている。一般ホテルでも正月客が多くなってくれば，負荷率見直しの必要がある。

4) 出しっぱなしにすればお湯がなくなる　▶71

　平成はじめの5月の連休時，数か月前にオープンしたばかりの地方温泉地の健康温泉館（クアハウス）で，給湯設備の貯湯槽がカラになるという事件があった。ここには各種の風呂があるほかに，シャワータワーが2基ある。シャワータワーは円形でリング状の三段の配管に，シャワーヘッドが内向きに数個ついており，同時にお湯を吐出すようになっている。もちろんお湯の使用量も非常に大きくなるので，計算上は充分余裕を見込んだはずであった。問題は5月5日の子供の日に，入場無料で子供たちを招待したことである。色々なタイプのお風呂はともか

くとして，沢山のお湯が一斉に出るシャワータワーが子供たちの人気の的になったのは当然である。入れ替わり立ち代わり連続して使われては敵わない。遂に，貯湯槽はダウンしてしまったのである。当初から配管に電磁弁を取り付け，タイマーで間欠運転として使用制限を行ってはあったので，対策としては吐出し時間を短くし，再吐出しするまでの時間を長くすることで対応した。子供たちの使い方はまったく予想外であったため，『マサカ』が発生したのである。

▶72　　5）**会員権を発行して公衆浴場になったクアハウス**

某地に建設されたスポーツ施設は，お客の数が少なかった。集客力を高めるために，年会費1万円の会員権を発行した。地元の方々が喜んで会員になり，お客はたくさん来るようになったが，付帯する温浴施設は公衆浴場並みの給湯使用量となった。当初設計では熱源機で加熱する計画であったが，途中で夜間電力利用のヒートポンプ蓄熱方式に変えられていたため，給湯能力不足となった。夜間蓄熱方式は給湯使用量に限度があるので，住宅やゴルフクラブハウスのように，使用量がある程度決まっている場合以外は採用しない方がよい。この場合は，ボイラー（温水機）を増設したとのことである。

▶73　　6）**特別養護老人施設では特定の日にお湯がなくなる**

今はやりの特別養護老人施設の給湯設備の容量は，何を基準として設計したらよいか。某ゼネコンの若手設備設計者から聞いた話である。当初は施設の使われ方がよくわからなかったので，一応病院として貯湯槽の容量を決めたのだがまったく足りなかったとのことであった。何故か？　この施設に入っているお年寄りたちは体を動かせないので，毎日お風呂には入れない。入浴は，介護の人が来てくれる特定の日に行う。まとめて入浴させ，次から次へとシャワーで体を洗ってあげる。シャワーはほとんど出しっぱなしとなる。貯湯槽は間に合うはずがない。使用勝手と設備の内容が対応していなかったのが原因である。この場合は，このシャワーの系統を別系統とし，ガス湯沸器で直接給湯する方式も考えられるが，毎日ではないとはいえ長時間の連続運転でガス湯沸器は大丈夫かという懸念が生じる。

7）**稼働率が高いホテルではお湯が足りない**

設計したことはないが，客室稼働率が100％を超えるような特殊な用

途のホテルの場合も，お湯の使用量が非常に多い。一般シティホテルの何倍になるか知らないが，それなりの容量にしておかないと，やはり給湯量不足でトラブルの原因となるそうである。

　シティホテルでも，立地条件が特殊な用途に適合する場合は，使われ方が違ってくるので注意が必要である。

8) まわりに風呂屋があるとお湯の使用量が少ない？

　お湯が足りないというトラブルはよくあるが，余ってしまったということは滅多にない。この珍しい話は，某地方都市の繁華街のホテルで起きた。竣工後冬期のボイラーの稼働率が低く，2台のうち1台で間に合ってしまい，過大設計ではないかないかとの施主から指摘があった。原因は井水の使用と容量計算時の余裕の見過ぎにあったが，給湯設備については調査の結果面白いことがわかった。一つは給湯使用量のピークが通常の夜9時ごろを中心としたもののほかに，夜の街から戻ってくる零時時過ぎにもピークがあったこと，もう一つは全体的に宿泊客1人あたりの給湯使用量が少ないことであった。これは『マサカ』であったが，原因はホテルの周辺に風呂屋が多いという立地条件によるものであったのではないかと推察された。

7.5 梅雨の晴れ間に水がなくなる

　前節の貯湯槽のような使い勝手と設計容量とのミスマッチは，給水設備でも起こらないわけではない。受水槽の容量は大きいので空になるようなことはめったにないが，高置水槽は容量が小さいので，揚水ポンプ能力によっては減水警報が発せられる。ここでは高置水槽・受水槽の断水という，めったにない『マサカ』についての話である。

　なお，『マンション設備「マサカ」の話』には，築13年，19戸のマンションでの受水槽の断水事故の相談について回答しているが，引込管サイズが20mmと細く，いろいろな要因で断水事故になったものと考察された。

1) 梅雨の晴れ間に水がなくなる　　　　　　　　　　　　　　▶74

　筆者が設計したマンションで，竣工後数年して高置水槽の減水警報が時々出るようになった。高置水槽の運転レベルを上げても，断水までには至らないが直らない。施工者が調べても原因をつかめないので，設計者の意見を聞きたいとのことであった。JRターミナル駅から数駅先の

私鉄の駅から歩いて数分，戸数20数戸，2DK主体の小規模マンションである。場所柄，居住者は夜働く女性が多いのが特徴であった。受水槽9m³，高置水槽2m³，揚水ポンプ流量65ℓ/分であるから若干シビアな設計ではある。

　筆者が行った日は警報が出ず，高置水槽への給水の出具合や揚水ポンプの運転間隔（この時はほとんど動かなかった）などを確認して帰った。現場は会社の近くなので，警報が出たらすぐ行けるように連絡をお願いしておいたが，行ってもその時は何も起こらないということが数回続いた。皆に相談したが，これだけでは原因はわからない。建築担当者経由の話だったので，連絡をかねて相談した。「山ちゃん，それは何かパターンがあるはずだよ。何かないか？」「僕は警報を聞いてないんだよ。連絡受けてから行っても警報が出ないんだよ。」「じゃ警報が出るのは午前中だな。」「そうだね，それに僕が帰ってから警報が出たってこともないし，夜に出たっていう連絡もないよ。」「午前中たくさん水を使うって何かあるかよ。」「朝風呂か洗濯だな（季節は梅雨時であった）……。そういや警報が出た日は晴れの日が多かったな。」「それだね，最近は全自動の洗濯機も出てきたし……。」「じゃ，晴れたら朝から現場直行だ。」ということで，梅雨の間の晴れた日に直行した。管理人さんは待ち構えていて，「(警報が) 出ました，出ました。今連絡しようとしていたところです。」

　高置水槽を覗いて見たら，もちろんポンプは稼動し勢いよく給水はされているが，水位は上がらない。下ではこんなに使っているんだと改めて納得。幸いに，水位がどんどん下がっていくこともない。これで状況はつかめた。後は原因の調査である。

　梅雨の晴れ間にやることはどこの家庭でも同じである。洗濯物は沢山たまっているので，家族の居る方は子供たちを学校に送り出し，独り者の方はゆっくり起きて，午前中に一斉に洗濯が始まる。全自動洗濯機も活躍したことであろう。夜の仕事の方も多かったので，朝風呂も影響あったかもしれない。警報が出たほかの日も調べたら，梅雨の晴れ間の洗濯日和であった。報告を受けて筆者が顔を出す頃は，洗濯も山場を越していて，警報が出ないのは当然である。入居者にいちいちヒアリングするわけには行かなかったが，トラブル発生のパターンはおおむねこんなところであろう。竣工後数年間は警報が出ていなかったとのことなので，案外全自動洗濯機の普及が真の原因者であったかもしれない。このマンションの場合は，ポンプ2台の運転が自動交互運転であったので，同

時運転になるように変更した。

　このようにトラブルが発生して，原因がつかめない場合は，その発生のパターンをつかむことが解決の近道である。

　似たような話は，札幌のマンションでもあったそうである。梅雨の晴れ間と同様，雪の晴れ間も洗濯日和となって，高置水槽の減水警報が出るということを，北海道出身の衛生設備施工会社の技術者から聞いた。現在は，乾燥機が普及してきているので，この手のトラブルは少ないと思われる。

2）水が出ても，量が足りなきゃトラブルになる　　　　　▶75

　三相動力の機械は電源接続時に回転方向を確認するのは当然であるが，この確認が甘かったため起きたトラブルで，知人の某設備施工会社計装関係電気技術者の経験した話である。昔の躯体利用の受水槽内に水中ポンプを設置した建物で，竣工後数年経って高置水槽の減水警報が出たことがあった。警報関係の事故なので，工事には無関係であったが，彼が見に行った。蓋を開けると水は出ている。ポンプの故障ではなさそうだ。ということを設備の責任者に電話連絡した。「揚水ポンプからの水は出ているんですがね……。」「ドバッと勢いよく出ているか，チョロチョロかどっちだ。」「チョロチョロよりはでているようですが，ドバッでないのは確かです。」「じゃ，逆相かも知れない。つなぎを調べてみてくれ。」というやり取りで，電源の接続を調べたらやはり逆回転。直して一件落着。「あんなに勢いよく出てくるものなんですね。」が，この『マサカ』の経験者の感想であった。ファンやポンプは，特殊なもの以外は逆回転でも空気や水が出てくる。いずれの場合も専門の技術者が確認するし，ファンは竣工時に風量測定を行うので，接続ミスは直ぐわかる。この場合，確認したのは多分若い技術者か，電源接続をした電気屋さんで，水中ポンプの回転方向はわからなくても水が出るので安心したのであろう。こういう場合でも高置水槽と使用量の関係で，ミスが直ぐにトラブルに結びつかず初期故障にならないので，竣工後暫くはクレームが発生しないのが困る。

　この逆相接続トラブルは結構あるようで，筆者の別の知人も部下の同様なトラブルに遭遇した。同じように躯体受水槽と水中ポンプの組合せであったが，この場合は減水トラブルではなく，騒音であった。トラブル要因は電源接続ミスによるポンプの逆回転。これについては，「ポンプ逆相運転の騒音トラブル」（▶50，84頁）を参照されたい。

排水ポンプが逆相運転となっている場合でも，排出するのに時間がかかるだけで，汚水や雑排水の通常の流入量では警報には至らないであろう。表には現れていないが，似たような事例は案外あるものと思われる。

▶76　3）同じ日にお湯と水とのダブルの『マサカ』

　前節の給湯設備貯湯槽トラブルに，もう一つのケースがあった。タイトルにすると「宴会が重なるとお湯がなくなる」である。某地方名門ホテルでのこと。筆者はこのホテルの増築工事の設計と工事監理を担当した。竣工後暫くたってのことで，何故そこにいたのか覚えていないが，何かのアフターサービスで出張していたのであろう。その日は秋の大安吉日でしかも休日。そのホテルもご多分にもれず，結婚式の披露宴が重なり，ロビーはごった返しであった。夜になってから，お湯がぬるいというクレームが宿泊客から入った。原因は厨房でのお湯の大量使用にあった。この頃は省資源という考え方もなかったので，洗い場では湯水を流しっぱなしにして作業をしていたのである（節水コマを付けていたかどうかは不明）。作業者がいないところでも，水栓が開けっ放しの所もあった。まだ宵の口だったので，湯温が上がるまで洗い場の作業を中止してもらい，湯温が上がってからもできるだけお湯を絞って作業してもらうことで解決した。ここまでが第一の『マサカ』，お湯のトラブルである。

　さてお湯の温度も上がり，一同ホット一息ついたところで，今度は受水槽の減水警報が出た。地下ピット水槽のマンホールを開けると，なるほど水がなくなってきている。設定レベルのせいもあろうが，上から見ると本当に少ない。第二の『マサカ』である。この発生原因はやはり洗い場での大量使用であろう。ところが入って来る方の水の出方が悪い。ドバッと入らなければいけないのがチョロチョロである。聞いてみると2，3日前に近くで水道工事があったとのこと，FMバルブのストレーナーの目詰まりである。客室は満室で，悪いことに時刻はちょうど入浴の頃合である。もちろん配管の職人を呼んで直してもらうのが正解であるが，どう見ても間に合いそうもない（この日は工事関係者は誰もいなかった）。このままでは断水になってしまう。

　ここで支配人の行動が見事であった。地方の名門ホテルであるから，それなりに役所・官庁との人間関係も良好である。この場合はホテルの裏側の道路に屋外消火栓があった。地元出身の支配人は消防署に頼み込み，消火栓の水を利用する了解を得，ホースを借りてきて，消火栓から

直接受水槽に給水しことなきを得た。この作業は筆者も手伝った。この解決方法も『マサカ』であった。1日に，こんなに『マサカ』に遭遇してはさすがに疲れた。出張の目的を，いまだに思い出さないのもそのためであろう。

　飲食店舗ビルのオープニング時に，受水槽トラブル（減水警報）が発生したことは，本章の初めに述べた。

4）一度に使えば水もなくなる　　　　　　　　　　　　　　　　　▶77

　受水槽に余裕があるといっても，予想外のものに水を使われてはトラブルにつながる。某地方の別荘地に個人の住宅が計画された。招待客も泊るとのことで，住宅としては大規模なものとなり，受水槽＋圧送ポンプ方式で設計された。竣工後，受水槽がカラになるトラブルが発生した。この敷地には広い芝生があり，草木が沢山植えられているので，散水栓が10箇所付けられていた。ここにホース接続でスプリンクラーを付け，全個数開放して散水したので，水がなくなったわけである。水がなくなるのは当然であるが，担当者の感想は「『マサカ』あんな使い方をするとは思わなかった」であった。この場合は，散水栓系統を引込み管に分岐接続，直結方式にしたとの報告を受けた。

5）建物内の公衆便所は水不足につながる　　　　　　　　　　　　▶78

　ショッピングビルの計画に当たっては，1階に便所を設けないことが多い。家賃が一番高いところにそんなものを設けるのはもちろん無駄だからであるが，もう一つは外から入りやすい便所は公衆便所となってしまうためである。某大型複合用途ビルの場合は，地盤の高低差の大きいところに計画されたため，この周辺地域を利用する人々にとっては外の坂道を上るよりもエスカレータを利用して建物内部を通った方が便利である。もちろんそのつもりで計画され，通路に面して配置された物販店や飲食店は大変賑わっている。

　このビルには中水設備があり，雑排水を処理して汚水の洗浄用に使っているが，中水量不足の現象が起きた。節水のため中水の量が想定を下回ったこともあるが，来客や通行者の利用が多かったので，公衆便所への供給量としては不足したものと思われる。不足分は上水を補給すればよいので，実際のトラブルはもちろん生じていないが，建物側としては若干の費用が増える。しかし，中水が不足するほどの予想外の賑わいとなったのは，ある意味では大変結構なことであるといえる。

このほか，建物内便所が公衆便所化したためのトラブルとしては，浄化槽のキャパシティーオーバー（臭気の発生）や，時間外排水用の貯溜槽のオーバーフロー（満水警報の頻発）を見聞きしている（他社物件）。

▶79 **受水槽の形状が変わって減水警報**

某私鉄駅付属ビルのスポーツ施設で，受水槽の減水警報が出て原因調査を依頼されたことがある。発生したのは寒い日が続いた3月半ばの，暖かくなった週末の夕方。人の出足はやや多くなり，スポーツ施設や駅ビル飲食店も利用率が上がり，数少ない駅ビルトイレの使用率も高かったと推定された。受水槽の容量は計算書上も使用水量からも適正のものと思われ，新築後数年経過後減水の事故はなかった。しかし，その形状は工事の途中で変更されていた。屋外設置であって裏の建物の視界を遮ったため，容量は同じでも薄べったい形状となっていた。したがって，同じような外形寸法でも，受水槽の実用量が小さくなってしまったのである。

このほかに，屋外設置型で給水口は位置が高いため，地下設置型に比べて給水圧が若干低くなっていたのも原因と考察された。

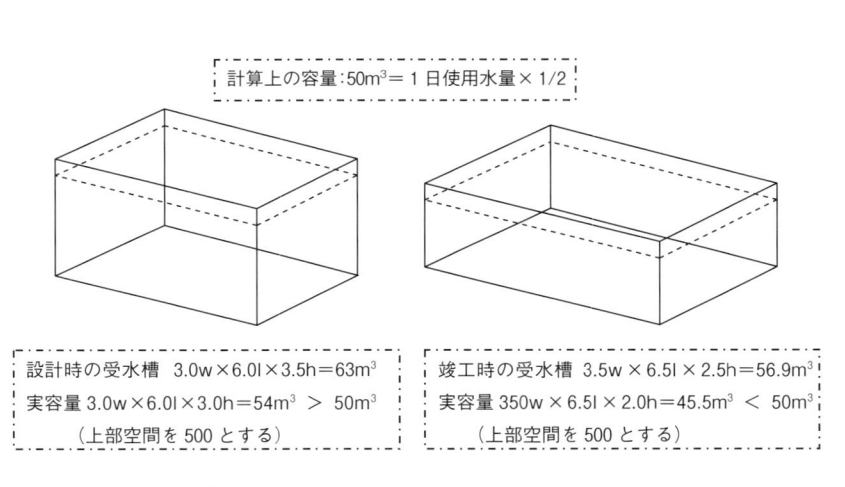

計算上の容量：$50m^3 = 1$ 日使用水量 $\times 1/2$

設計時の受水槽　$3.0w \times 6.0l \times 3.5h = 63m^3$
実容量 $3.0w \times 6.0l \times 3.0h = 54m^3 > 50m^3$
（上部空間を 500 とする）

竣工時の受水槽　$3.5w \times 6.5l \times 2.5h = 56.9m^3$
実容量 $350w \times 6.5l \times 2.0h = 45.5m^3 < 50m^3$
（上部空間を 500 とする）

▶79 図1 **受水槽の形状変更により減水警報**

7.6 使わないから起きるトラブル

　リゾート施設特有のトラブルは，一般ビルと違って使用されないために起きるトラブルである。別荘やリゾートマンションのガラリや換気口に，鳥が巣をつくってしまったなんて話はよく聞くが，それに類するトラブルは結構多い。

　使われてはいても，オンシーズンとオフシーズンとで稼働率が大きく違うのも特徴で，設備設計者としても当初から対応しておかなければならない。

　また，リゾートマンションでは不具合や初期故障がすぐには起こらず，竣工後しばらくしてから発生することがよくあり，居住者がいないことと施工関係者がそばにいないことと合わせ大事故になりやすい。

　このケースとしては，「落ち葉の季節に水害が起る」（▶11，28頁）で述べた，バルコニーからの雨水の浸入もリゾートマンションでの事例である。居住者が居れば，ルーフ・ドレンが落ち葉で詰まって，バルコニーがプール状態になっているのに気づかぬはずはないであろう。そのほかに，洗面器の給水・給湯配管接続箇所の施工不良による，配管のすっぽ抜け事故で，下階に住人が居なかったため，数日後に事故がわかるという最悪のケースもあった。マンションでもこのトラブルが発生しないわけではないが，居住者が居るので発見が早い。何れも保険で対応したそうだが，それだけで済む話ではない。

　リゾートマンションが企業や団体の福利厚生施設に使われている例も多いが，この場合は不特定多数が利用するため，複雑な設備・システムが使われていると操作ミスを起こしやすい。

　今回は，これらリゾート施設に特有のトラブルについて述べる。問題点は計画の段階で検討されているので，『マサカ』に類するトラブルはそれほど多くはない。

1）排水管のつなぎ忘れ　　　　　　　　　　　　　　　　　　▶80

　初期故障以前の問題である。こんな単純な施工ミスが，竣工後数か月経ってから判明するのもリゾートマンションならではのことである。会社始まって以来の椿事が起こったのは，某リゾートマンション。平面がセットバックした複雑な形であったため，1階の排水管はまとめて外に出すよりは，簡単なのでほとんどが器具ごとに直接外の排水桝に接続されていた。このため，排水桝にたくさんの排水管が接合される形となり，

接続されていない汚水管があるのを見落としてしまったのである。

　このような形になると，施工者サイドのボールテスト[*1]も完全なものではなかったであろう。排水は地中にしみているから，不具合はすぐには判明しない。施主や設計事務所の竣工検査でも発見できなかった。

▶81 **2）凍結防止水抜きバルブの閉め忘れによる下階への浸水**

　不特定多数または，たまに使用するための取り扱いミスが原因のトラブルである。

　某リゾートマンションでは，給水配管の冬季の凍結対策が講じられていた。帰宅する時は給水管の元栓を閉めて，器具や湯沸し器まわりの水抜きバルブを開放して水抜きを完全に行うことになっており，来館した時はこの逆の操作を行うのである。ある住戸で，来館時に湯沸し器の水抜きバルブを閉めないまま給水栓を開いた。この部分の排水管のサイズは水抜きのみを対象としていたため，勢いよく出てくる水が呑み込まれずにあふれ，下の階に流入した。この場合も下の階の住人は居らず，上

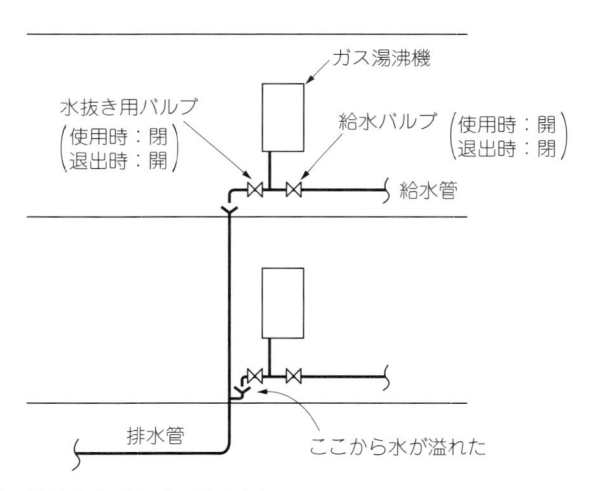

▶81 図2　凍結防止バルブの閉め忘れ

*1　ボールテスト：建物排水設備の検査で，ボール（ゴムボールや孔の開いたゴルフ練習ボール）を端末の便器等から外部の接続桝まで流して，排水機能確認を行うテストのこと。排水系統が複雑な場合は，主要な系統のみについて行うことがある。

の住人も気がつかずに，トラブルが大きくなった。ガスを点けたのに，お湯が出てこないのはおかしいと思わなかったのだろうか，そのあたりは不明である。

3）シックハウスは除湿機にも孔を開ける　　　　　　　　　　▶82

　使われていないリゾートマンションで起きた『マサカ』のトラブルのうち，とびきりの『マサカ』がこれである。海岸近くと内陸部にある別々のリゾートマンションで，除湿機の結露による水漏れ事故が発生した。原因は冷媒管に孔が開いたため，熱交換器や圧縮機に霜がつき，溶けて漏水したものであった。製品の施工不良を初めとして，色々な原因が調査された。孔は外部から開いており，海岸近くのリゾートマンションの場合は空気中の塩分が原因でないかと考えられた。しかし，山の中のマンションでも発生したので，原因は空気中の何かであろうということになり，新建材中の化学物質が原因であることが判明した。

［状況］除湿機の冷媒ガスの漏洩
［現象］銅配管の「蟻の巣状腐蝕」による孔開き。アルミフィンにも腐食。
［直接的な原因］①使われていないリゾートマンションの閉め切られた部屋で，除湿機が長時間運転された。②新建材に含まれている化学物質が空気中に放出されたが，閉め切られた部屋のため濃度が高くなった。③これが除湿機の凝縮水に溶け込み，熱交換器の銅管に付着，経時変化とともに銅管が酸化，腐食された。
［間接的な原因］ほかのデベロッパーが開発したリゾートマンションでは，このような事態が発生していなかった。調査したら，留守の時は１〜２週間に１回管理者が来て，窓を開放する仕組みになっていたそうである。新建材に含まれている化学物質は，施工後数か月間は発散の度合いが大きい。この時期に建物が使用されず，長期間閉め切ったままになっていたのがもう一つの原因である。
［対策］メーカー側の対応としては，孔食対応商品の開発，管理者側の対応としては定期的な窓の開放を行うこととなった。なお，換気用レジスターは建物不使用時でも開けておくのは当然であるが，各室の間仕切扉も開放しておくことも忘れてはいけない。換気扇類にタイマー運転方式を組み込んでおけば，よ

り望ましいことといえる。

　マンションなどでは現在化学物質による室内汚染が問題になっているが，閉め切られた状態のままであったとはいえ，銅パイプにまで孔が開くとはおそろしい話である。

　この話を聞いた筆者の後輩の設備屋，「じゃ，娘の部屋のエアコンも同じかな？」という。聞けば，まったく同じ時期に入れたエアコンのうち，お嬢さんの部屋に入れたものだけに銅管に穴が開いたとのこと。リビングとの使い方の違いは，「化粧品やヘアスプレーを使っているからな」ということであった。何か因果関係があるかもしれない。

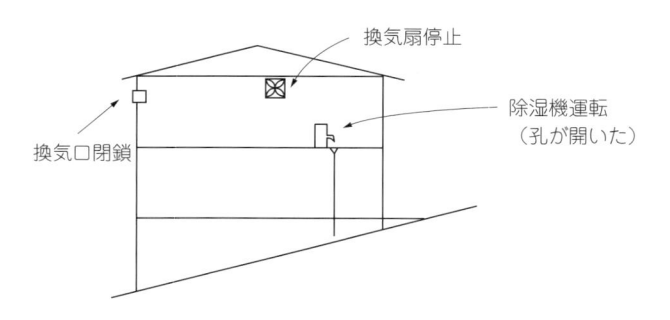

▶ 82 図 3　除湿機の穿孔

▶83　**4）24 時間換気で中枢神経機能障害になった**

　リゾート事例ではないが，同じシックハウス関連の話と，設備の使われ方との関連でこの項に入れた。これは，24 時間換気運転したのに病気になったという事例である。

　某ワンルームマンションでは，換気設備の不備のため住人の若い女性が，中枢神経機能障害になった。入居後間もなく，室内の油汚れがひどくなったので，排気が悪いと思ってレンジフードを 24 時間運転していたら病気になったという怖い話である。厨房排気ガラリの向きが斜め下吹きになっていたため，排気がバルコニーの壁に当たって，床レベルの給気口から吸い込まれたのである。換気設備を 24 時間運転したため，建材の化学物質も排出されたものを吸い込み，かえって濃縮されたものと考えられる。当時はシックハウスに関する認識も薄く，病院も未経験のため正しい治療も受けられなかったとのことである。

　排気の流れの写真も載っているので，詳しくは『マンション設備「マサカ」の話』を参照されたい。

筆者に辿り着くまで，施工関係者はじめ20人以上の技術者が調査して，原因をつかめなかったというのも，別の意味で『マサカ』の話である。

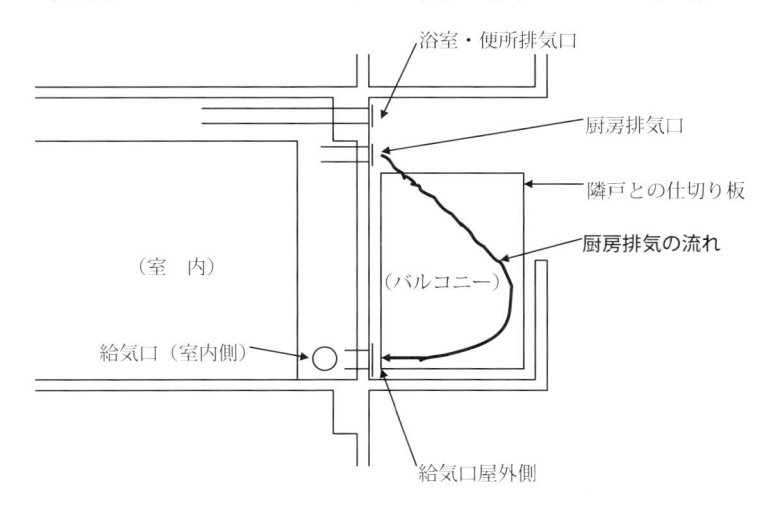

図中ラベル：
- 浴室・便所排気口
- 厨房排気口
- 隣戸との仕切り板
- 厨房排気の流れ
- （室　内）
- （バルコニー）
- 給気口（室内側）
- 給気口屋外側

▶ 83 図4　換気連続運転で中枢神経機能障害に

5）死水の発生　　　▶84

　バブル期に建設された某リゾート施設。ここには以前からリゾートマンションが一棟あり，バブル期にもう1棟のマンションと，会員制宿泊施設が建てられた。トラブルは新しく建てられたリゾートマンションで起こった。このうちのある住戸で，死水[*2]が発生したのである。話には聞くが，本物の死水にお目にかかったのは筆者のいた会社でも始めてであった。担当者が調べたところ，なんと1年間の水使用量が$5m^3$！　この住戸の所有者は以前からあった方のマンションを所有しており，利殖のため隣にできた新しいマンションも購入したが，売れないので使わないままになっていたそうである。配管内を清掃しても雑菌が残っているようで，1，2週間で臭気が発生する。管理会社に，毎週1回の水栓開放を依頼してもらうこととした。同様のことは，全国各地のリゾートマンションでも起きているのではないかと思われる。

　ここの給水設備ではやっていなかったが，通常，共用部の死水防止には共用配管端部にバイパス間を設け，受水槽に水を戻すようにして，間

[*2] 死水（しにみず）：給水設備で，長い間使用されないために配管内の水が滞留して，腐敗することがある。これを指す言葉が，死水である。

歇運転を行っている。

6）リゾート施設の計画時時点から対応しておくべきこと　対策5
上水の水質の変化
　井戸水を用いる場合はもちろん水質検査を行うが，計画地に公共の上水がある場合はこれを利用することになる。しかし水源に地下水を用いているところもあり，硬度が高いとトラブルの元になるので，上水といえども水質の確認が必要である。リゾート施設では，無圧式温水機のコイルにスケールが付着した事例があった。また，水質変化によりストレーナが詰まり，ホテルで水量が出ないというトラブルも紹介されている。
　地下水は連続汲み上げにより水脈が変わることがあり，竣工当初と硬度が変化することもあるので，定期的な水質検査が必要である。

受水槽のレベル設定
　上水については，ハイシーズンとオフシーズンで使用量が大きく違う。保養所などでは，ウィークデイは管理人しか水を使わない。フル稼働するときと，そうではない時とで，満水レベルの設定を簡単に変えられるようにしているのが通常である。また，町・市水の供給圧の変化も把握しておく必要がある。給水圧がハイシーズン時に大きく低下する地域では，建物規模によっては指導を受ける場合がある。

浄化槽の設置
　これには放流先が問題である。川や海に流す場合は権利者の了解が必要となり，川よりきれいな排出基準を要求されたこともあれば，排出は一切まかりならぬと，敷地内浸透方式としたこともある。遠隔地ということもあって，この折衝業務は結構手間がかかる。
　浄化槽の場合は，使われないとバクテリアに餌がなくなるため，機能不全のおそれがあるが，オフシーズンには2～3週間に1回汚泥を補給してこれを防いでいる。これはどこの浄化槽メーカーでもやっていると思われるので，このトラブルは聞いたことがない。
　通常の建物では，使うことを前提として建築・設備が計画・設計されるが，リゾート施設の場合は使われない時期が長いという特有の使用条件がある。設計にあたっては，この条件に配慮するのは当然であるが，管理する側も定期的な水抜き，窓の開放など，リゾート施設特有の使用条件に合った管理を行っている。

column どうして『マサカ』が起きるのか④

想定外の状況があいまいな設計条件

　長年の経験から，建築設備に対するオーナー・クライアントの要求事項を一言でいえば，『あらゆる使用条件下で機能を満足させること』にあるといっても過言ではない。

　これについて論じれば優に一冊の本ができてしまいそうな言葉であるが，設備に関して素人である施主にしてみれば『マサカ』の事態など起こらないほうがよいに決まっている。起こってしまってから，あそこはこうなっている，ああなっていると聞かされても仕方がない。「じゃ，設計ミスじゃないか」と追求したいところであるが，想定外のことまで条件設定はしていないので設計責任・施工責任云々とはならないこともあるが，不具合は困る。通常は力が弱いほうが譲らされるが，オーナー・テナントが我慢することもある。

　安い設計料でどこまで責任追及できるか難しい問題もある。したがって，施工者サイドはトラブル発生に関して慎重であり，想定外の状況にある程度配慮しているが，設計者はトラブル情報が少ないので配慮不足になりやすい。

　計画時点でトラブルが発生しないような配慮を行っておくことが，建築家も含め設計者の基本的な義務である。

使われ方への配慮不足

　直接設備トラブルに関係するわけではないが，ビル管理・メンテナンスへの配慮不足の設計も多い。天井内を這っていかなければ，操作機器にたどり着けない点検口や点検扉，曲芸をしなければ上がれない（下りられない）タラップなど，人身事故に絡みそうな事例はたくさんある。そういう配慮がなされていないこと事態，一般の方にとっては『マサカ』であろう。空調設備についても冷房／暖房の最大負荷にあわせた容量の設備機器が用意されているだけで，部分負荷時への対応は熱源機器が台数分割されているだけである。

　特に昨今の設備システムは複雑になってきており，本当に機能するのか疑問の多いシステムもある。忙しさもあって，出来上がってからの使われ方を検証している設計者・施工者はどのくらいいるだろうか。

第8章 機能に関する『マサカ』

> 空気調和・給排水・電気それぞれの設備は所期の機能を果たすことが目的であるが，使用に際してはそれなりの条件がある。これを逸脱すると，『マサカ』のトラブルにつながるおそれがある。
> この章では，機能を満足するように設計されているものが，使われ方または機能不全によって引き起こされた『マサカ』のトラブルについて紹介する。

8.1 リークが怖い蒸気のコイル

　昨今の空調設備は，個別方式の全盛時代である。時代の趨勢，顧客の要望とを考えれば仕方ないが，システム計画・設計の楽しみが半減してしまう。それよりも問題なのが，セントラル方式の技術の伝承ができないことである。学校教育や社内教育で学んでも，実際に担当しなければ経験にならず身につかない。また物件がなければ，先輩たちも具体的な指導ができない。もちろんセントラル方式のトラブル情報など，耳にすることも少なくなる。設計者・施工者を問わず，管理職にとって頭の痛いところである。以前会った某設備施工会社の地方支店長は，「ドレン勾配以外に気をつけることはないので，個別方式の事務所ビルは（社員にとって）技術の勉強にならない」といっていた。計画・設計サイドからはこの意見に若干異論はあるが，今後は会社にしても，個人にしても経験による技術力の差が従来より大きくなってくるようである。
　セントラル暖房システムや，蒸気配管の技術についても同様なことがいえる。筆者が設備施工会社に入社した頃はセントラル暖房システムは健在で，新入社員教育が終わって最初に設計を担当したのが，某社社員

寮の温水暖房システムであり，蒸気暖房の設計も行った。

蒸気設備については，現在ではプラント・病院・大型ホテルでしかみられなくなっているが，当時の空調システムの熱源は「ターボ冷凍機＋蒸気ボイラー」が一般的で，加湿も蒸気で行うことが多く，蒸気暖房設備の他にも蒸気システムの勉強の材料はどこにでもあった。

さて，蒸気のシステムでのトラブルはいろいろあるが，多いのは蒸気洩れによるものである。配管継手部分から外に漏れるのはもちろん困るが，ここで挙げるのは温調弁や電動二方弁などの自動弁に配管内のゴミが付着したために起きる蒸気漏れである。蒸気のリークによるトラブルはよくあるので，ビル管理者にとっては『マサカ』というより『マタカ』であろうが，低圧蒸気でも蒸気であるからには温度は100℃以上ある。温まりすぎ程度で済む場合はよいが，他の要因と重なると『マサカ』のトラブルが発生する。

今回は自動弁からの蒸気の漏洩が引き起した，以下のような『マサカ』の事例を紹介する。

1）蒸気漏れの熱風でスプリンクラー作動　▶85

筆者の設備施工会社時代に見聞した話である。40年以上も前は，大型ショッピングビルのセントラル空調システムの熱源はターボ冷凍機＋蒸気ボイラーが主流で，このビルも空調機は冷水・蒸気の2コイル方式，空調システムはゾーニングごとのセントラル方式であった。自動制御弁からの蒸気のリークは当時からもあったと思われるが，特にそのための予防処置は必ずしも講じていなかった時代である。

［状況］ある年末大売出しの時期，地下の売場が暑いというので，売場からの要望で，空調機（蒸気による暖房運転）を止めた。
　　　　①蒸気コイル自動弁のリークがあった。
　　　　②空調機が停止していたため，内部の空気が熱せられた（低圧蒸気であったが100℃近くにはなっていたであろう）。
　　　　　売場が人いきれで暑くなったので，再び空調機を運転した。
　　　　③吹出し方式は横吹き方式であったので，吹出し口より熱風が吹き出された（▶85図1）。
　　　　④吹出し口の近くにスプリンクラーヘッドがあり，熱風により作動した。
［対策］担当者でなかったので不明。操作上の問題だったので，何もしなかったかも知れない。

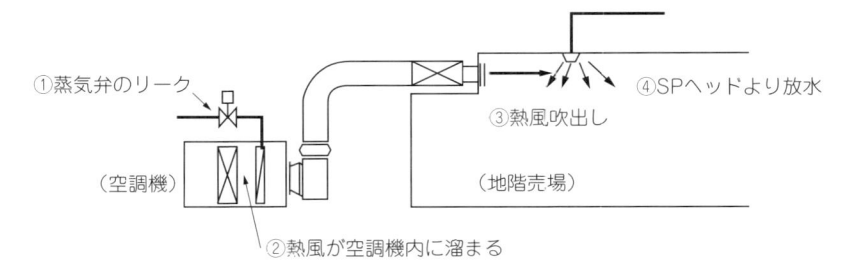

▶ 85 図1　蒸気漏れでスプリンクラー撥水

　昔は，冬のデパート・ショッピングビルといえば，暑いのが常識であった。蒸気コイルが温水コイルになっただけで，現在の大型ショッピングビルとシステム上の変わりはない。自動弁さえ正常に作動していれば，室温上昇があってもそれ程ではないはずである（照明負荷も，現在よりかなり小さかった）。今にして思えば，昔の百貨店の暑すぎは蒸気の洩れの可能性もあったのではないかと思われる。

　そのほか，類書に紹介されている蒸気によるスプリンクラー撥水各種トラブルを上げる。

・加湿用蒸気のリークで手術室に蒸気充満，スプリンクラー撥水により，医療機器が水損した。
・病院洗濯室で，係員が乾燥機用の蒸気バルブを閉め忘れ，室温上昇により，スプリンクラーが撥水した。
・某研究所でパッケージ型空調機に組み込まれた電気ヒーターが過熱。研究室のスプリンクラーが撥水。

▶86　**2）蒸気漏れによる温水温度上昇でファンコイル枝管切断**

　蒸気の自動弁からのリークは，給湯用・暖房用の温水温度を上昇させる。したがって，熱湯による「やけど」や部屋の暖まりすぎといったトラブルが発生する。配管類にも熱膨張の影響は出るが，通常はオフセット配管や伸縮継手などにより何とか漏水にはいたってないようである。

　この事例は，急激な熱膨張による温水配管の伸びが，外から押さえられたため配管が破断し，水漏れのトラブルとなったものである。季節は35年近く前の冬の出来事。舞台は都内某ホテル。ここの温熱源は，蒸気ボイラーで給湯・暖房用に使われていた。竣工後数年して事件は起こった。

[状況] ①温水熱交換器の蒸気の自動弁にリークが発生した。使用蒸気圧は $2kgf/cm^2$ であった。
②これにより暖房用の温水温度が上昇した。
③客室系統ファンコイルユニット用配管が膨張した。
④PS内で各室への冷温水配管の壁貫通部が、モルタルでキチンと穴埋めされていた。
⑤このため、配管の伸張を吸収できなくなり、温水配管が継手部分で切断された。シャフトも狭くオフセットも効果がなかった。

[原因] 二方弁からの高圧蒸気のリーク以外にも、大きな原因があった。ファンコイルユニット枝管の壁貫通部は、竣工時にロックウール充填されていたものを、竣工後の所轄消防署の査察でモルタル詰を指示されていたとのことであった。

[対策] 蒸気管には、リークおよび故障対策用の遮断弁（電磁弁）を取り付けた。これは現在各社の蒸気配管の設計・施工標準になっているので、似たような事故・トラブルはあちこちで発生していたものと思われる。

　この事故発生時には、このホテルを施工した空調の施工会社と衛生の施工会社の関係者がちょうどロビーで打ち合わせていたところだったので、緊急時対応が割合スムーズに行われたことは幸いであった。もっとも、はじめは天井から温水が落ちてきたので、"給湯設備の水漏れ"だと他人事のように考えていた空調の施工会社の方は、火の粉ならぬ熱い水が自分の方へ降りかかってきて、『マサカ』の思いをしたそうである。

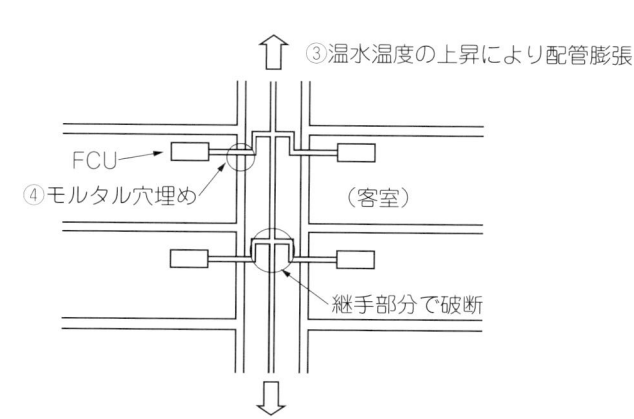

▶86図2 蒸気漏れでファンコイル枝管切断

第8章●機能に関する『マサカ』

3）加熱用の媒体としての蒸気の使用について

　一般のビル空調設備の温熱源としては，一部のビルを除き，蒸気が使われなくなってきている。これは蒸気ボイラーには資格者が必要なことのほか，ガス冷温水器や個別ヒートポンプユニットなど利便性の高い機器類が使われるようになったためである。

　デベロッパーによっては，冬期の加湿用に貫流式蒸気ボイラー（資格者不要）を採用している事例も見られるが，ビル空調設備での蒸気の使用は一般的ではない。

　上記の一部のビル，すなわちDHC（地域冷暖房）を導入している建物では，蒸気の利用に積極的である。加湿用の媒体として使いやすい面もあるが，ポンプなどがなくても各階にエネルギー供給できるメリットを評価したものと思われる。配管サイズが小さいのでコスト上も有利であり，ボイラーもないので資格者も要らない。

　しかしトラブル防止策を講じてあるといえ，事務所ビルや商業ビルの空調設備で加熱用の媒体に蒸気を用いることには疑問がある。最近のビルでは暖房負荷は冷房負荷より小さく，冬期でも冷房運転となるビルも多い（LED照明の普及以前の話である）。これらのビルでは立ち上がり運転時以外は，冬期でも加熱が必要な状況は少ない。そのような場合でも，加熱され吹き出される空気の温度は，システムによるが35～40℃あれば十分であろう。この程度の加熱量に対して，100℃以上の熱媒は必要ない。かえってバルブ類が作動した際に，室内が温まりすぎになるおそれの方が大きい。調査したわけではないからはっきりはいえないが，使われていないケースの方が多いのでないかと思われる。

　先年，冬の北海道の温泉ホテルでスチームハンマーの音で目を覚まされた。「カンカンカンカン」というこの商売をしている者にとっては，耳慣れた音である。昔の学生時代，夕方になると蒸気暖房が入って，あちこちの教室で「カンカン」となっていたことを思い出し大変懐かしく感じたが，お客にとってはどうなのかなと心配した。

　北海道でも冷房の普及とともに，セントラル暖房は少なくなってきている。温水暖房の場合でも凍結のおそれがある場合は不凍液を使用しているので，蒸気暖房のある施設は段々少なくなってきている。

　そのうちスチームハンマーの音を聞いて，「あの音は何だ」などという設備技術者が出てくるかもしれない。そうなったら本当に『マサカ』である。

08.2 フィルターが詰まればどこかで吸われる

　設備機器類に保守管理が付き物であるのはいうまでもない。ではメンテナンスが必要な機器類を，何もしないで放っておくとどうなるか？

　通常はメンテナンス不備により，機器類の機能低下や機能不全が，何らかの影響として表に表れる。このような場合は，すぐに手直しの必要が発生するので，対応が早くできトラブルは発生しない。しかしその影響がなかなか表に出てこない場合は，長い間に不具合が蓄積し，機器類の故障や，場合によっては破壊にいたるなど，大きなトラブルに結びつきやすい。したがって，メンテナンスを何もせずに目一杯使うなどということは通常では考えられない。これは設備関係の機器類全体にいえることであるが，システムの中には，まれに器具や装置が見落とされてメンテナンスの対象外になっている場合がある。

　大きなビルでは竣工以来回りっぱなしのファンがあったり，トラブルが起きてから「ここにこんな物がついていたのか」などの発見はよくある。また，管理契約上，メンテナンス対象外となったものについては気配りに欠けるのは仕方がない。

　保守管理の方々は決められたことを行うのが日常業務であろうが，システムの中には上記のように管理対象外になってしまうものがある。これのメンテナンスをやらなければどうなるのか，他の機器同様トラブルにつながり，関係者にとっては思いもかけないことなので『マサカ』となる。ここでは，フィルターまたはそれに類するもののメンテナンスをしなかったために起きた『マサカ』の話である。

1）天井面フィルターが目詰まりして，床のタイルカーペット目地が汚れた　▶87

「風が吹けば桶屋が儲かる」と同じように，このタイトルだけでは因果関係はよくわからないが，メンテ不良になるとこのような『マサカ』現象が起きるという典型的な事例である。

　某小型事務所ビルの空調システムは，空気熱源ヒートポンプユニット方式であった。室内機はダクト接続方式で，レタンは天井チャンバー方式，室内機吸込み口のほかに天井面の吸込み口にはエア・フィルターが装着されていた。

　［現象］事務室の床はOAフロアとなっていたが，このタイルカーペット
　　　　　目地部分が竣工後1年で格子状に黒く汚れトラブルとなった。

[原因] ①天井面フィルターが清掃対象外であったようで，厚く目詰まりしていた。
②当然，吸込み側の静圧が上がった。
③レタン空気の一部がOAフロアの目地から吸われ，
④GL工法の仕上壁の間を経由して，天井内に戻るというルートが形成された。
⑤これが長期間続いたため，床タイルカーペットの目地の部分が黒く汚れた。

[対策] 当然のことだが，フィルターの定期的な清掃をお願いした。当初，建築担当者はGL壁の天井部開口の穴埋めを提案していたが，設備サイドでその必要はないことを説明した。

[考察] 普通はこんなになるまで放って置かれることはないので，これは極めて珍しい『マサカ』の現象である。天井チャンバー方式で，天井面のフィルターが詰まると，床目地が汚れる前に，天井仕上材の目地が汚れる。1枚張りの場合はこれが表れやすい。これを防ぐため天井材は2枚張りとし，下地の天井ボードの突合せ部分は目止めがしてある。それにしても，送風量のダウンでエアコンの効きが悪くならなかったのが不思議であった。他の階ではどうであったのか，詳しいことは不明である。

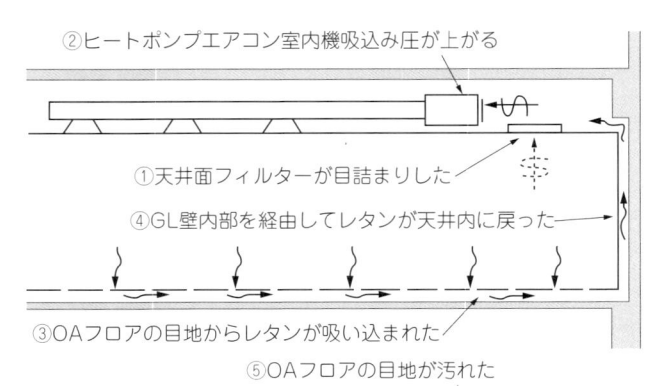

▶87 図3 フィルターの目詰まりでタイルカーペットの汚れ

▶88　2) ダクトのメッシュの詰まりで空調機がアワヤ崩壊寸前

某事務所ビルの空調システムは，水熱源ヒートポンプユニット方式であった。この設計を行ったときは，塔屋3階の躯体部分を利用して外

調機室とし，給気側と排気側を仕切って全熱交換器・送風機・排風機を
▶88図4のように配置した。OA供給は2本の竪ダクトから各階でダクト分岐し各スパン天井内に吹出し，ユニット経由で室内に供給されている。排気の各階吸込み口は1箇所で，ダクトは真直ぐに上がって塔屋外調機室排気サイドで開放されている。このダクトは全館1系統のOA排気ダクトであり，サイズが大きいので安全のため空調機室内で1m程度立上げ，開口部には20mm程度のメッシュがつけられていた。

　竣工後1年以上経ってから，①室内の炭酸ガス濃度が1,000ppm以上（！）になってしまうというトラブルが起きた。②原因は送風量の低下であるが，メインフィルターは交換して間もないし，プレフィルターを清掃してもらっても風量は上がらない。もちろんダンパーやファンの回転数も確認したが，原因が見つからない。

　こういう時は，自分の目で確認するのが一番間違いない。設備施工会社担当者，管理人と一緒に外調機室に入った。初めに給気側のファンやフィルターの汚れ具合を見て排気側を調べた。全熱交換器の表面も汚れていない。念のため，奥に立ち上がっているダクトを見て驚いた。③メッシュ部分にびっしりと隙間なく綿ゴミがついている。目詰まりしたフィルターよりひどい。風が出るはずがない。原因がわかって一件落着となるはずであったが，よく見たらおまけがあった。なんと，④給気側と排気側との仕切り板（アングルフレームに鉄板貼り付けのパネルで構成）が大きなマイナス圧のため，排気側に引っ張られ変形し，アワヤ壊

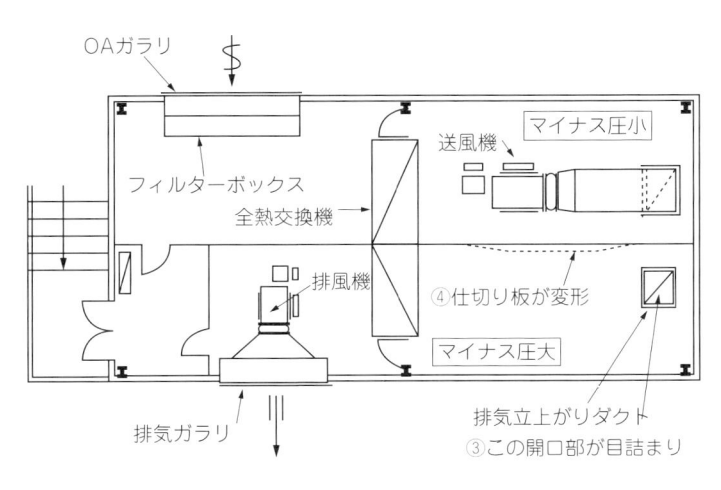

▶88図4　ダクトメッシュ目詰りで，空調機がアワヤ崩壊

れる寸前であった。

　上記の事例で，フィルターのメンテナンス不良は論外であるが，粗いメッシュの目詰まりは盲点である。虫除けのメッシュは目が細かいから気を付けているであろうが，粗いメッシュはつい大丈夫であろうと管理が甘くなるのでないだろうか？　また，どこに付けられているか，完全に把握されておられるだろうか？（竣工図の記入漏れもありうる）　送風量不足によるトラブルの場合は，フィルターだけでなくメッシュの有無も考慮に入れるべきであろう。

　虫除けのメッシュといえば，マンションの給・排気口である。プラスチック製のレジスターでも結構目が細かい。そのせいだけではないが，レンジフードを運転すると，隙間から音がしたり，玄関ドアが重くなったりのトラブルがたくさんある。

　これらについては，次節（8.3）でお話しする。

▶89　**3）天井の隙間から吸込まれたプールの湿気**

　フィルターの目詰まりが直接の原因ではないが，第3種換気に伴うトラブルで気をつけなければいけない事例を聞いているのでご紹介する。

　某スポーツ施設のプールでは，プール天井内の湿気対策として換気設備を設けた。壁面にガラリを設置し，天井内に排風機を設置し，第3種換気としたのである。これが裏目となったのであるから『マサカ』である。第3種換気であるから，天井内はチャンバーとなっておりマイナス圧である。このため天井の隙間から，プール内の，湿度が高く塩素分を含んだ空気も吸い込んでしまい，長い間に天井材を腐食させたとのことである。「換気するほど結露は進む」（43頁）と似たような話である。

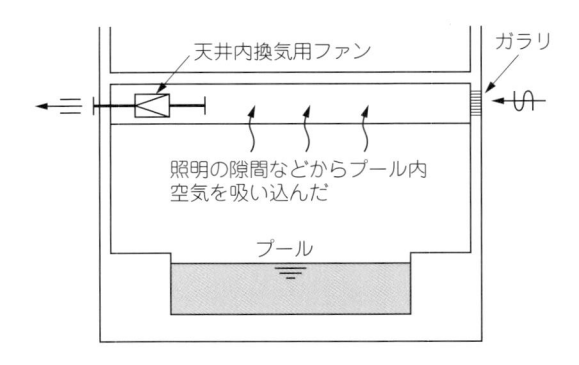

▶ 89図5　プール湿気により天井材腐食

8.3 給気口がなければ他所から吸われる

　前節の話のように，フィルターやそれに類するもののメンテナンスがよくないと，思いがけない所から吸い込まれてトラブルになるが，これが日常的にあちこちで起こっているのがマンションである。メンテナンス不良のせいばかりでなく，設計者の経験・配慮不足や入居者の認識不足もこれに影響されている。第3種換気の多いマンションの換気設備では，排気量に見合った機械または自然の給気設備がどうなっているかが，以下に述べるようなトラブルに大きな関係がある。これは換気設備が，住宅・集合住宅全体の部材・工法・システムなどの変遷とのかかわりが深いことに原因している。

　住宅・集合住宅の設備で，歴史的に見ても質的・システム的な変化がもっとも大きいのが「換気（排気）設備」である。電気設備では，ブレーカーや器具の形は違っていても，基本的なシステムは4, 50年前と変わっていない。給排水設備でも同様で，配管材料や給水の方式は変わってきても，水栓をひねれば水が出てくることに変わりはない。内容はともかく，戦前の住宅でも都会では電気と給水・雑排水設備は必須の設備であった。

　しかし換気設備の場合は，機械換気設備の前に自然換気の時代が長くあった。換気設備を必要としないほど隙間風の多いのが一般の住宅であり，機械設備の時代になって換気扇という機器の取付けはあっても，給気口の必要性はなかった。これはシステムとはいえない。その後，サッシの気密性の向上にともない，機能不全や事故が発生，給気口設置の必要性が認識されるようになり，一応給気口＋排気設備というシステムの形にはなった。

　サッシの気密性の向上と，レンジフード・天井換気扇などの換気用機器の性能の向上は同じような流れであり，現在の24時間換気システム（これも名前は同じでも，内容的には建物・メーカーにより違いがある）にいたっている。

　各戸別の排気システムが定着するまでは，試行錯誤もあって，いろいろな形の換気システムがあり，それぞれの段階でその時代特有のトラブルがある。ここでは，主として初期トラブルから，換気設備の考え方について紹介した。ホームページ相談コーナーに寄せられた最近のトラブルに関しては，概略を紹介した。

▶90　1）マンション換気設備の初期トラブルの一例
給気口を塞いで換気のクレーム

　初期のマンションには一戸建住宅から移られた方が多く，マンションの気密性についてまったく関心のない方もあった。某設備施工会社で，「換気扇を回しても煙が出てゆかない」とのクレームを受けた。行ってみたら，なるほど魚の煙が吸われない。給気口がどこかにあるはずと探したら，たんすの後ろで塞がれていたそうである。

　当時の厨房排気はプロペラ型（軸流型）換気扇であって，非力なため，サッシの隙間はあってもここからは空気を吸引できなかったのである。この後，レンジフードが使われるようになったが，静圧が取れるので吸込み力もあり，厨房専用のレジスターなしでも排気しているものもある。

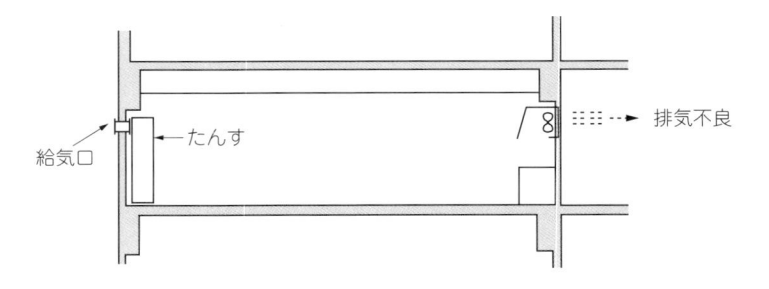

▶ 90 図 6　マンション給気口の閉鎖

▶91　昭和○○年型住宅換気設備

　会社を替わって間もないころ，上司から相談を受けた。某マンション（筆者入社以前のもの）で排気がよくない，共用のダクトシャフトを通じて，よその家の臭いが漏れてくるというトラブルである。▶91 図 7 のような共用シャフトに，換気扇で厨房排気を押し込んであり，屋上は一面のガラリになっている。このガラリに強い風が当たると，排気が押されて他の階に出てしまう。居住者の言い分は，「何で最近のマンションのようにルーフベンチレーターが付いていないのか」ということであった。「自動車だって旧い型のものには，最新装置はついていないじゃないですか。これは今現在の設備ではなくて，昭和○○年型の住宅換気設備なんですよ。そのころの技術レベルではこんなものだったんです。」「君はいいことを言うね。じゃ，その線で説明しよう。」ということで，居住者に納得してもらったようである。この後，シャフトの頂部に自然

通風式や機械式のベンチレーターが設置されるように改善され，某社のウィングジェッターが開発されたりと，各住戸ごとの横引きダクト方式が定着するまで，この方式が主流であった。また，ファンルームをシャフトの頂部に設け，共用排気ファンが設置されている事例もある。

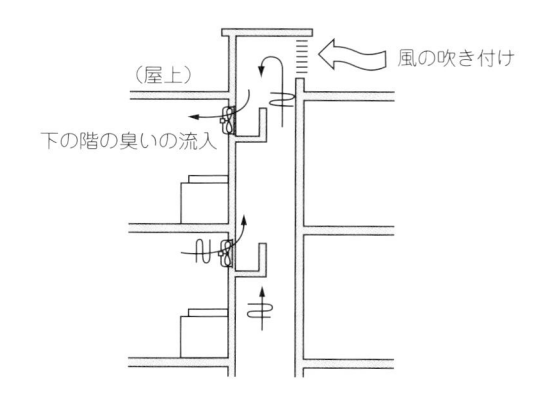

▶ 91 図7 厨房排気の室内への逆流

2）窓は換気設備か？（高級マンションに換気口はいらない？） ▶92

サッシの気密性の向上に伴い，各室に厨房や浴室の給気口を兼ねて，自然換気用の換気用レジスターが必ず取り付けられるようになった。これに関して，設備技術者と建築設計者の認識の差を示す面白い事例があったのでご紹介する。

20数年前のあるとき，建築設計の担当者から相談を受けた。ある高級マンション物件で，デザイン的にみっともないので，リビング以外の居室（寝室）の換気用レジスターを取り止めたいという。設備担当者に聞いたら，厨房排気用の外気導入にはリビングのレジスターだけでもかまわないとのことで，一応責任者に確認しておこうという相談である。

「寝室の換気はどうするの？　レジスターをやめてロスナイか何かつけるの？」「いや，そこまでのお金はありません。」「じゃ，換気設備がないじゃない。」「窓を開ければいいんじゃないですか？　建築基準法上も換気上有効な開口部と認められています。」「換気用レジスターは自然換気設備だけど，窓は自然換気設備とはいえないよ。雨の時や，風が強かったら開けられないし，微調整もできないじゃない。」「レジスターだって閉められたら同じじゃないですか。」，建築設計者はいつもと違ってがんばっている。「付いている設備をどう使うかは，入居者の勝手さ。

だけどそういう設備があるかないかは別の話だろ。」「……」「第一，3,000万円クラスの普通のマンションに換気用レジスターが付いていて，7～8,000万円の高級マンションに何もついていなかったらどう説明するの?」「デベロッパーの了解はとってあります。」「うちの子は育ち盛りだから，窓サッシに換気小窓がついていても子供部屋は汗臭いよ。入居者からクレームが出たら，デベロッパーだって責任とってくれないよ。寝室の自然換気設備が必要かどうかの問題じゃないか。」「……実はコンクリートは途中まで打ってしまっているんですが。」，道理でがんばると思ったが，そんなことで譲るわけにはいかない。「絶対だめ！君が入居者を説得できる自信があるのならいいけど，設備の立場としては問い合わせがあったら，自然換気用の装置として，レジスターは必要だと言うからね。ゼネコンに謝って孔を開けてもらったほうがいいよ。」ということで一件落着となったが，集合住宅に強いといわれた筆者の事務所でさえ，初めのころはこのような認識もあったのである。この建築担当者について言えば，設備担当者（実は経験豊富な契約社員であった）の意見をうのみにせずに，疑問に感じた点を責任者（筆者）に問い質し，設備設計の考え方をきちんと把握しようとした姿勢は評価できる。

　設備のスタッフには居室のレジスターはその部屋の自然換気設備として必要なこと，自然換気設備であっても建築担当任せにしないで設備でチェックするように指導した。設備担当者は，各室の給気口は厨房の給気口として必要かどうかだけ訊かれたので，外気取り入れ用はリビングの換気口で間に合うので，他の部屋のものは厨房の給気口としては必要ないと答えたとのことであった。これに対しては，他の部屋にも換気用レジスターがあれば，換気扇やレンジフードを動かした時に少量でも空気が流入するから換気の効果があるではないかと説明した。

　定年後，別件で相談を受けた2つの高級マンションでは，外壁に換気用レジスターはなかった。24時間換気が義務付けられる前であったので，換気システムとしては不備なものであったが，住戸面積が大きいのでトラブルにはなっていなかったようである。

3) ファンが回ると開かぬ扉

　上記の換気レジスターが小さかったり，フィルター類のメンテナンスが悪いと，換気量の低下だけでなく色々な現象が起こる。それほど大きなトラブルにはなっていないが，玄関ドアが重くなるのもよく指摘されることである。これがどの程度のものになるのか試算してみる。

最近のレンジフードや天井換気扇類はかつてのものより強力になってきており，小風量時の静圧が20mmAq（200Pa）を超えるものがほとんどである。因みに，玄関ドアの大きさをW＝900mm×H＝2,100mmとし，吸込み側の静圧を20mmとすると（サッシを密閉し，換気用レジスターも閉じ，もちろん排気量も少なくなった状態で），ドアにかかる圧力は水柱20mm/cm^2（＝2g/cm^2）であるから，重さに換算すると20cm×210cm×2g/cm^2＝37,800g，約38kg，吸込み側の静圧を10mm/cm^{2}とすると約19kgとなる。実際には，窓やレジスターは完全密閉ではないし，扉の片側はヒンジになっているので，これほどの力は必要としないが，大人でも重いし，老人や子供では開けられなくなる。『マサカ』こんなに大きいとは思っていなかっただろうが，十分な大きさの給気口の設置とメンテナンスの必要性がわかっていただけたと思う。

　昔の換気扇は静圧が取れなかったので，給気口がなくて排気量が落ちても空気をかき回しているだけで，ドアなどに圧力はかからなかったのである。今のレンジフードは静圧が取れるので，給気口がなければその分どこかから吸い込もうと頑張るので，結果としてドアが重くなり，開かなくなるのである。

　住宅設備における換気設備の盲点は，換気用ガラリやレジスターの虫除け用メッシュである。以前の住宅についていた換気用小窓はメッシュがあっても，汚れ具合が目に見えるので手入れはされていたであろうが，換気レジスターは室内側も室内側も外さないと汚れ具合がわからない。また，清掃などのメンテナンスの必要性についての理解不足もある。

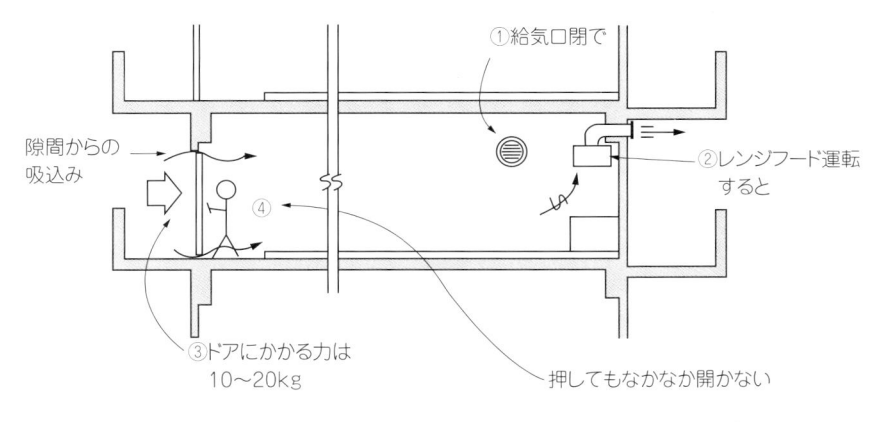

▶ 93 図8　マンションの扉が重い

▶94 **4) マンション換気の各種トラブル**

　上記のようなドアの重さ以外にも，「フィルターが詰まればどこかから吸われる」「給気口がなければどこかから吸われる」という一般則からは，下記のように各種の『マタカ』のトラブル事例が導かれる。「マンション設備『マサカ』の話」に掲載した相談事例等については，※印をつけた。

①玄関扉・サッシなどの隙間からの音鳴り：扉をエアタイトにすれば若干おさまるが，その代わり扉が重くなる。

②換気用レジスターからの音鳴り。

③浴室・便所系統排気口からの逆流※：一般の天井付換気扇には逆流防止装置が標準装備されているが，天井内設置のダクト接続型ファンを用いた場合に，チャッキダンパー（逆流防止ダンパー）がなく，レンジフード運転時に逆流を起こした事例があった。

④24時間換気システム運転時に，厨房排気ダクトから逆流し，ダクト内の臭気が厨房・居室に充満※。

⑤厨房用給気口を閉じたら，レンジフード運転時に便所排気が居間に逆流※。

⑥このほか，どこでも開口部があれば風を吸い込む。玄関扉の鍵穴からピューピュー入り込んで寒いというトラブルは，住宅クレームのホームページにあった。

⑦ワンルームマンションでは，トータルの換気口（給気口）が不足するため，洗濯パンの封水切れによる臭気の逆流がある。また一戸建住宅では浴槽排水口から臭気の逆流がある※。

⑧厨房排気が，ショートサーキットのため給気口から吸い込まれ，部屋が汚れるので24時間運転。そのため中枢神経機能障害になった※（▶83, 124頁）。

⑨浴室・便所排気ダクトが二重管ダクトであったが，吹出し口のところで合流していたため，片一方を運転するともう片方に湿気や臭気が出る※。

⑩エアコンのドレン管からは，間違いなく吸い込みは発生する。一般的にはエアコンは外壁面に取り付けられており，ドレン管はすぐに立ち下がっているのでトラブルにはならない。しかし，室内の奥に取り付けられる場合は，横走り管が長く，勾配が緩いとドレン排水の不良となり，ドレンパンから水が溢れる。これは『マサカ』の部

類のトラブルであろう。
⑪自然通風式（CF型）燃焼器具の排気筒からの逆流による人身事故（この『マサカ』については後述する）。FE式の場合もファンの静圧は大きくないので，給気口不足の場合換気扇やレンジフード運転時に不完全燃焼または逆流のおそれがあり，P社湯沸し器事故につながる。FEタイプの湯沸器は，昨今の高気密住宅では使うべきではない（『マンション設備「マサカ」の話』に詳述）。

マンション設備の換気・臭気トラブルは，一般ビルと様相が大きく異なる。一般ビルの場合は，気密度が高いのは当然であるから，換気設備は機械換気が前提である。したがって，設備技術者が給気と排気のバランスを配慮した換気設計を行っている。

マンションや住宅の場合は，自然換気の時代が長くあった。サッシの気密度の変化は換気トラブルに大きく関係しているが，問題は建築・設備設計者がこの変化の程度を認識していないことである。平成15年に建築基準法が改正され，住宅居室の機械換気設備が義務づけられた背景にはサッシの高気密化がある。現在は厨房用給気口不足によりトラップの封水が切れて臭気が逆流するほど気密度が高くなっていることは，『マサカ』であろうが，認識しておく必要がある。

上記トラブルの原因はフィルターのメンテナンス不良だけでなく，以下のような基本的な問題もある

①給気口が小さい（厨房排気のOA給気用として），または付いていない。
②部屋数が少ないため，給気口の数が少ない：特にワンルームマンション，リゾートマンションの場合は1DK，2DKが主体であるため，全体としての給気口面積が不足する。
③排気ダクトの距離が短い：排気ガラリがレンジフードのすぐそばにある場合は，ダクトの抵抗が小さいので，排気量が過大となる。
④換気用レジスターの虫除け用メッシュの有効率が低い：レジスターの選定は建築意匠設計者が行っているが，見てくれだけで選ぶと問題が多い。レジスターがプラスチック製の場合，虫除け用メッシュまでプラスチック製で，有効開口率が低く抵抗が大きい。また，目詰まりを起こしやすい。中にはフィルターが外壁側と室内側にそれぞれ付いているものもあるので1箇所だけとする。

対策処置として，建築的には換気用レジスターの追加，サッシに換気用小窓の取付け（リゾート・マンション）を行った事例がある。設備対応事例としては，排気量をチェックし，レンジフードの排気風量の出すぎを小さくした（強－弱スイッチの"弱"のみの運転，およびレンジフードの吐出し口の一部分塞ぎ）こともある。

　一般に，マンションの厨房排気は吸込みが悪いというトラブルはあっても，吸込み過ぎのトラブルは少ない（実際には上記のようなトラブルにつながるのであるが）。そのため，コストダウンと納まりの関係もあって，排気ダクトに風量調節ダンパーが付いていない。今後の住宅の高気密化傾向を考慮すると，レンジフードの排気量を何らかの形で簡単に調整する機構が必要であろう。

　また，マンション換気設備設計の過程でも，排気ファンやダクトの設計は設備設計者（場合によってはメーカー）が，給気口（レジスター）の設計は建築設計者となっており，忙しさもあって換気システムをトータル的に見る担当者がいない場合もあり，トラブル発生の要因でもある。

▶95　**5）住宅の気密性向上とガス燃焼機器**

　初期の住宅・集合住宅における，最も大きなトラブルはガス器具の不完全燃焼である。

　気密性の向上に建築・設備設計者およびメーカーの意識が追いつかず，色々な人身事故にいたるようなトラブルを起こしている。

　平成12年の「建築設備士更新講習」では，ガス器具に関する各種事故例が報告されており大変参考になった。ここで紹介された人身事故の事例は，レンジフード運転時に，外に開放されていた風呂釜（自然通風型，CF型）の煙突から逆流し不完全燃焼になったものである。住宅という同一空間における異種排気（自然排気と機械排気）の併用が，やってはいけない第一の原因であるが，厨房排気用・ガス燃焼用の外気取り入れの方法にも問題があるように思われた。人身事故にまでいたらなくとも，筆者の先輩も住宅を設計し，浴室にはガス焚きの風呂釜を設置，煙突は屋外に出したが，煙突から「すす」が出て困ったそうである。

　このようなトラブルが，バランス釜やFF式燃焼装置の開発につながっているのである。

　しかし，サッシの気密度が向上していることに気づかず，強力な換気設備に対する認識不足がP社の湯沸し器事故につながったのは明らかであり，筆者はP社だけに責任追及するのはおかしいと考える。した

がって，『マンション設備「マサカ」の話』では，第1章を「高気密化のトラブル相談」として問題点を指摘しておいた。興味のある方は参照していただきたい。

8.4 大は小を兼ねない

　設備業界に限らず，設計には余裕が必要である。どの程度が適当かは事務所や設計者により方針が違っており，出てくる結果には若干の違いはあるが，許容範囲に納まっているのが普通である。しかし，概算時や急いで容量を決めなければいけない場合は，「大は小を兼ねる」といわれているように，余裕が大き目になるのが一般的な傾向である。気をつけないと，この数値が設計完了までそのまま流れていくことがある。昨今のように設計期間が短くなると，この傾向は助長されやすい。時として計算間違いで，逆に余裕がまったくない場合も起こりうるから施工者側も気が抜けない。

　設計事務所に移ってから間もなくのこと，当時工事監理していた地方のショッピングビルの設備施工会社は，筆者が在籍していた会社であった。

　ここの所長はベテランであったので，建築設備の雑誌に執筆を頼まれた。「現場に乗り込む際に心がけること」というような趣旨のタイトルであった。

　「山本さん，こんなことで原稿を頼まれたんだけど，設計の立場から何かないですか？」「自分からこんなことを言っちゃいけないけど，今までの（設備施工会社での）経験からは"設計図のチェック"が第一ですね。」「そんなこと書いたら（設計事務所の人に）怒られちゃうよ。」とのやり取りがあったが，施工単価の厳しい最近の事情では，VEと称して設計仕様や機器能力の見直しを行うことは，設備施工会社にとって死活問題となっている。

　送風機やポンプについては，機器類の発注前にダクトや配管施工図に基づいた静圧計算・揚程計算を行って能力・容量を決めているので，「大は小を兼ねる」といっても過大なものとなることはない。しかしオイルショックの頃のビルで，モーター容量の不当表示による「大は小を兼ねない」という『マサカ』のトラブルが，竣工後15年以上も経ってから原因が判明したという事例があった。また，「大」を上手に「小」に転用した事例についても合わせて紹介する。

▶96　1) 大が小を兼ねなかったトラブル

　十年一昔というから，バブルの時代が昔の話とすれば，オイルショックそれも第1次オイルショックの時代はもはや歴史のかなたというべきであろうか。このときは民間では，「トイレットペーパー」がなくなったことに象徴されるような混乱があったが，建設現場でも物がない，入荷しない，工期は遅れるなどと大変な状況であった。

　この頃，地方のある現場に行ったら資材庫の周りを，ものものしく警備している。中には塩ビの床仕上材が入っている。今日，入荷したばかりだとのこと。何でこんなものを警備しているのかと思ったところ，「盗難」対策であった。あの現場に材料が入ったという情報は，すぐ周辺の現場に伝わる。入荷したその日の夜に，もっていかれてしまった現場があったそうで，支店から通達が回って警戒していたのである。「よその現場のPタイル持っていったって色が違うじゃない。」「竣工に間に合わせなきゃいけないから，多少違っていたっていいんです。材料屋が持っていったんじゃないかという話があるほどですから。」

　聞けば品物がなく納期に間に合わない材料屋が，とりあえず現場に納品し，その晩に持ち出してほかの現場にその品を持ち込んだ，などという話がまことしやかに話されたことであった。設備の資材も同様で，塩ビ材は持ってゆかれないように倉庫に仕舞ったとのこと。また某メーカーからは，塩ビの代わりに他の素材でつくられた物もあるという話も聞いている。

　この時代に竣工したビルで，おかしな現象が起きた。ターボ冷凍機用の冷却水ポンプがすぐにトリップしてしまう。電動機は定格75kWで，もちろん動力盤内のスィッチ類もこの容量に見合ったものである。発注段階でチェックしたポンプの揚程計算にも間違いはない。バルブを絞って使ってもらったがそれでもうまくゆかない，起動時にブレーカーが落ちてしまう。バルブを目いっぱい絞って，だましだまし使っていただいていた。

　竣工後15年以上経って，この話も忘れてしまった頃のある正月の仕事始めの頃，当時の電気設備の担当者T氏から声を掛けられた。「山ちゃん，○○ビルの原因がわかったってよ。」「何が？」「冷却水ポンプのトリップの原因さ。」「ああ，あれ？どうなったの。」「ポンプの銘板は75kWになってたけど，実際は90kWのモーターが付いてたんだってさ。年賀状に書いてあったんだけど，ブレーカーが間に合うわきゃないよな

ー。」「『マサカ』……。」といった次第。

　食品や薬品の内容の不当表示が問題になることがあるが，TQCやISO9001以前の話とはいえ，工業製品である設備機器の不当表示は筆者も初めてであった。「納期は迫ってくる」→「品物が出来てこない」→「ちょっと大きいが手元に代わりの品がある」→「エイッ，これを使ってしまえ」→「大は小を兼ねるから能力は間に合うだろう」といったやむにやまれぬ事情があったであろうが，ブレーカー容量との関係を知っているはずの電動機メーカーが何とかなるであろうと，目をつぶっていたとしたら許せない話である。目一杯バルブを絞って運転してもらったから何とかなったようなので，追求が甘かったのもこちらの反省点ではあるが，長い間おかしいなと思いながら運転されていたこのビルの管理者の方には申し訳ないことであった。この頃に竣工した設備で，原因不明のトラブルでお悩みの方は機器類の銘板から疑ってかかったらいかがであろうか。

2）大を小として使った成功事例

　本書の趣旨が『マサカ』の事例紹介であるから，成功事例の紹介が少ないのも仕方ない。うまくいった事例は，最初の話と超能力の話以外にほとんどないが，「大に小を兼ねさせた成功事例」があるのでご紹介する。

　某ホテルの建設地は空港近くの静かなところ。当然，窓は二重サッシである。夜間になると「静かなところで音は際立つ」ことが予想されたので，当初からファンコイルユニットについては，騒音が最も低い専業メーカーのもので選定してあった。にもかかわらずサブコンから上がってきたメーカーリストには，当社の指定メーカーにない会社の名前があった。

　工事を請け負ったゼネコンが，最近その大手電気メーカーの工場の新築工事を受注したので，そこの製品を使いたいというのが，そのいきさつである。騒音値が低ければ問題ないが，カタログ値だけでも他社製品より2〜3dB高い。担当者が困って相談に来たので，実際に設置されているホテルで騒音測定をして確認してみた。ホテルの客室であるから#200型が天井内に設置されているが，くだんのメーカーの騒音値は筆者の会社で設計・竣工した過去のホテルの実績値を上回っていて，"弱"運転でもファンの音が耳に感じる。さて「貴方ならどうする？」。タイトルから見当がつくだろうが，ここで頁を閉じてちょっと頭の体操

を……。

　ホテル客室ばかりでなく，騒音については自分で体感することが大切である。ホテルの場合は竣工すると必ず「試泊」の機会があるので，筆者は設備担当者や若手技術者には施工業者の騒音測定結果を見るだけでなく，「試泊」の際に設備施工会社から騒音計を借りて自分で測定し，騒音測定データの感じをつかんでもらうことにしていた（一杯飲んでから寝る前の一仕事である）。

　「いくらゼネコンの頼みでも，これじゃ使えないね。」と，採用を拒否された某メーカー，何とか使ってやりたいゼネコン，暫くしてから『ナルホド』と感心するような解決案を持ってきた。

　解決策は，「大に小を兼ねさせよう」という単純なものであった。ご承知のようにファンコイルユニットの電動機はコンデンサー型であるので，回転数の制御は容易である。長いダクトを接続しても対応できるように，HのうえにHHの能力を出せる機種もある。したがって，この逆にL以下に風量を落とすことも可能である。通常の＃200型の風量H－M－Lの運転では音が高いが，上位機種＃300型の電動機出力のタップを変えて回転数を落としてM－L－LLとすると，風量は＃200型と同程度で運転音は静かになる，能力的にももちろん問題はない。

　さすが大手企業だけあって，実に賢いやり方に気がついたものである。費用負担の増額はないということなので，能力チェックと実際の騒音確認は担当者に一任し，承認することとした。大に小を兼ねさせた珍しい事例であった。

　一般にファンやポンプがオーバースペックの場合，ダンパーやバルブで流量を絞るといった簡単な省エネルギー手法はどこのビルでもとられていると思われる。しかし大きすぎる場合は振動・唸り・騒音などのトラブルにもつながり，何より適正な装置容量でないので省エネルギー性に劣る。原発事故以来，従来にも増して省エネに留意が必要な現在，設計者・施工者はよりシビアに機器選定を行わなければならないが，設備管理技術者にも，竣工設備の内容チェック能力が求められてくるものと思われる。

8.5　熱い空気は床に届かぬ

　空調設備の吹出し方式は，セントラル方式でも個別ユニット方式でも，横吹きを含め上からの吹出し方式が一般的である。夏の冷気は，比重が

重く床面まで届くので特に問題はないが，冬の吹出し空気は室温より高く軽いので，床面に届かせるのは難しい。セントラル方式の場合は吹出し口の形状寸法や吸込み口のレイアウト計画により，ある程度の改善は可能である。

しかし現在主流のカセット方式の場合は，吹出し口と吸込み口が同じ天井面であるので，はなはだ具合が悪い。ビル管理の皆さんの悩みの種であろう。それでもビルの中間階は何とかなるが，1階の部屋で外気が直に入ってくるような場合は，温風が床に届かず侵入外気で床面の温度が低くなり，クレームの原因になりやすい。こうなると，ビル管理の皆さんでもどうしようもできないことである。

設計時点で配慮しているのでトラブル事例はほとんどないが，それでも改めて『ナルホド』と再認識させられることもあった。

ここでは，上に上がってしまう熱い空気を下向きにさせた『ナルホド』事例と，カセット型エアコンを使って足元が寒かった失敗例，マンションでの上下温度差クレームについて述べる。

1）熱い空気は上にあがる　　　　　　　　　　　　　　▶97

某リゾート地に，ゴルフクラブハウスが計画された。冬は閉鎖，夏は冷房不要という土地柄なので，秋口・春先の暖房がちょっとあるだけでよいというのが設計条件であった。暖房設備の設計条件はとにかく安くということなのでシステム比較を行ったら，ホット・エアー・ファーネスによる暖房（温気炉暖房）が最も安いことがわかった。ホット・エアー・ファーネスは名前は知っていても大昔の暖房方式であり，その昔でも計画したことすらないシステムである。

そんな物まだつくっているのかねとの声もあったが，製品があるのを確認し，大きな部屋はホット・エアー・ファーネスで暖房し，小さな部屋はFF式暖房機を設置した。

別に難しいシステムでもないので，直吹きでなく，ダクト式で設計し，天井が高いので吹出し方法はVHSによる横吹き方式であった。

竣工後，試運転してみたが，部屋が暖まらないとのこと。天井面は熱気でムンムンしている。VHS型吹出し口の羽根をいくら下向きにしても，軽い熱気は上に上がってしまう。ホット・エアー・ファーネスの吹出し温度は想像以上に高く（70℃程度），比重が小さいので空気の浮力は結構大きい。床上2m程度のところで上下に層ができる。現場からの報告を受けた設備部長，じゃ空気を重くすればいいんだろうと，加湿装

置が運転されているかどうかを確認した。

　何が何でも安いシステムとはいっても，建物が木造であるので，当初の計画からホット・エアー・ファーネスに加湿装置は組み込まれていた。加熱空気温度は十分高いので，水噴霧方式でも加湿効果は大きい。試運転の時は，これが作動していなかったのである。加湿を行うと，その分空気は重くなり，ついでに吹出し温度も下がるので，空気は床面近くまで届き，上下の温度差は何とか解消した。また，熱風吹付けではなくなるので快適性も増した。『マサカ』の解決法ではあるが，物事の原理原則にしたがえば，『ナルホド』である。

　一般空調の吹出し温度では，これほど顕著には表れないが，ヤハリ軽い空気は上に上がる。大変参考になる事例であった。

　なお，戦後間もない頃はホット・エアー・ファーネスを住宅の暖房に使って，足元が暖まらないというクレームがあったということを，大先生の経験として聞いている。

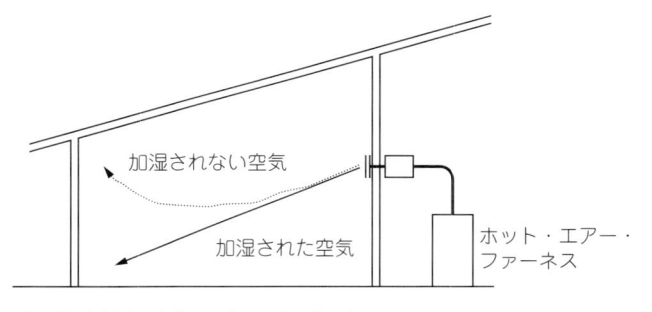

▶ 97 図 9　上下温度差大（ゴルフクラブハウス）

▶ 98　**2）奥行きの大小で上下温度差が違う**

　某高級マンションは全室冷暖房完備で分譲された。高級マンションなので建築担当者はエアコンは露出させずに，天井内設置型にダクト接続する方式を提案してきた。

　リビングルームはガラス面が大きいので，バルコニー側の天井から下吹きにするのが望ましい方法であったが，上がり天井のためダクトが納まらず，吹出し方式は横吹出しとなった。全室エアコン付きなので，予算の都合で床暖房は設備されなかった。

　竣工後，某住戸のリビングルームで寒いというクレームになった。かなりの年配の女性が住んでおられて，和式の生活をしているため，座ると腰の周りが寒いとのことである。担当者が調べたら，上下の温度差は

かなり大きく，床面で20℃以下であった。念のため同じような大きさの他の住戸リビングルームで測定したら，上下の温度差はあっても床面は20℃以上になっておりクレームにはなっていない。この二つの部屋は大きさはほぼ同じであっても，窓面からの奥行きに違いがあった。
▶98図10のように，奥行きの深い部屋では温風はガラス面まで届かないが，奥行きの小さな部屋では温風はガラス面に当たって下に落ちることがわかった。

対策としては，外壁側にエアーサーキュレーターを取り付けることとなったが，部屋の形状による冬期の室内空気分布の違いについては改めて認識させられた。

なお，クレームになったのはこの住戸だけで，他の住戸では発生していなかった。洋式の住まい方の場合は，この程度の温度差は余り気にならないものと思われる。もう一つ細かいことであるが，自然換気用のレジスターも天井内の壁面に取付け，室内天井面の給気口にダクト接続されていた。このため，冬期の取入れ外気は室内空気と余り混合せずに，ストレートに床面に届いていたことも影響あったと思われる。

暖房時の上下温度差が大きくなることについては，設計者にとっての配慮事項である。部屋の形状・外壁開口部・吹出し方法により，きめ細かい配慮が必要なことはいうまでもない。昔は大型ショッピングビルでは上のフロアが熱くなって困ったが，冬期の冷房運転（室温より低い空気の吹出し）の普及により，このクレームは少なくなった。

このほか，上下温度差が大きくなる要因は外気の侵入で，出入口扉からの冷気の流れが最もトラブルになりやすい。オフィスビルの受付嬢の足元の寒さや，意匠設計者が大きな扉を付けたため1階のオフィスが寒かったり，この種のトラブルの種は第4章で紹介したようにたくさんあるが，設備だけでは対応できない。

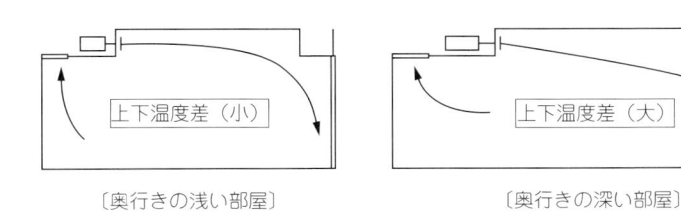

〔奥行きの浅い部屋〕　　　　〔奥行きの深い部屋〕

▶ 98 図 10 上下温度差大（高級マンション）

▶99 **3）エアコンのある部屋に FF 暖房機を設置**

　筆者の失敗談で，ちょっと恥ずかしい話をひとつ。

　某学校を設計した際，教室関係諸室は熱源をガス焚き冷温水機＋ファンコイルユニット（廊下天井内に設置）方式とし，職員室・校長室など使用時間の違う部屋は個別の方式とした。ちょうどこの頃に，カセット式ヒートポンプユニットが出始めたのでこれを使うこととした。

　このうちの事務室で，寒いというクレームが発生した。玄関に近い事務室では，生徒が出入りするたびに廊下の冷たい空気が入ってくる。コストの関係で，玄関および廊下には冷暖房設備は付けなかったのである。当初から足元の冷え込みは予想されたが，カウンターが入口側にあるので冷たい空気の侵入は防げるつもりであった。ところがカウンターの端部にあったスイング式の出入り用のパネルは，邪魔だからということで竣工時には付いていなかった。ここから冷気が侵入したのである。

　学校の事務室の天井高は 3 m。サーモスタットを壁付にしてあっても，機器が開発されて間もない当時のカセット式エアコン（発売当初は店舗ビル用とうたっていた）は，音だけはうるさいが床面まで暖気が届かない。下の階は暖房しているので躯体の冷え込みはないが，冷気の侵入に対しては無力である。年配の事務の男性が非常に寒がる。事務長からは，言い訳はいいからとにかく何とかしてくれと頼まれた。建築施工会社と相談したら下の階の天井にガス配管があったので，腰壁に穴をあけ結局

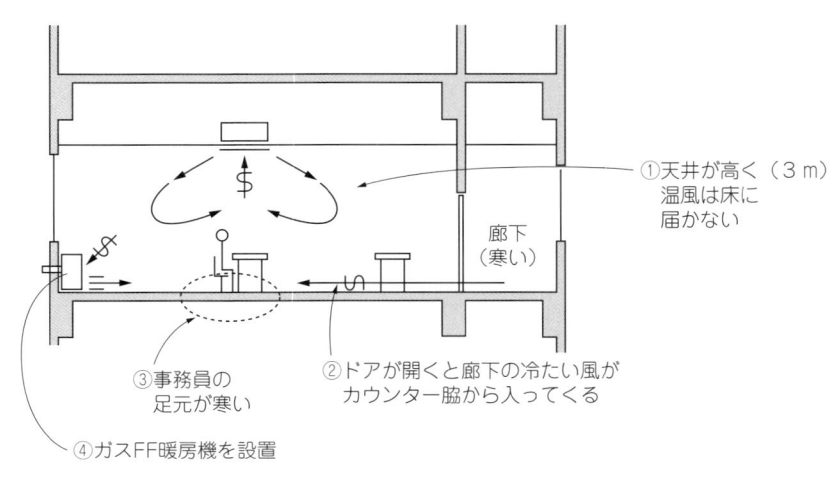

①天井が高く（3 m）温風は床に届かない

廊下（寒い）

③事務員の足元が寒い

②ドアが開くと廊下の冷たい風がカウンター脇から入ってくる

④ガスFF暖房機を設置

▶ 99 図 11 冷房機・暖房機の併設

FF暖房機を設置することとなり，建築・設備施工会社に迷惑をかけた。マンションならともかく，一般ビルでひとつの部屋に暖房用と冷房用の機器を個別に設置したのは，後にも先にもこれだけである。

　これ以後，小型ヒートポンプユニットを使用する場合は，カセット式でなく，できるだけダクト接続方式とした。

8.6　ドレンは上に向かって流れる

　『マサカ』のトラブルは，各設備業者が専門外の工種を行う時に発生しやすい。

　他の項でもお話しているように，建築設備の業種による得意・不得意がトラブルの種類に関係することはよくある。

　電気屋の常識は空調屋・衛生屋には通用しないので，自動制御や水処理設備の動力工事でトラブルが起きた場合は，専門の電気工事業者に相談した方が解決は早い場合がある。

　衛生屋の空調・換気設備も同様で，マンションでは町の水道屋さんクラスの施工業者が換気設備の施工を行っていることも多く，トラブルになりやすい。

　空調設備の施工業者にとっての鬼門は排水設備であり，以下のようなドレン排水管のトラブル事例を見聞きしている，専門の衛生設備技術者には信じられないことであろう。

　ファンコイルユニットやエアコンのドレン配管については，マンションの排水管と同様，最下階系統は上階からの竪管と別系統として外に出すのが鉄則となっているが，建物によってはいろいろな状況が発生する。これに対しては各社でマニュアルがあるはずであるが，トラブルはマニュアルに書かれていないところで発生する。以下の事例は，各社マニュアルでやってはいけない事例もあろうが，未経験者にとっては『マサカ』である。

1）ドレン配管からの逆流　▶100

　某事務所ビルの空調システムは，ファンコイルユニット方式であった。ドレン排水管竪管はもちろん上から真っ直ぐに下まで落としてこなければならないが，やむを得ず下の階で▶100 図12のように横に振ることとなった。この際に，横引き管にこの階のドレン配管が接続されたが，このつなぎ方に問題があった。上からのドレン排水管（本管）の横引き

部分と，その階のドレン配管を分けなかったのが原因であった

　設計図の系統図でこのようになっていればもちろん気がつくが，施工図チェックの段階で監理者が見落としてしまったものであった。

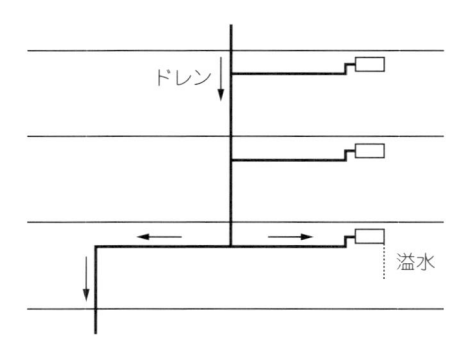

▶ 100 図 12　ファンコイルドレンの逆流

▶**101**　**2）雨排水管に接続したドレン配管からの逆流**

　某商業ビルでは，空調設備の改修に際し水熱源ヒートポンプユニットを設置することとなった。熱源水配管は梁下配管が可能であったが，ドレン配管の竪管を通すスペースがない。結局，よくある話であるが雨排水管に接続することとなった。竣工後，しばらくは特にトラブルの発生もなかった。トラブルが発生したのは集中豪雨時であった。雨排水の流れに阻害されてドレンの流れに障害が起こり，水熱源ヒートポンプユニットのドレンパンからオーバーフローしてしまった。雨排水管の接続部で，▶101 図 13 の右側のように立ち下げてから接続すればオーバーフローは防げたのである。

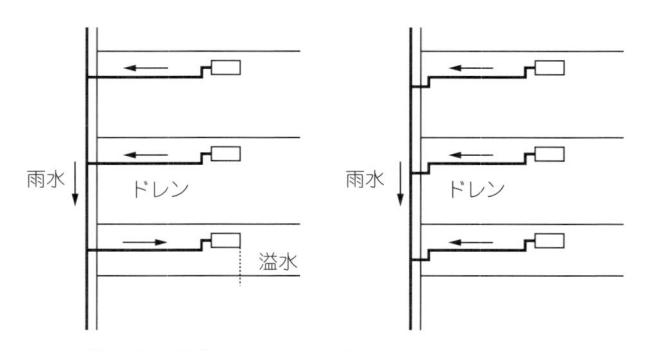

▶ 101 図 13　雨排水管に接続したドレンの逆流

なお，この事例は本来やってはいけないことで，ドレン排水に関する考え方を示すためにマサカの事例として挙げた。新築はもちろん改修工事の場合でも，エアコン類のドレン配管は雨排水管に接続してはいけない（この事例はメーカーからの聞き書きである）。

3）水抜き配管からの逆流　　　▶102

某再開発ビルでの改修工事で起こったトラブル。このビルでは，全館の冷暖房配管とテナント内のファンコイルユニットの取替えを行っていた。ある階で，配管の水抜きの際にテナントファンコイルユニットのドレンパンから排水がオーバーフローして室内にこぼれ，じゅうたんを濡らした。原因は水抜き時の不注意であった。

この建物では，テナントファンコイルユニットのドレン配管の一部は，各階の空調機械室（外気調和機が設置）内を通って竪管に接続されていた。この階の空調機室では，その階より上層階の冷温水配管の水抜きができるようになっていて，水抜きバルブのちょうど真下にあるドレン配管に透明のチューブでつながれていた（▶102 図 14）。

改修工事であるから，着工の前には当然水抜きを行う。バルブは細くとも，水圧がかかるので勢いよく出てくる。このときは早く水抜きするため，冷水系統・温水系統両方の水抜きバルブを開けてしまった。ドレン配管は図のように空調機室内で立ち下がりをしてあったが，上からの水圧がかかりファンコイルユニットの方に逆流したものである。設備施工会社担当者にとってはマサカの出来事であったろうが，パソコンなどの OA 機器に被害が及ばなかったことが不幸中の幸いであった。

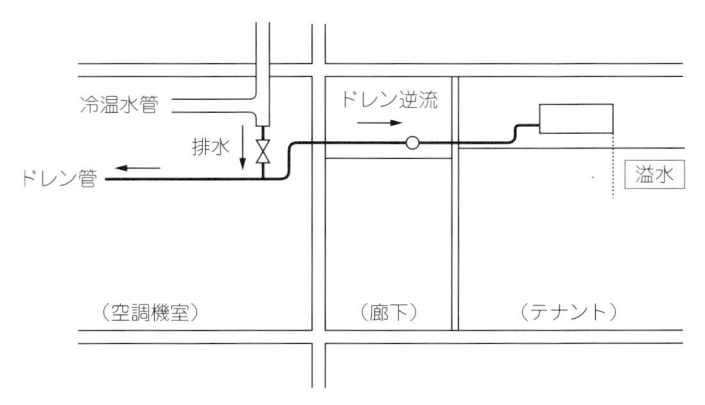

▶ 102 図 14　工事中の水抜き逆流

▶103　4）湧水排水の FCU への逆流

　本書では在職中に自分の見聞きしたこと，および知人・友人の経験を元に書いており，書籍や雑誌に掲載された事例（中には似たようなものもあるかもしれないが）はできるだけ載せないようにしている。しかし，ドレンの逆流に関し，大変面白い『マサカ』の話があるので簡単にご紹介する。空気調和衛生工学会主催のトラブルについての中堅社員向け講習会で紹介されたものである。

　某建物の場合は湧水のポンプアップ排水管が，1階の床下で上階からのファンコイルユニットのドレン配管と接続され，屋外の雨水桝に放流されていた。長期間の間に雨水桝に砂が溜まり，排水管が詰まった。そのためポンプ運転時に湧水が逆流し，1階の天井内のファンコイルユニットからの漏水事故となった。

　この場合は，原因を見つけるのに苦労したことと思われる。ポンプアップ排水はできるだけ単独系統で行うことが望ましく，上から自然流下する排水管と接続するとこういう『マサカ』の事態が発生する。

　「先が詰まれば水が溢れる」のは排水設備の常識であるが，暑い寒いに関心のある空調設備の技術者にとっては，この常識は時々忘れられてしまうようである。この節の事例は『マサカ』というより，マニュアルどおりにやらなかったらどうなるかという『マタカ』に近い話でもある。

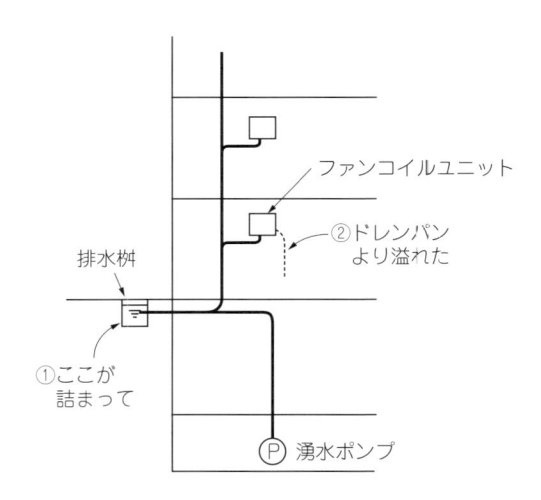

▶ 103 図 15　湧水排水の逆流

なお，類書にあるエアコン・空調機ドレンや水抜きに関するトラブルを挙げる。
- 水抜き配管がファンコイルユニットのドレン配管と共用されており，水抜きバルブが隣室にあったため，誤操作でドレンパンより溢れ，医療機器を濡らした。
- エアコンのカセット式室内機のドレン配管の接続が，共用配管に対し上からの接続になっていなかったため，エアコン停止時に逆流溢水した（ドレンポンプは運転停止時には動かないようになっていた）。
- 屋上冷温水発生機の冷温水・冷却水配管の水抜き時に，水抜き管が下の階のファンコイルユニットのドレン管と接続されていたためドレンパンから溢水した。
- 空調機のコイル・フィルター前後のドレンパン排水をつないであったため，下流側のドレンが流れず機能不全。

8.7 IC 回路はブラックボックス

　建築設備業界と長く付き合ってきたが，最も変化が大きいのが，カセット型ヒートポンプエアコン方式の発達と中央監視・ビル管理のシステムであろう。

　機器類の変化はあっても，ポンプ＋配管方式や送排風機＋ダクト方式には大きな変化はない。熱源機器は効率はよくなり，機種は増えたが冷水や温水をつくることに変わりはない。

　建築設備の自動制御や中央監視設備は，長い間特定の 2 社の独占事業であった。機器対遠方操作スイッチの 1 対 1 のゾロ引き配線による中央監視盤が，共通のケーブル配線とデコーダー盤などの端末機器に取って代わられてからの変化は激しく，片方が新しい方式を開発すると，もう片方がそれを上回る機能のものを付加するといったように，設計者としてその時々にどちらの方が機能的に優れているのか選択に悩まされた。これはコンピュータの発展の流れと関係しているが，パソコンの発達に伴いオープン化の流れが最近の傾向である。

　機器類にとっても，その制御機構は従来のリレー回路から IC やマイコンチップに取って代わられ，この過程でブラックボックスとなる部分が大きくなってきた。今回は，ブラックボックス化によるトラブルと中央監視システムの話である。

1) IC 回路はブラックボックス

　30年くらい前の冬。この年は雪の日が異常に多かった。雪が原因ではなかったが，この年に竣工したビルで，ヒートポンプエアコンの事故が連続して発生した。現象は，操作盤内のマグネットスイッチの焼損であった。雪の日の朝方に発生するので，直るまでその日は寒くテナントには迷惑をかけた。マグネットスイッチを取り替えても，また同様な事故になる。当初は雪によって，室外機が何かの影響を受けたものと考えられた。ところがすべての室外機が事故になるわけではない。マグネットスイッチの焼損の原因はチャタリング現象[*1]によるもので，特定の階に集中していた。何回かのトラブルののち，どうしようもないので関係者全員集合となった。

　このビルは小型ビルなので，天吊ダクト接続型の空冷ヒートポンプパッケージエアコンが各階に2台設置され，室外機は屋上設置であった。この頃は，マルチ型のヒートポンプパッケージエアコンは開発されていたかどうかの段階で，このタイプのものはほとんどG社の製品が採用されていた。

　当日は，設計事務所，建築・設備施工会社，メーカーの技術者が集まった。メーカーの技術者が回路図を見ても，どうしてこのような現象が起こるのかわからない。接続される端子の番号が記されているだけで，チップの中は白紙である。従来の回路はリレーを組み合わせて構成されているので，回路図を追いかけてゆけば，作動状況がわかるし，おかしなところも発見しやすい。ところがこの頃からICチップが使われるようになり，この中身はわからない，所謂「ブラックボックス」となってしまったのである。

　結局，どうもICの回路に問題がありそうだと推定された。

　色々やってみた結果，チャタリング現象は暖房モード時で，ヒーター回路と加湿回路がONになっているときに，「換気」の指令スイッチが入ると発生することが判明した。

　このメーカーのスイッチは横にスライドさせる方式で，左から《冷

---

*1　チャタリング現象：電気動力回路のスイッチをONにさせると，接点が入り切りを繰り返す現象。入力と同時に遮断回路が形成され，遮断回路になると入力回路が形成されるという回路構成になるため，すぐにスイッチを切らないとリレーやブレーカーが焼き切れてしまう。

房ON＝換気ON＝OFF＝換気ON＝暖房ON》となっていた。暖房を入れる時「換気ON」で一担止まるとスイッチが入り，条件が合えば上記の回路が構成され，チャタリング現象が起きる。ヒーター回路と加湿回路がONになっていても，「OFF」から「暖房ON」まで一気にスイッチをスライドさせれば，「換気ON」の接点部は瞬時に通過してチャタリング回路は構成されない。

　また，雪の降る寒い朝は，補助ヒーターはONになるが，室温は下がっており湿度は高くなるので，一般的にはこのトラブルにはなりにくい。トラブル発生の階は湿度が70％に設定されていたので，この回路が構成されてしまったのである。

　それにしてもここまで条件が揃わなければトラブルも発生しないわけで，その意味では『マサカ』であった。土曜日の午後となったが，幸い工場は動いている。すぐに電話して同じような回路の状況をつくってテストしてもらった。案の定，チャタリング現象が起こるとのこと。ICチップの設計ミスであった。とりあえずは加湿の設定を低くしてもらい，事故の再発を防ぎ，チップを新しいものと取り替えることとした。メーカーの技術の方は，「ICを使うようになってから，私たちではこういうときにどうしようもないんですよね。昔なら，原因は計装図からすぐに追いかけられたんですがね」，小さくなっていた。

2）中央監視盤メーカーは文字数で選択

　自動制御機器メーカーの発展途上段階での逸話である。中央監視盤組込みの小型白黒TVモニターで監視ができるようになった頃，実際の監視用画面をつくる段階で困ったことに気がついた。メーカー2社のうちどちらがどちらか忘れたが，機器類の名称に使える文字の数がメーカーによって1文字違いがあった（7文字と8文字の違いであったと思う）。RT（冷凍機）だのCT（冷却塔）だの記号で略せる場合は何とかなるが，空調機（AHU）や送排風機は系統名や室名が入るとこの文字数では納まらない。半角などという，気の利いた処理ができるようになるはるか前の段階である。きちんと『○F従業員食堂系統空調機』と表現すれば12文字である。略して『2F従食空調機』で7文字。地下の場合は『B2F従食空調機』で8文字。これでは文字数の少ないメーカーのものは使えない。営業マンには「ライバル会社と同じ数に出来なければ使わないよ」と脅かして（というのはそこまで言わないと一度つくったものはなかなか変らないので）改良させたが，多いほうの数でも監視

盤用に機器名称を決めるのは結構面倒であった。モニター画面には余裕があるので色々調べたら，電気の使用量の数値が○○○○○○ KWH と文字数が多いため，機器や測定ポイントの名称の文字数が制限されたとのことであった。この頃の中央監視盤を使っている方で，機器名称などが極端に省略され，おかしいなと思っておられる方は，上記のような経緯があったことをご理解いただきたい。

3）独自の監視システムの現在は？

ブラックボックスといえば，筆者の会社では採用しなかったが，コンピュータによるビル管理システムの黎明期には，建築・設備施工会社各社の他，大手電気メーカーが独自のシステムを開発していた。中には開発者しかわからないといったシステムもあり，文字どおりブラックボックス化して，開発担当者はアフターやメンテナンスで全国を飛び回っている状態であったそうである。筆者の会社でも経理のシステムをコンピュータ化したが，某社の担当者しかわからないシステムで，トラブルが発生すると困るということを経理の担当者から聞いたことがある。

オープン化ということまで考えていたわけではないが，当該事業部門の閉鎖などのおそれもあるので，空調の自動制御システムとの関係を考慮し，ビル管理システムについては筆者は上記の各社のシステムは使わず，専業2社の物しか使わなかった。各社のシステムは今も健在なのであろうか。ビル管理システムの場合は機器類と違って，簡単に取替えがきかない。メンテナンスを考えて選択しないと，ビル管理者が困ることになる。

また，これら独自のシステムの開発者もそろそろ定年であろう。後継者も育って，この独自システムが今も大事に使われているのか，そっくりリニューアルして他社製品にしたのか，状況を知りたいところである。

ビル管理の方法は，建物ごとに違っている。本来はビル管理者が建物の実情に合わせて，簡単にシステムを組み立ててゆけることが望ましい。現状のオープン化傾向が，何処までその要求に応えられるかは不明であるが，設備設計者・ビル管理者サイドもそれなりの対応を求められてゆくことになろう。

column どうして『マサカ』が起きるのか ⑤

雑務に追われる設計者

　この業界に入って50年以上であるが，建築・設備を問わず法規の新規制定・追加変更・複雑化，行政指導事項の煩雑さ，施主要求事項の高度化など，設計者の雑務量は増大の一途であり，純粋な設計業務に携わることのできる時間は年々減少している。激減といってもよい。昔と比べれば手持ち時間の7割以上は雑務である。残された3割の時間も，図面を書く時間には当てられていない。計画・建築設計者との打合せなど，外注事務所が図面を描ける段階に持ってゆくだけでやっとである。

法規の追加・改正には設計料の上乗せを

　法規の追加・改定で，設計料が上乗せされることはまれで，設計料の実質的な低減も問題である。上記のような法規・条例の新規制定・追加・改正に伴う雑務（といってはいけないだろうが）のために，業務量は増大の一途である。特に小さな市町レベルでも，環境や景観などに関する地方条例が制定されており，これらのチェックは一仕事となっている。しかも，確認申請前に書類提出を必要とする場合も多い。業務量増大の割には，いただける設計料は消費税より小さいことも多い。法律改正に伴う業務量の増分は些少であっても，設計料に上乗せすることが常識となってほしいものである。

設備設計に配慮のない設計期間

　当初は，余裕があってもなくなってしまうのが設計期間。
　諸般の事情で意匠・構造・設備の図面が同時に出来上がるのが現状では，各図面間の完全な整合性など望むべくもない。確認申請図段階で，建築・構造・設備の食い違いを役所から指摘されることさえある。建築の内容が決まってから設備の設計が始まり，設備機器の容量が決まらなければ電気設備容量は決まらない。設計工程管理には設備設計工程の反映が必要であるが，工程管理が建築設計者の管轄下にあるのが問題である。施主の理解も必要であるが，施主を説得するのも建築設計者の仕事である。
　トラブル情報を知っていても図面をよく見たり，打合せ時間が取れなかったら設計・施工に反映されない。設計工程には上司の図面チェックの時間も必要である。トラブル防止には設計期間の改善が急務であろう。

第9章　快適性に関する『マサカ』

> 　50歳半ばで逝った筆者の先輩の持論は『空調フィーリング論』であった。酒を飲みに行くと、「山本君、今は快適な温度条件だろ？」（ビールをグイッとあけて）「これだけで快適でなくなるんだよ。これだから空調は困るんだよな」と、得意の持論を展開するのが常であった。確かに同じ温度でも、季節・気流・輻射熱や着衣の状態で感じ方が違う。このうえ老若男女、人種の違いなどを加味すると何を基準にしたらよいのか判断に迷う。
> 　空調設備の快適性に関しては、有効温度や新有効温度などによる空気線図上の快感帯が技術書に示されている。最近は、PMVなどの評価も使われている。
> 　ビル管法にはいろいろな環境基準が定められているが、このうちで基準内に納まっているのに、最もトラブルが多いのが暑い寒いに関係する温度環境である。この種のトラブルの説明には、実際の温湿度を示すほか『空調フィーリング論』を適当にアレンジして利用させていただいた。また、現役の頃は、会社の女子社員の暑さ寒さトラブルには被服係数の調整で対応してもらっていた。
> 　この章では、暑い寒いや気流・湿度など、空調設備の快適性に関する考えを述べるが、これに関しては、自分の感じ方では『マサカ』というより、『ヤハリ』や『ナルホド』の要素のものの方が多い。空調設備で何もなかったわけではないが、基本に関するトラブルをいろいろ経験し、周囲から得た知識も多かったので、設計事務所に移ってからの空調設備のトラブルは『マサカ』には感じなかったのであろう。

9.1 こちらよければあちらが暑い、あちらよければこちらが寒い

　技術者には経験・体験が重要であるとはよくいわれているが、技術者としてまだヒヨッコの頃に、技術的に基本的なことについて大きな経験をさせてもらったのはその後に非常に役立った。ここでは、新米技術者が初めての現場で遭遇した『マサカ』の話である。

1）ビルの冷房期間は意外と長い　　▶104

①**概要**：筆者の初めての現場は，山手線のターミナル駅の前に建つ某デベロッパーが計画した事務所・物販店・飲食店の混在する地下2階地上9階建，延床面積約 30,000m^2 の複合用途ビルであった。設計のチェックから施工図作成・工事監督・アフターサービス，引き続いて改修工事まで，担当させていただいたので大変いい経験であった。

②**トラブル発生**：竣工は6月でそのまま冷房期に入り，特に大きな問題もないまま中間期に入った。中間期といっても『冷暖房完備』の大型近代的ビルであるから，ターボ冷凍機も当時としては珍しく10月に入っても運転されていた。

　ある日，ビル管理のチーフから電話があった。「山ちゃん，そろそろ冷凍機を整備に出したいんだけど，かまわないかな？」，デベロッパーも初めて持った大型ビルなので，管理の方ももちろん初めての経験である。「もう10月ですからね。そろそろいいんじゃないでしょうかね？」と，答えた。本来こういう大切なことは聞きやすいからといって，当時の筆者のような技術力のないものに訊ねてはいけない。このことについて，上司や先輩に相談したかどうかは記憶にない。自分のやった現場が無事竣工し，順調に運転されているので，対応が甘かったのかもしれない。

　ともかく数日後，また電話があった。20℃以上もある10月下旬にしては暑い日であった。
「ちょっと来てくれよ（竣工ビルの近くにそのデベロッパー対応用の出店的な事務所があって，そこに勤務していたのである）。えらく暑いってんで，お客が怒ってんだよ。説明してやってくんねぇかな。」「冷凍機は？」「整備に出したよ」「全部ですか？」「全部だよ」「ウワー……」。行ってみると，事務所の中はうだるような暑さ。30℃にはなっていなかったが，この季節に28℃以上の室温では非常に暑く感じる。ここにはデベロッパーの本社が入っており，総務の方にいろいろ説明した。
「暑い理由を聞いてもしょうがない，涼しくしてくれ」「できません」「何故できない」「冷凍機は整備に出してます」「……」
「冷凍機を整備に出すよって，この間回覧で回したよ」と管理

の方。「んだからって，こんなことになるなんて，俺たちにはわからないじゃないか。技術屋のほうで考えておいてくれなきゃ困るよ」と，文句をいわれた。もっともな話である。

③ **考察**：このビルは第2種換気の外気冷房が設置されており，各階の外気取り入れダンパーを全開すれば，屋上に通じる数箇所のシャフトから排気が押し出されるようになっていた。排気ファンがないので完全な外気冷房システムでになかったが，照明負荷が多い店舗階では暑くてもクレームにはならなかったのは，この効果があったためとウイークデイの午前中で人が少なかったせいであろう。事務所は小間仕切のため，空気の動きが少なかったせいもあったと思われる。

④ **反省と教訓**：もちろん最近はこんな馬鹿なことはしていないであろうが，延床面積 30,000 m^2，基準階 2,500 m^2 以上の建物の場合は，事務室内の内部発生熱がこんなに大きく，結果として冷房期が長くなることを知らされたのは当時としては『マサカ』であった。設計の際の冷房吹出し温度は 14℃ 程度であったから，外気温度 20℃ 以上では外気冷房もできないのは当然である。

⑤ **その後の対応**：次の年からは，ターボ冷凍機は年内一杯はスタンバイさせておくこととなった。こういう基本的なことを若い時に実地に体験したことは，その後非常に役立った。

　現在百貨店などの商業ビルでは，外気冷房システムが組み込まれていても，冷房用熱源はほとんど通年運転である。冬期には毎日運転はしなくとも，スタンバイはさせておく必要があるとのこと。それでも室温は下がらない。一般の方から「○○デパートは暖房で暑い。省エネになっていない」などの投書が新聞に載ることがあるが，冷房の場合は室温が高いほうが省エネであるし，冬期の冷房で室温を 20℃ にするのは大変難しい。冬の室温は多少暑くなっても，成り行き任せのほうが省エネである。

2) こちらよければあちらが暑い，あちらよければこちらが寒い

① **概要**：この建物は，設計当初 3，4階は物販店舗であったが，施工段階で 3階は書店系統で一部に喫茶店が入ることになった。店舗系統の空調機は各階 2台設置されていたが，事務所階のようにレヒーターコントロールのゾーニングはされていなかった。

②**トラブル発生**：竣工後，しばらくは冷房期であるから特に問題はなかった。冬に入ってから，例によって「山ちゃん，ちょっと来てよ」となった。「喫茶店が寒いからって，こっちをちょうどいい温度にすると，売場のほうが暑いっていうんだよ，売場がちょうどよいと喫茶店が寒くて，客が入らないってクレームになるんだ。どうしたらいいんだ。」といわれても，これぱかりはどうにもならない。

　まずいことに喫茶店は縦長で，長手の片側が外壁で窓面も大きかった。当然，暖房負荷も大きい。物販店舗は，照明の発熱が大きく冷房がほしい。1台の空調機で，暖房と冷房の両方を同時にやろうなんて土台無理な話である。

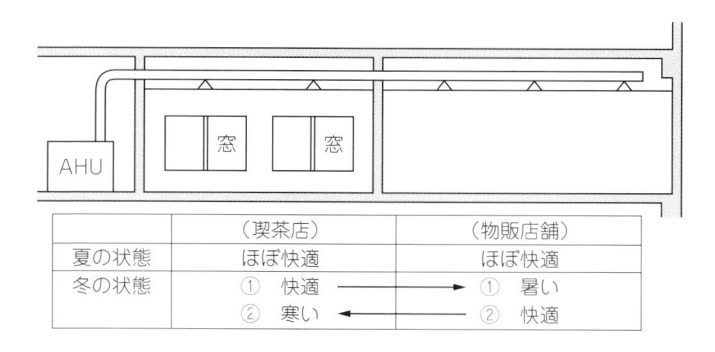

	（喫茶店）	（物販店舗）
夏の状態	ほぼ快適	ほぼ快適
冬の状態	① 快適 →	① 暑い
	② 寒い ←	② 快適

▶105 図1　冬期室温の不均一

③**とりあえずの処置**：結局，物販店側の風量を絞り，室内が暑くなりすぎないようにして，管理の方が適当に調節してもらうという姑息な方法しか取れなかった。

④**反省と教訓**：本来は，工事中にテナントが決まる時点で，気が付かなければいけない問題点である。最近の設計ならゾーニングに配慮し，いろいろな提案ができるが，ファンコイルユニットのない純粋セントラル方式もたくさん見られた『冷暖房完備』[*1]の時代だったので，気が付いた方はいたかもしれないが上記のような形になったのである。

[*1]　『冷暖房完備』の時代：筆者の造語。冷房設備が設置されるようになった初期の時代のこと。ゾーニングなどの配慮がなくても，冷房設備があるだけで，当時は建物のステイタスが上がり，店舗ビルでは客寄せになった。

　　　　これも現在では『マサカ』以前の当たり前のことであり，ここに載せるのもためらわれるような『マタカ』の話ではあるが，ペリメーターとインテリアのゾーニング区分がないと，冬期に問題が発生することを身をもって体験できたのは大きな収穫であった。
⑤ **トラブルの解決**：数年後に書店は拡張され，喫茶店はなくなったのでこのトラブルも解消した。

　一現場やったので，その他にもいろいろな収穫はあったが，これらについては別項で触れている。自分のやった現場のトラブルに直接対応できたのは，技術者として大変幸せなことであった。

　失敗のないところに技術者の成長はない。現在は，簡単なトラブルはゼネコン・サブコンで解決してしまい，難しいトラブルは工事費との関係で仕方ないとなって，設計者の耳に届かないのが問題である。

3) たやすくできる冬の冷房

　筆者の担当ではなかったが，同じように冬に暑くなって困るという事例が発生した。ホテルの結婚式場の写真室である。両家の親族・縁族が集まって記念写真を撮る際は，二人の主役を格好よく撮るため時間がかかる。照明はたくさんあり，段の上のほうに立つと直接輻射熱を感じる。正装しているので暑い。こういう部屋は冬でも冷房がほしい。外調機＋2管式ファンコイルユニット方式だったので，外気送風温度をできるだけ低くして運転してもらっていた。

　冬の冷房には，外気の直接利用が最も簡単である。その後ホテルの設計の際は，写真室には外気を直接取り入れる換気設備を付けた。手元スイッチで，必要に応じて運転するだけで十分対応できる。最近ではヒートポンプのエアコンをつけて，冬でも単独に冷房できるように設計されている。

9.2 春でないのに眠くなる－空調設備の無免許運転

　「春は眠くなる。猫はねずみを取ることを忘れ，人間は借金のあることを忘れる。ただ雲雀の鳴く声を聞くとき目を覚ます」とは，夏目漱石の名作『草枕』の一節である。この不況時に眠くなる余裕はないはずであるが，新幹線の運転手でさえ居眠りしてしまう世の中（初版発行の頃このようなことがあった），冬から春先の事務所ビルには眠気を催す温

度環境が整っている。昨今の建物では建物状況によって違いがあるが，内部負荷が多くなっている。そのためか，春が来るより前まだ冬のうちでも外気温度が上がると，温度コントロールが効かず，ポカポカした陽気になり，執務中にもかかわらずウトウトとなってしまうビルがたくさんある。

室温の設定値は冬と夏とでそれほど大きな差があるわけではないが，同じ室温でも外気温度によって，体の感じ方が違うのが不思議である。外気温が0℃に近い真冬の室温は25℃程度あっても，それほど暑くは感じないでかえって快適なくらいである。しかし，外気温度が15℃近くなる春先のころの室温は，20℃を超すと生暖かい。23℃もあれば眠くなってしまう。これは身体の方で，季節の変化に対応しているためと思われる。

端境期の空調については，ビル管理者の方が最も苦労されているところであろう。空調設備の設計は暖房時・冷房時とも最大負荷で能力が決められているから，システムによっては小負荷時の運転が非常に難しい。しかし，ビル管理者の方はプロである。一応免許証を持っておられると考えてよいので，何とか対応されていると思われる。しかし世の中には，無免許で運転されている空調設備がたくさんある。「眠くなる室内環境」はこの種の建物に多い。無免許運転であるから，そのほかの不具合も発生する。ここでは，カセット型ヒートポンプユニット運転上の問題点についてお話しする。

1）無免許運転が室内環境を損う
－カセット型ヒートポンプユニット運転上の問題点

筆者がこの業界に入ってから，空調設備の世界でもっとも大きな変化がカセット型ヒートポンプユニット方式の普及である。このシステムは選任のビル管理者がいなくても，素人でも運転管理ができるばかりでなく，個別運転・個別温度制御・冷暖房の任意選択・テナント冷暖房費の個別計量などの従来のセントラルシステムでは対応しにくかった問題点をクリアし，各メーカーの企業努力もあって，パーフェクトではないまでもそこそこの評価を得ている。省エネ性能も向上している。

最近は小型ビルだけでなく，かなり大型のビルにもこの方式は採用されている。筆者の設計事例もたくさんある。

ところが，一番の問題点はこのシステムの運転者が，免許証はおろか運転の講習会すら受けていないことである。また，運転マニュアルはあ

っても機器単体のものであり，換気システムや全熱交換器の運転とも関連付けられた教科書的なものはつくられていない。マンションのように各家庭ごとに取扱説明書があるわけではないので，運転は完全に各テナントに任されているが，実際は無免許運転に等しい状況である。

　無免許運転でも冷暖房ともにそれなりの負荷があるハイシーズンでは，ドラフト以外には大きな問題は起こらない。若葉マークの初心者でも，「高速道路は走りやすい」といっているのと同じである。しかし初心者が車庫入れやカーブで事故を起こすように，負荷の軽い時期に不具合が発生する。何せ原理原則がわかっていないのであるから仕方がない。筆者の経験からすると，通常のオフィスビル勤務者のこのシステムに対する理解度は以下のようなものであった。

2）**無免許運転者の認識**－その①「コンプレッサーは車のエンジン」

　筆者の在籍した会社は建築事務所で，カセット型の小型ヒートポンプエアコンが設置されていて，もちろん操作は社員が勝手に運転していた。ここで問題は，エアコンのコンプレッサーについてどのような認識をもっているかである。何かあるたびにいろいろ聞いてみたが，設備関係者以外はほとんどの者がコンプレッサーの動作を車のエンジンと同じと認識していた。

　以前からメーカーの方には，コンプレッサーの運転はON-OFFなので，ファンの運転の「強－中－弱」の表示は誤解の元であるといっていたことであるが，操作パネルに「風量」とあっても，これが出力と連動しているものと誤解している者は依然として多い。

　最近はインバーター制御が行われるようになって，制御性が車のエンジンに近くはなってきているが，40％以下の小負荷時でのON-OFF運転は避けられない。したがって，冷暖房負荷の小さい時期には「弱」風量運転が設定され，後述する問題が発生する。

　話が変わるが，かなり以前に自宅の冷蔵庫（インバーター式になる以前の話である）を入れ替えた際に，温度設定値を知りたくて電気屋の従業員に尋ねたことがある。家庭用の冷蔵庫には庫内温度の設定値の具体的な表示がなく，弱から強まで5段階に分かれていたと思う。電気屋さんは「夏は暑いので4から5ぐらいにしてください，冬は1から2でいいです。」と答えた。夏は強冷・冬は弱冷という考え方であり，これには筆者もビックリ，『マサカ』である。「この1から5は冷蔵庫のサーモスタットの設定温度じゃないの？」電気屋さん「……」「4でも

1でもいいけど，この設定にしたら夏でも冬でも冷蔵庫の中は一定温度になるんだね？」「……」「じゃ何度になるの？ 中の温度を変えたいときはどうするの？」「……」可哀相だから取扱説明書を見たら，5段階はもちろんサーモの設定の目安である。「君の説明だと冷蔵庫の中の温度は夏低く，冬高くしなさいということになるよ。夏のビールはよく冷えていて，冬のビールはそれほど冷えていなくてもよいということになっておかしいよ」と説明したが，電気屋さんの認識ですらこの程度なのだから，素人衆の認識が違っているのは仕方ない。

3）無免許運転者の認識－その②「気流や温度むらへの無知」

　無知といっては可哀相であるが，上記のようにコンプレッサーとファンの動きが別物とは認識していないのだから仕方がない。「外の温度が上がってきたから『弱』運転」の発想がポカポカ陽気につながる。ファンの『弱』運転では，暖気は室内空気と混ざらず天井付近に滞留する。風量が落ちれば気流も感じられなくなる。睡魔に襲われるのは防げない。「眠気を防ぐには『強』または『中』運転」を認識してもらう必要がある。

　換気量が減ることにより，塵埃補足量や外気量が減るなど，ビル管法上の別の不具合に関係してくるのももちろんである。ドラフトが気になるところであるが，真冬でなければ許容範囲ではないだろうか。

4）無免許運転者の認識－その③「外気冷房の効果について知らない」

　夏は冷房・冬は暖房というのが無免許運転者の認識であるから，冬場に冷房（室温より冷たい空気が吹き出されている）が行われているなど想像もつかない。「何で暖房なのに冷たい空気が出てくるんだ」なんて，クレームはビル管理者の方々が一度ならず受けている洗礼であろう。冬場に冷房が必要とは聞いていないし，熱交換方式のほうが省エネになるとの認識のほうが一般的であるから，春先や秋口に全熱交換器の設定を普通換気に変えたほうが室内環境にとって望ましいことなど思いもよらない。ビル管理者の中にも，この認識が薄い方もいる。全熱交換器組込型エアコンで，冬期に普通換気運転ができるようになっていないため（外気冷房効果がまったくなく），室温が上がって困った話を某デベロッパーの社員から聞いている。メーカーですらこの程度の認識であり，このようなタイプのものを選定するような設備設計者がいるのも「マサカ」の話である。

室内環境改善と省エネのためには,「中間期(および冬期)には全熱交換器設備の『普通換気』」の徹底が必要である。

5) 無免許運転が起こす冷房病

　素人が運転するといっても,4月5月のころの冷房・換気運転の選択は状況に応じて使い分けているようであるから,マア問題は少ない。困るのは真夏に入る前,梅雨時の運転である。外気温度もそこそこ高いし,湿度は不快のレベルである。「外はそれほど暑くないから『弱またはL』運転」で,冷房しておけばよかろうと思うのが普通である。冷房負荷が小さいときに,カセットエアコンの冷房運転風量を『弱』運転とすると足元が寒くなる。風量が小さいから吹出し空気は層流となって室内空気と混ざらずに,熱交換された冷たいままで床に溜まりやすい。また,冷風ドラフトはきつく感じられる。サーモスタットは,室内ユニット内に設置されていることが多い。原則的には天井面まで冷気が上がってこないと,冷房は停止しないことになる。足元から腰にかけてが寒くなり,冷房病が起きるのにはこの理由も多い。

　かえって真夏のほうが,風量は『強またはH』なので,室内の温度も均一化されてサーモスタットのコントロールが効きやすい。

　筆者は見つけるたびに『強』運転を指示したが,教えられる側は怪訝な顔をする。「外の温度が低いんだから『弱』じゃないんですか?」というわけである。風呂のバランス釜と逆の原理(風呂釜は上が熱い,エアコンの弱風量は足元が寒い)ということで説明をしたが,納得してもらうにはかなり手間が掛かった。

　空調設備について,多少認識がありそうな建築設計者ですらこの程度であるから,一般ビルの勤務者の認識は推して知るべしである。ビル管理の皆さんには,「冷房病を防ぐには風量『強』または『中』運転を」の理解をビル利用者に啓蒙していただきたいものである。

　この場合の問題点はドラフトである。この方式を採用する場合でも,やむをえない場合以外はカセット式とせず,ダクト方式で設計するのが望ましいのはいうまでもない。

　春先の暖房「弱」運転の場合は,天井近くに温風が溜まりやすい。眠さを感じる所以である。

6) 無免許運転は省エネにならない:その①

　セントラル方式で運転されている建物は管理体制がしっかりしている

から，冷房期間・暖房期間や設定温度は決められている。個別方式の場合は好き勝手に運転できるのだから，省エネルギーには不向きである。原発停止に伴う冷房時の設定温度28℃は，どの程度守られているのであろうか？　また，冷房病のところで述べたような冷やしすぎも多い。これらについては色々な所で報告されているので詳しい説明は省くが，無免許運転がその原因のひとつであることはいうまでもない。

　また，全自動運転モードの場合は，冬期にも冷房運転に入ることがある。窓側のユニットはもちろん暖房モードである。この場合は内部のユニットと窓側のユニットの温度設定によっては，同時にそれぞれのユニットが冷房および暖房を行うという無駄運転（ミキシングロス）になることがあるので，注意が必要である。窓側の暖房温度設定を低く，内部のユニットの温度設定は，暖房モードでは低く冷房モードでは高めに設定しておくと無駄運転が省ける。カセット型エアコンによる冬の冷房の場合は，室温は適温でも，ドラフトの風の温度が夏より低目となるため，かえって寒さを感じることが多い。内部系統のユニットも暖房モードにして設定温度を下げ，室温上昇は成り行き制御で我慢するというのが結果的には省エネ運転といえる。

7）無免許運転は省エネにならない：その②「頻繁な冷／暖切り替え」

　もうひとつの素人運転の特徴が，中間期のエアコンの頻繁な冷／暖切り替えである。女子社員が寒いといって「暖房」に切り替えると，すぐ暑くなるので男子社員は「冷房」に切り替える。頻繁に行われては，機械もたまったものではない。安全のために停止する。「故障」ということで管理事務所に連絡が入り，行ってみれば再起動している。ということで，ビル管理者やメーカーのサービスマンに迷惑がかかる。筆者の会社の若手建築家も，同じようなことをやっていた。「この時期に冷房（暖房）はないだろう」といったら，「暑い（寒い）んです」という。「冷房（暖房）止めて，「送風」にしておけば，温度は下がる（上がる）よ」と「送風」モード運転を指導した。

　運転モードでは「冷房」－「送風」－「暖房」となっているが，一般の方は暑い⇒冷房，寒い⇒暖房と短絡的に考え，既述の外気冷房効果と同様に，「送風」モードによる成り行き運転の効能について，認識していないことがよくある。

　車の急発進，急停止が省エネルギーとならないように，エアコンの頻繁な冷／暖切り替えも同様であり，機械の寿命にも影響が大きい。

東日本大震災以来，室内環境での省エネにも配慮されてくるようになってきたのは望ましいことである。しかし，私たちが使っている空調システムの特徴について把握していなくては，その効果もいまいちである。

　カセット型ヒートポンプユニットの問題点については色々あるであろうが，ほとんどは上記のように無免許運転の要因が多い。このシステムの特徴を生かし，望ましい室内環境を維持するためにも，免許証はともかく何らかの形での使用者側，特に総務関係者の認識を高め，技術力をアップさせる必要がある。

　ちょっと刺激的な言葉を使ったが，要は原理原則を把握してほしいということである。このシステムのメリットはそれなりにある。家庭用のエアコンや住宅の換気設備のあり方とあわせ方に，本来は中学校の理科や家庭科で教えておいてほしいことである。

　また，メーカー・設計者・施工者側でも，素人が運転することを考え，システム全体を説明した取扱説明書（というよりは運転要領書）の作成を心がけるべきであろう。

　なお，最近はメーカーサイドも，室内機の運転に関しいろいろな省エネシステムを提案してきている，これらを積極的に取り入れるべきであろう。

9.3 気流がなければ快適でない

　空調設備の室内環境で，ビル管法に関係する項目は温度・湿度・気流・粉塵・炭酸ガスおよびホルムアルデヒド濃度（平成15年に追加）であるが，この他に輻射熱や着衣の状態などが快適性に影響を及ぼす。このうち省エネルギーの面からもっと注目されてよいのが，気流でないだろうか。窓を開けて涼しい風がくれば快適なように，快適性に及ぼす気流の影響は大きい。ここでは『春でないのに眠くなる』話と同様に，空気の流れが小さすぎたためのトラブル事例である。

▶106　**1) 空気が動かなければ快適でない：その①店舗ビル編**

　空調衛生設備の設計を数多くやってきて基本的な間違いはほとどないが，気流に対してもう少しの配慮があったらという事例の一つである。

　某ショッピングビルの場合は，建築設計者のデザインコンセプトは「四角形」であった。一応建築家の端くれであるからには，設備設計者

として何とかその意向に沿わせた設計をしたい。天井は大きなグリッドに分割され，照明器具も真四角である。当然，吹出し口も四角となる。ただ角アネモでは芸がない。各階の売場面積が小さいので外壁の影響も大きく，換気回数は15回以上にはなった。したがって吹出し口は大きくなるので，デザイン性を考慮して四角い多孔パネル型とし，意匠設計者の賛同も得た。これはドラフトを感じさせないのが特徴であるから店舗向きではないが，換気量が大きいから問題ないであろうと，設備設計者としては意匠にこだわったつもりであった。

ところが，建築内装にマッチングさせた吹出し口が裏目となった。店舗ビルといっても一般の物販ビルではなく，日本で初めてに近いコンセプトの物販店舗であったから，オープニング当日は大変な混雑であった。開店初日，「冷房が効かないって騒いでいるよ」と連絡を受けたのは9月初めの土曜日の午後（その頃はまだ土曜日は休日でなかった）。行ってみると大変な入館者ではあるが，室温はマアマア，中央監視盤で測ると23～25℃で室内温度設計条件26℃は満足しているが，動けないほどの人いきれでは確かに暑く感じる。もちろん試運転調整はきちんと行われており，送風量も確保されていた。しかし残念なことに，風の流れが余り感じられない。角アネモであったらどこかで風が出すぎたりして，ドラフトが感じられるところがあるのだが，このタイプの吹出し口ではドラフトは小さい。結局クライアントの関係者が暑く感じ，偉い方に「真夏は大丈夫か？」と余計な心配をかけることとなった。『機械は初日に故障する』（▶63-2, 100頁）の店舗ビル事例に，ちょっと書かれているのがここでのことである。

入館者が落ち着いてきたら，暑いというクレームは勿論なくなった。建物の種類により，ドラフト有無の影響が大きいことを知らされた経験であった。

2) 空気が動かなければ快適でない：その②事務所ビル編 ▶107

前述の「空調フィーリング論」の先輩が若い頃の設計の失敗例として話してくれたのは，某大型事務所ビルの空調設備についてであった。昭和40年代前半のオフィスビルであるから，OA機器の負荷もそれ程ない。余裕率を切り詰めたリミット設計が云々されていた頃の設計で，ペリメーター（外周部）の負荷をファン・コイル・ユニットで処理すると，インテリアゾーンの換気回数（外気量でなく，空調機の送風量）は3回ぐらいになったそうである。

「あのビルには，アフターで呼ばれても行きたくないんだよ。温湿度条件は満足しているんよ。だけど，事務室に入ると空気が澱んで，モワーッとした感じでいやなんだよね。」と酒の席で話してくれた。しかし，このビルから換気量についての正式なトラブルがあったという話は聞いていないから，これは先輩の技術者としての良心からの厳しい反省の言葉であろう。

確かにこの当時のビルに打合せなどで行くと，室内のアネモが異様といっていいほど小さいものがある。「ハハー」と先輩の反省例を思い出しながら打合せをしていると，だんだん気分が悪くなってくる。成程，このことだなと，思い知らされることは結構あった。

筆者の設計事例でも同じようなシステムの場合，換気回数が4回以下になることはよくあったが，先輩の経験を参考に計算値より大きな風量とした。

某生保系のオフィスビルを計画した際に，『ペリメーター負荷を何かのユニットで処理した場合は，インテリア系統の換気回数は6回以上とする』という基準値があると担当者から知らされてさすがであると思った。

筆者が在籍していたのは建築設計事務所だったので，業者やメーカーからいろいろなシステム・製品の売り込みがあった。この中に天井仕上材に吹出し口兼用の穴あきパネルを用い，天井内をチャンバー状としてダクトを省略すれば大幅にコストダウンを図れる，いわゆるダクトレス・システムがあった。メリットがあるのはもちろん理解できるが，ドラフトのなさは気になった。

ダクトレスシステムの場合は，遠方まで冷風が届くかが問題である。梁下スペースは充分とったつもりでも，二重天井内ダクトと考えれば大梁部分で縮小・拡大されていることになり，抵抗は大きい。冷房時に，天井内の照明排熱により吹出し温度が上がったため，結局ダクトを延長したという話は某サブコン技術者から聞いている。

3）気流による省エネを

東電の原子力発電所の管理不行き届きにより，平成15年の夏は当時としては未曾有の電力危機が予想された。当時の新聞によれば，経済産業省が官庁施設の室内温度を29〜30℃に指導しようとしたところ，労働安全規則の執務環境は17〜28℃という規定がネックであるとのことである。時限立法的手段で，この規則を守らなくてもよいような処置はできないものだろうか，というのが当時の感想である。また，民間の建

物でも，28℃はともかく室内設定温度を上げることにより，この危機に対処する必要（というより社会的義務？）があろう。特に空冷ヒートポンプシステム採用の小型ビルの場合は，一般的に機器容量が過大であり，外気温度が設計条件を上回っても，室内温度は満足できてしまう。したがって，これらのビルの室内温度条件を上げることによる省エネ効果は大きい。室内温度が上がれば，必要なのは団扇・扇子・扇風機である。筆者がこの頃勤務していた某団体では，真夏には団扇・扇子が配られる。これがなければこの夏は過ごせませんよ，というのが隣席の女子社員の言葉であった。

いずれにしても夏は室温設定を上げ，扇風機などの併用により気流を感じさせ，体感温度を下げることにより，対応してゆくしかあるまい。いろいろな形でのビル管理者の方々の協力が求められるであろう。この場合，ネックはビル管法の室内気流速 0.5m/秒の値であるが，扇風機の使用により気流値が大きくなるのは，多分法律の対象外であろう。

最近の秋葉原には，エアーサーキュレーターや各種の扇風機がおいてある。特に，パーソナル扇・ポータブル扇など小型のものが多い。壁掛扇・クリップ扇など，特殊な取付け方に対応できるもののほか，パソコンに接続できるミニマムファンもある。東日本大震災以後の電力危機対応には，気流による省エネが効果的であり，各方面で採用されている。なお，エアーサーキュレーターを上手に使えば，冷暖房不良箇所の改善にも役立つ。

9.4 温度が下がれば，湿度が上がる

「建築物における衛生的環境の確保に関する法律」いわゆる「ビル管法」ができた頃は，『空気環境に係る維持管理基準』のうち不適合率が大きい項目は「浮遊粉塵」と「相対湿度」で，調査年度による違いはあるが，ともに不適合率は 40％から 60％以上の値であった。「浮遊粉塵」については，元々簡易測定法である光電管方式で煙草の煙をカウントしてしまうといった測定方法に問題があったためで（塵埃1個あたりの換算重量が実情に合っていなかった），フィルターは同じものでも，禁煙／分煙の普及その他の要因で不適合率は低くなっている。

しかし，「相対湿度」に関しては若干よくなってきているとはいうものの，いまだに 30〜40％の不適合率（立入検査の年度により異なる）であり，暖房期に限れば 60〜70％と多数のビルが基準を満足していな

いというのも問題である。

　この原因としては，一般的に冬期の室内温度が室内設計条件より高い状態になっていることにある。温度ムラによる暑い／寒いに関するクレーム防止のために，冷房時の温度設定が低めになっているのと同様，暖房時も高めの温度設定となっている建物は多い。また，暖房時の冷房負荷（内部発熱）が大きくなってきたこともあって，システム的に室温を下げられないビルもある。したがって，外気温度が設計条件より上がってきた場合，室温が上がって湿度が下げられないとか，冷房負荷を処理するために吹出し温度を低くせざるを得ないため加湿が十分できないなど，湿度条件を満足させることができない障害も多々ある。加湿器に能力不足がある場合ももちろん論問題である。

　この辺の事情はビル管理の皆さんご承知のことであるから，温度が高けりゃ湿度は低いのは当たり前のこととして，実態の割には湿度に対するトラブル／クレームは設計者の耳に届くことは少ないようである。

　ここでは，冬期の室内温湿度環境について考えたほか，加湿器の『マサカ』的な使い方について紹介する。

1）暖房時の室内温湿度設計条件と使用実態

　一般に，設計条件は温度 20 ～ 22℃，湿度 40 ～ 45％の値が多い。したがって，加湿器もその条件で選定されている。大型店舗で室温 18℃とすることもある。実際の室内温度の使用実態は，体感的には 24℃程度ではないかと思われる。**加湿器の選定が過大でない限り，室内温度が上がれば加湿能力は対応できず，相対湿度が下がるのは当然である。**

　絶対湿度で比較すれば，使用条件と設計条件の差は小さくなり，ビル管法の不適率はもっと小さくなるのは間違いない。環境測定・立入検査・調査などを行う場合は，「相対湿度」不適の原因を把握するためにも，室内の湿度環境については，絶対湿度の値を設計温度条件の相対湿度に換算した値を併記するようにしたらいかがであろうか。

2）温度を下げれば，湿度は上がる

　筆者が設計した某ビルで，冬期の湿度がビル管法の基準を満足できていないので，設計ミスではないかというクレームになったことがある。水熱源ヒートポンプユニット方式の建物で，加湿は全熱交換器のみの外気送風ユニットにパン型加湿器で行っていた。設計条件は 20℃ 40％であった。クレームの理由は 23℃の室温時，35％程度の湿度にあった。

空気線図で、この状態がほぼ設計条件に近いことを説明して納得していただいた。

といってそのままでよいわけではないので、その後の改修工事では、空冷ヒートポンプ冷温水機＋外気調和機（全熱交換器・冷温水コイル・気化式加湿器）の組み合わせとして、室内の冷房負荷増と冬期の室内環境改善に対応させた。

最近の建物では、冬期の設計湿度条件を上げている例も見られるが、後述するように窓面結露が心配である。

3）温度をとるか湿度をとるか

温度に関して、「こちらよければあちらが暑い、あちらよければこちらが寒い」事例（▶105,164頁）を紹介したが、冬期の加湿制御についても「湿度よければ温度が上がる、温度よければ湿度が低い」といった、似たような状況が発生することがある。

この不具合は、加湿能力の余裕が大きい蒸気加湿の場合に発生する。

これは友人からの話。某ビルはペリメーターはFCU方式、インテリア系統は定風量の各階ユニット方式で、全量外気冷房できるシステムであった。加湿はインテリア系統エアハンに蒸気加湿である。ファンコイルユニットの運転は使用者任せのため、室温は上がり気味になるので、吹出し空気温度は低くしたい。ところが加湿用蒸気の圧力が1kg／cm^2であるため、加湿時に送風温度が上がり、暑いというクレームが発生した。といって室内温度を適温に保つためには、送風温度を低くする必要もあり、加湿能力が落ちて室内湿度が満足できない。結局バルブを絞り、相対湿度40％を維持できるぎりぎりまで温度を上げて運転されているそうである。

蒸気加湿は便利ではあるが、最近のように室内発熱が大きい場合は採用に注意が必要であり、使用圧力を低くするのはもちろんである。

また、ガラス面の結露が流れてきて書類がぬれるので、ペリカウンターのある事務所ビルでは、湿度を上げられないというクレームもあるそうだ。

寒い地方では、ガラス面が除湿器となるため、蒸気加湿の能力はあるが湿度が上がらない、というクレーム事例を聞いている。室温を下げることにより結露は小さくなるが、組合が強く、ビル管法の室内環境基準（建築基準法でも同じ）どおりにならないではないかとのクレームで、ビル管理者が対応に苦慮しているとのことである。

4）加湿装置を冷却器として利用

　昔のエアハンには，エアー・ワッシャーが組み込まれていた。井水や冷水を噴霧することによる冷房も行われていた。したがって，気化式や水噴霧式の加湿装置は冷却器としても利用可能である。中間期の冷房負荷が大きい建物の場合は，低い温度での送風が要求される。加湿装置を，中間期に積極的に冷却器として利用した事例を紹介する。

　某事務所ビルの空調システムは，天吊ミニエアハン＋外調機方式であった。ミニエアハンは各階事務所天井内に多数分散配置され，外調機は屋上設置されており，外気量はミニエアハン合計送風量の50％まで送風可能であった。

　冷房期と暖房期には，トラブルはなかったが。中間期に冷熱源機を停止すると，建物が南面しているため（南面の日射量のピークは10～11月である），外気温の情況によっては外気冷房では対応できず，室内が暑くなるという状況が発生した。「ビルの冷房期間は意外と長い」（▶104，163頁）のトラブルと似たような状況である。

　同僚の部長氏は，気化式の加湿装置の運転をアドバイスした。これは見事な効果を発揮し，中間期の無駄なガス冷温水機運転を行わなくても済んだ（一応『マサカ』に挙げてよいでしょうね）。

　気化式加湿器の冷却器としての利用については，他の技術誌でも識者からの提案があったのを見ている。ビル管理の方は，省エネルギーの対策の一案として積極的に採用してほしい。ただし，自動制御の設定では，加湿は暖房モードの場合しか入らないようになっている場合が多い。気化式・水噴霧方式の場合は，独立して加湿モード運転（実際は水の蒸発冷却モードであるが）のONN-OFFができるようにしておくべきであろう。

　地球温暖化防止のためには，夏の室温条件ばかりでなく，冬期の室温条件についても見直しが必要である。夏の室内温度を上げるのは正直なところ快適性を損なう要素があるが，冬の室内温度を下げれば，かえって相対湿度が上がって環境条件がよくなる。

　24℃40％の室内条件を20℃40％とすれば，温度低下による省エネルギーだけでなく，絶対湿度の低下による省エネルギーも加算される。その上，湿度の基準も維持しやすくなり一石三鳥である。実際には室内発熱のため設定を下げても，なかなか室温が下がらない例も多く，いったん暖房に入ると暖房停止になっても温度が下がらないどころか上がるという傾向すらある。温まりすぎを防ぐためにも，室温設定を設計条件ど

おりにしておくのが望ましい。

なお今後は，LED照明の普及により，冷房負荷が大きく減少するので，中間期や冬期の冷房運転の必要性は少なくなるものと思われる。したがって，冷暖房負荷と室内環境に関する考え方は若干見直す必要は生じるであろう。

9.5 空調では対応できない輻射熱

最近の建物は，ガラスをファサードに使ったデザイン性に優れた建築が多くなっている。ガラスの強度が大きくなり，工法の開発により強度を低下することなく，大きな開口をガラス面とすることができるようになっただけでなく，二重ガラスなどにより冷暖房負荷を減らすことが簡単にできるようになったことが大きな理由である。それに伴い，空調設備では窓面の負荷が小さくなるような，ペリメーターレスシステムも開発されいろいろな建物で採用されている。

しかし，南面や西面に大きなガラス開口を持つ建物など，空調設備的・省エネルギー的にはどうかと思われるものもある。大空間の場合は太陽の輻射熱を何とかすれば，快適性に関してはほぼ許容範囲といえる。ただし，大きなガラス面に対して空間が小さい場合は，ブラインドなどで輻射熱を遮蔽しても，熱くなったガラス本体やブラインド本体からの輻射熱を感じやすく，暑いというクレームになる。

ペリメーターレスシステムもシステム的にはよく考えてあるが，対象は大事務室向きである。個室主体の外国企業がテナントとして入った場合，窓側の個室では窓ガラスの輻射熱により暑い・寒いというクレームがあるということを，外国企業の内装設計を行っている設計事務所のOB設備技術者から聞いた。ペリメーターレスシステムの場合は，室内空気を吹き上げたり，窓の上部で吸い込んだりして，負荷を小さくしているが，ファンコイルユニットなどが設置されている場合と比べ，窓ガラス表面温度は室温より若干高くなる。大空間の場合は気にならないであろうが，個室になると熱く感じるのであろう。

筆者は，事務所ビル内で窓側に小さく間仕切られた電話交換室の女性から寒いというクレームを受けたことがある。温度計では22℃程度であったが，比較的大きな北側のガラス窓の冷輻射のため，筆者も寒く感じた。ひざ掛けまたは電気ヒーターの対応をお願いした。

空調設備で輻射熱に対応するのはなかなか難しい。

本当の実施設計は工事中に行われる

　本音をいえば設計図は予算獲得図であって，機能に関する基本的な問題点が満たされていればよいといったレベルにあるといって過言ではない（設計者・事務所によってそのレベルに差があるのはもちろんであるが）。オーナーも細かい所に着工してから決めればよいという姿勢である。ホテルや百貨店では支配人や店長が決まってから，基本的なことが変更になることもよくある。ここでも設計変更料は出ないことが多い。したがって，『設計図は基本計画図だ。俺たちが現場で設計（詳細設計ということになろうか）しているんだ』と，某設備施工会社の現場技術者の言葉は，ある部分真実を突いている。

　その割には通常の建物は，まあよくできているといってよいのではなかろうか。これにはプロジェクト関係者の「よい物をつくろう」という熱意の反映であろう。

回らない PDCA サイクル

　建築設備トラブルの発生は品質管理の問題である。建築生産を品質管理という視点で見ると，建築設計・施工各社の ISO は建築生産という意味では不完全なものといえる。というのは，建築生産のトータル的流れが設計／施工に分かれているうえに，製品が建築／設備とに区分されるためである。したがって，建築の計画／設計から使われるまでの各段階別の品質管理システムになっているのが問題である。いずれの業界でも，トラブルはマイナス要因であるから，表に出ずに隠される傾向にある。建築設備のトラブル・クレームは竣工引渡し後に発生し，通常は建築／設備施工会社で対応している。したがって，トラブル情報が設計事務所に伝達されにくく，「Plan」に反映されない。建築設計の品質管理システムには，アフター，トラブル情報の不足のため，下図のように PDCA にミッシング・リングが発生することが多い。情報断絶のため PCDA サイクルが回らないのが，『マサカ』『マタカ』が解消されないゆえんである。

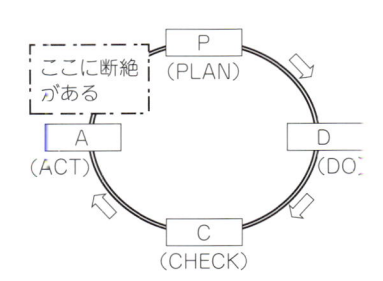

column　どうして『マサカ』が起きるのか⑥

意外に大変な役所との折衝業務

建築設計にとって役所の折衝業務が大変な仕事量であることは，一般の方々にはあまり知られていない。図面が出来上がるためには，形や内容が決まらなければならないから，法チェック業務は重要である。建築基準法・消防法以外にも，関連法規はたくさんあるから見落としがあっては大変なことになる。どこの事務所でもISOの品質システムや環境システム導入以前から，「法チェックリスト」をつくり，法律上の見落としのないように心がけている。

それでも多彩な設計内容すべてを関連法規がカバーしているわけではないから，解釈が微妙なところやよくわからないところは役所に行ってヒアリングを行う。設計がある程度進んでから大きな見落としや，所轄行政との解釈の違いが発見されると手戻りとなり，大きな手間が発生するので気を抜くことができない。

困るのは，同じ法規でも役所によって，指導や解釈が違うことである。どういうわけか，こういう指導は設計が具体的な形にまで進んでこないと表に出ない。他所では今まで大丈夫だったからと，確認を怠ると『マサカ』の指導などがあって痛い目にあうことがある。建築設計の業務は本来の設計業務より，行政との折衝の方が比重が大きいといってよいくらいである。デザイン主体の建築事務所の場合でも，特殊な構造や形態を追求する場合は所轄行政との折衝をおろそかにはできない。

設備設計の場合でも，関連法規がすべての情況や場合に対応していないのは建築と同じである。したがって，法解釈上の疑問点が見つかった場合は，早めに所轄の行政部門との折衝や事前協議が必要になる。

所轄行政庁の指導は，建築基準法や消防法上の規定の不足部分をカバーするものであるから，設計内容を決めてゆくためには必要な措置である。ところがまれに，ちょっとおかしいのではないかと思われるような指導を受けて困ることがある。

次からのコラムでは，そのような『マサカ』の行政指導について話をする。

第10章 省エネルギーの『マサカ』

> 1997年の京都議定書によれば，2008年から2012年までの温室効果ガス平均排出量を，1990年比6%削減することが義務付けられた。建築設備の業界では，これよりはるか以前1970年代（昭和55年以降）から省エネルギーに取り組んでおり，いろいろなシステムが設計に組み込まれ，すでに運用実績を挙げている。また，2011年の東日本大震災および原子力発電所の運転停止を受けて，2011年，2012年の夏には全国的に節電対策が実行され，何とか節電目標が達成された。
>
> ここでは，省エネシステムの運用に伴うこぼれ話を取り上げる。昨今の厳しい状況と比べて，若干甘い感じがするかもしれないが，物の見方ということで読んでほしい。
>
> なお，省エネルギーに関しては，エアコン室外機の配置による影響が大きいが，「1-4」（211頁）で述べる。

10.1 カンピュータとコンピュータ

省エネルギーの手法は色々あるが，常識的に考え採用されているシステムでも本当に省エネルギーに役立っているのか，疑問のものもある。省エネルギー設計を行う際のシステム比較でも，何と何を比較するかで結果が違ってくる。ここでは，省エネルギー設計の際の疑問点の話である。

新しいシステムの導入に際しては，これの経済性や性能の比較を必ず行う。どんなよいシステムでも，何らかの経済的メリットが必要である。今まで採用されたことのないシステム導入の場合の比較は簡単であるが，システムによっては同様のことをマニュアル操作している場合がある。この比較が難しい。

　30年近く前に計画されたショッピングとホテルの複合用途ビルでは，設備設計に際し，もちろん各種省エネルギーシステムを採用した。施主からはこの効果について経済比較が要求され，担当部長以下で2度も説明会を行った。事務屋さんにエンタルピーの概念を理解してもらうのに大変苦労した。この効果算定に際し，いろいろ考えさせられることがあった。

1) カンピュータとコンピュータはどちらが省エネ？

　熱源に関する省エネルギー項目で，必ず上げられるアイテムが「熱源機器の台数制御」である。このビルの場合も自動制御メーカーの台数制御システムを採用したが，省エネルギー効果の算定に当たって担当技術者が大いに困った。

　「台数制御」という言葉だけを取り上げれば，昔からどこでもやっていることである。複数の熱源機器が設置されている建物の場合，負荷の状態に応じてどの機器を運転するかは，当然ビル管理者の裁量の範囲である。冷房負荷の軽い時期に，すべての冷凍機を運転するようなビル管理者はいない。台数制御の自動制御システムが一般的となる前は，ビルメンテナンスの方が試行錯誤を繰り返しながら，その建物に適合するマニュアル操作での台数制御システムが構築されていったのである。問題は，ベテランの管理者が運転する台数制御システムと自動制御によるシステムとどちらが省エネ性が高いかである。これについては，設備技術者の共通の疑問である。しかし，コンピュータに作動を教え込むためには，ベテランのノウハウが必要である。多分カンピュータの方がきめ細かな制御が期待できるであろうが，それならコンピュータは不要となる。しかし，ビル管理者のすべてがベテランではない。誰がやっても間違いのないレベルで，無駄運転を防ぐことができるといった観点からシステム比較の説明を行ったようである。台数制御の設定値は，本来建物の負荷特性や装置の運転特性などによって違ってくるはずである。運転日誌で運転状況やエネルギー使用量を把握して，ビル管理者の経験値が台数制御システムに反映されることが望ましいのはいうまでもない。

定年後，某病院の工事監理を行った際に，氷蓄熱システムについてはメーカーの台数制御システムが設計に組み込まれていた。最終的なシステム構築のために何度か打合せを行ったが，その際にカンピュータとコンピュータはどちらが省エネになるかメーカーに尋ねたら，カンピュータの要素をできるだけ，コンピュータに取り込むよう考えていますとのことであった。

　筆者は定年後（財）省エネルギーセンターで，各ビルに赴き省エネチューニングに関する調査を行ったが，設置されている熱源機器の台数制御システムが使われていないビルもあった。聞けばシステムの不具合が時々発生し，その際におそるおそる手動運転を行ったらうまくいったので，それ以後台数制御システムは使っていないとのこと。こういうこともあるか，という意味では勉強になった。ビルによっていろいろ運営の仕方があるので，一概にはいえないが，ビル管理者の皆さんには，手動運転の効果を試すことをお勧めする。メーカーのシステムに任せておけば，技術力は向上しないし，真の省エネルギーも実現しない。

　ただし，ビルによってはいろいろな制約があって，熱源機の操作に手を触れられないケースもある。省エネルギー技術の向上のためには，ビル管理者が色々試行できるようになっていることが望ましい。

2）ファンコイルユニットの自動運転はどの程度省エネか

　最近では，ホテルの客室の温度制御はファンコイルユニットに自動弁を組み込むことが多くなっているが，このビルが計画された当時はよほど高級ホテルでない限り，客室の温度制御はマニュアル操作による風量コントロールによるものであった。自動制御と手動制御の省エネ性の比較であるから，自動制御された一定温度の場合と冷やしすぎ・暖めすぎの場合とのエネルギー使用量の差である。ところがこの算定が案外難しい。まずは使用状況の把握である。昼間は稼働率が低いので，ファンコイルユニットはほとんど運転されない。夜は？「夏は冷えすぎるし，冬は暑くなってのどが渇くので，（FCUのスイッチは）切って寝ます」というのが設備設計担当者の使い方であり，筆者も同様である。真冬に出張した札幌のホテルですら，スイッチを切って寝ても朝はそれほど寒くない。となると比較の対象となるのは，部屋に居てFCUを使用しているきわめて短い時間内でのエネルギー比較となり，省エネ効果は小さいことになった。効果は小さいが，冷えすぎ・暖まりすぎの防止という，客室空調設備のグレードの向上は評価された。この結果，適温にコント

ロールされるならばFCUは付けっぱなしになり，結果としてFCUの停止と比べ，エネルギーを使ってしまうのではないかという疑問が生じたが，空調の目的は快適環境をつくることにあるということで採用となった。

3) 各種ホテルシステムの現状は？

　ホテル設計の際は，直接の設計業務範囲ではないが，各社が開発した各種のホテルシステムの検討・評価を求められることがよくあった。キーシステムや客室冷蔵庫の制御システムなどである。いずれも比較検討書では導入効果を高めるために省エネ量を大きくして，初期のエネルギー使用量が非常に大きいのが共通的な特徴であった。キーシステムは現在も使われているものが多いと思われるが，現在では冷蔵庫についてはサービスを行っていないところも多い。冷蔵庫の課金システムなどは，結局は採算が取れたのであろうか。気になるところである。

　このビルでは，そのほかに以下のような省エネシステムを採用したが，当時と違う使われ方への検討が必要となっている。

全熱交換器による熱回収：ホテル客室系統の外調機が24時間運転していればよいが，昨今の不況では「10.3『省エネもほどほどに』」(190頁)で紹介するように日中の運転停止がありうる。その場合には，熱回収効果が激減するのはいうまでもない。もちろん中間期には全熱交換器運転停止時の省エネ効果〔外気(冷房効果)〕も大きいので，こちらの提案が重要となろう。

　また，この計画の際は話題とならなかったが，ホテルのように長時間運転の場合は，全熱交換機の送風抵抗による送風機・排風機の動力運転エネルギー増と，熱交換による省エネルギー量との比較が必要である。

送風量制御：店舗部分は送風量が大きくなるので，インバーターによる送風量制御を行い，客が少ないときは中央監視盤にて送風量をマニュアル設定できるようにした。ちなみに，温度制御は送風温度の変温制御である。

　別の大型量販店を計画した際，この方式を提案したが，もっと簡単で金をかけない方法があるとのこと。「ウィークデイの午前中はタイマーによる間歇運転を行えば，インバーターみたいな高価なものは使わなくてもよいではないか」であった。正確にはインバーターによる低風量連続運転の方が省エネであると思うが，「使わない省エネシステム」との比較では経済的面では不利となった。なお，この間歇運転は某設備施工会社がシステム名称をつけて普及させている。

システム比較の際はその建物の使われ方に配慮し，状況把握をきちんと行うことが大切であるという好事例である。各種の雑誌や会報にシステム採用に伴ういい話はたくさんあるが，中には疑問のあるケースも見られる。システム比較は，匙加減にならないような配慮が必要である。ちなみに，システム比較の際に補助金や割引料金などの要素が入ってくることがよくある。純粋な経済比較の場合はよいが，省エネ性の比較の場合はこれらの要素は割引して考えるべきであろう。エネルギー料金の変動も考慮に入れる必要もあり，システム比較になかなか難しい。

　国全体のエネルギー政策の場合は，安全性やエネルギー使用上の比較だけでなく，新しい機器・システムを製造するための資源や，バックアップが必要なシステムではそれらのコストにも配慮が必要であり，一設備技術者にとっては判断が難しい。

10.2 『設計図書を疑え』

　平成15年の東電管内の電力危機の際，「原発の再稼動が一部可能となって一安心」とのニュースが8月中旬の新聞に載った。すると早速に，室内の設定温度を下げるようにとテナントからの要求が出たオフィスビルもあったそうである。もちろん今回の原発停止に伴う節電対策では，冷暖房時の温度設定28℃，20℃は最も一般的である。そうでなくても室温を上げるなど環境悪化を伴う省エネの場合は，「共益費を安くしろ」などの要求があってオーナー側の対応も面倒である。

　テナントの目に見える省エネは上記のようなトラブルにつながりやすいが，目に付かない項目は探せば結構ある。要は室内環境を変えないで，もしくは気にならない程度に変えて，省エネルギーができればこれにこしたことはない。

　管理者の方々にとっては設計図書が絶対であろうが，内容をチェックすれば省エネの種はあちこちにある。

　実をいうと，設計の中には『マサカ』と思われるほどの余裕率が含まれているのである。竣工後15年，20年も経っている設備の場合，熱源機の冷水温度が初期の設計条件まで下がらないことがよくある。ところが，10℃の冷水でも室内は何とか冷えている。また，昔にできた事務所ビルでもOA化に伴い，コンセント負荷が設計時の予想を大幅に上回っているにもかかわらず，エアコンの増設などしなくても間に合っている場合もあるし，設計外気条件をオーバーするような暑い日でもそれに

見合って室温が上がるわけではない。いろいろな所から出ている省エネ関係のパンフレットには、各種の「金をかけない省エネルギー」(省エネチューニング) の方法が挙げられているが、これの採用に当たっては設計条件・設計図書のチェックが効果的である。

　大型店舗ビルやホテルの場合は、ビルのエネルギー消費量は直接経費に跳ね返ってくるので、エネルギー管理にシビアであるが、貸しビルの場合は共益費や電力料金などの算定基準は事業者側にとって損しないようにつくられているので、事業者の認識レベルによっては、省エネに甘い傾向がある。下手にいじってトラブルになっては困るという、ビル管理業界の体質もあるが、本稿を参考にして、空調設備の内容にどの程度の余裕が含まれているか把握し、安心して各種省エネルギーシステムの採用を行っていただきたい。

1) 空調設備設計条件の確認

　空調設備の熱負荷計算の設計条件は、通常竣工図のはじめにある設備設計概要書に示されていることが多い (設計会社によっては、竣工図や設計図に示されていないところもある。このような場合は海図もなしに航海に出るようなものであるから、施主を通じて条件提示を求めるべきである)。ここをチェックするだけでも、設計時点と竣工後の状況の比較ができる。外気や室内の温湿度条件はともかく、以下の2つの項目が省エネのポイントである。

照明・コンセント負荷：事務所ビルの場合は、テナント内の照明・コンセント負荷の設計条件の把握はテナント誘致のためにも必要である。この値は、設計者および設計時期によってかなりな違いがある。昔のビルがオフィスのOA化に対応できない例はもちろんあるが、将来のOA化を見込んで大き目に見ておいてあったものが、最近のOA機器の省電力化により余裕のあるビルもある。

　使用状況はテナント用の積算電力計で把握できるので、1時間あたりの使用量を床面積で割れば W/m^2 の値は簡単に得られる。設計条件の値と比較すれば、余裕の程度が把握できる。LED照明に取り換えることにより、照明用電力が小さくなるばかりでなく、冷房負荷が小さくなるのはもちろんである。

在室人員：オフィスビルの在室人員は、通常 0.2 人$/m^2$ の値とすることが多い。しかし、実態はもっと少なく 0.1 人$/m^2$ 程度が実績値である (もちろん局所的には、0.2 人$/m^2$ の倍近くの人間を詰め込んでいる場

合もあるが……)。したがって，この分も空調機に余裕があることになる。もちろん，室内環境測定の炭酸ガス濃度も，ビル管法の基準値1,000ppmより低い値となる。

外気量：1人あたりの外気量は建築基準法では20m^3/hであるが，この値では正確にはビル管法を満足できないので，25m^3/hまたは30m^3/hの値を採用しているところもある。0.1人/m^{2}程度の在室率では，いずれにしても炭酸ガス濃度は低い値となっているはずであるから，外気ダンパーの最小開度をより絞ることにより，省エネを図ることができる。これは省エネチューニングの定番である。

2) 機器類の選定条件の確認

熱源機器：熱負荷計算の値に対して，どの程度の余裕率をみて熱源機器の能力を決めるかについては，設計会社・設計者によって違いはあるが，ある程度の余裕は見込んである。熱負荷計算書がある場合は，これを見れば熱源機器の余裕率がわかるが，以下のように竣工図書からも機器類の余裕の程度を図ることができる。

　機器単体については，取扱説明書に標準仕様と違った使用条件の場合の能力線図が添付されているはずである。冷水温度や冷却水温度を変えた場合の機器効率がわかるので，省エネルギー量判断の目安になる。この線図がないときは，メーカーにいって取り寄せる。某メーカーのカタログによれば，ガス冷温水機の冷水出口温度を7℃から9℃に上げると，ガス使用量が約10%低下するとある。しかも，冷却能力の方は若干余裕が増える。

　空調機の冷却能力にかかわる要素は水温であるから，後述するように空調機コイルの列数計算にゆとりがあれば，除湿能力の若干の低下以外には冷水温度を上げることに対する障害はほとんどない。

　外気湿度の高い冷房期のハイシーズンを避ければ，冷水温度は9℃，10℃としてもほとんど問題はないので，すでに採用済みのビルもあろうが，筆者の意見は余裕があったら真夏でもやってみたらという提案である。もっとも最近の熱源機は，ビル管理者が簡単にいじれない（触らせない？）構造・システムになっているものもある。これに関してはメーカーサイドの意識も変えてもらう必要がある。

　大型ショッピングビルやデータセンターなど冷房期間が長い建物の場合は，冷却水温度を下げるのが最も省エネである。冷熱源機の冷却水温度は夏期の最大負荷時に能力を発揮できるかの条件であるから，選定条

件で運転する必要はない。冷却水温度が下がれば，機器の効率も上がる。ただし，機器に応じロウアーリミットを把握しておく必要がある。

空調機：エアハンドリングユニットの能力にかかわってくるのは，冷却コイルの列数である。引渡し書類の空調機のファイルには，コイルの計算書が添付されている。コイルは構造上同じ側にヘッダーを配置されるので，列数は 4，6，8 列という偶数になる。例えば計算上 4，8 列必要な場合も 5 列でなく，6 列となり余裕が大きくなる。

　空調用送風機にも，選定に余裕がある場合が多い。ファンの静圧計算の際には 5〜10％程度の余裕率が入っているが，風量調整の結果ダンパーを大きく絞っている場合は，プーリー交換したほうが省エネになる。これも，省エネルギー診断の定番の指摘項目である。しかも上記のように使用実態が設計時の室内負荷条件を下回る場合は，過大な送風量設定になるので，送風量を絞ることは室内環境の改善にもつながる。使用条件が違うテナントの入れ替えのたびにプーリーダウンを行うのが面倒であれば，ダンパーで調整するなどの簡便な手段でも長時間運転を考えれば省エネルギー効果は少なくない。

エアフィルター：オフィスビルのエアハンドリングユニットには，煙草の煙を除去するために高性能フィルターが組み込まれているものがある。昨今の禁煙・分煙化傾向により，室内環境基準のうちの浮遊粉塵量は，ひと頃よりは基準値を満足させている建物が多くなっている。ヒートポンプエアコン主体のビルでも同様である。エアフィルターのグレードを下げ，風量増をプーリーダウンすれば省エネ効果が大きいと考える。

ポンプ類：配管系の抵抗計算時に 5〜10％程度の余裕を見るが，先に述べたような設計条件上での余裕があれば，ポンプの循環水量も設計どおりのものはいらないことになる（熱源機との関係もあり簡単には減らせないが）。この値が正しくないと，自動制御の動きに関係してくるので，バルブ操作による流量調整の見直しは最低限の必要条件であろう。

　これだけ読むと，空調設備設計には随分余裕があるものと想定されるが，現場での設計変更，限られた期間内のラフなバランス調整，そして竣工後の多様な使い方を考えると，いろいろな形での余裕が入っているのは，建物の特性上ある程度はやむをえないことである。最近，コミッショニングの重要性が云々されているが，そのコストをどこが負担するのかも大きな問題である。これが完全になされていても，ビルを使い始めてからのシステムの状況を最もよく把握しているのはビル管理者の方々である。ヤハリここは長い間そのビルの設備機器を取り扱っている

管理者が，設計の内容を把握して，できた建物の実態に合うように省エネチューニングを行い，最適な運転に心がけることが省エネルギーの近道である。

10.3 『省エネもほどほどに』

省エネルギー・省資源が叫ばれるようになってから久しく，各ビルで工夫を凝らして省エネに励んでおられると思われる。しかし，省エネに気を取られて思わぬトラブルを引き起こすこともあるので，注意が必要である。

1) 使わないのが一番省エネ

いくら効率のよい省エネ設計をしても，使わないのにはかなわない。室内環境に影響がない場合は，設備機器を運転しなければ大幅に動力コストの節減ができる。特に換気関連設備は室内環境とのかかわりが少ない場合もあり，積極的に運転停止または運転時間の短縮が図られている。こればかりは各建物により情況が違うので，設計者が関与できることではない。

使わないのを前提にして，設備を設けないでおくということはできないが，使わないよりはマシ程度に換気量を絞れるような，簡便な方式は今後設計時点で組み込んでおく必要があろう。

使うことを前提にして設置された機器類を運転しないとどうなるか，「使わないから起きるトラブル」の続編であり，「省エネもほどほどに」の事例である。

2) 空調・換気設備不使用時の『マサカ』事例

①地方の某ホテルの事例

設計事務所在職時，正月休み明け早々，某地方の支店長から電話があった。支店で設計・監理し，竣工したホテルに正月の挨拶に行った際，そのホテルに泊まったら（支店からも出張になる），客室の排気が悪いので施工者に見てもらえという。風量測定もきちんと行って引渡しをしているのにおかしいと思ったが，一応設備施工会社の担当に連絡しておいた。挨拶に行くので，その時に調べておきますということであった。数日後の電話では，「山本さん，外調機と排気ファンを止めているんですよ。省エネのためだそうです。」というわけであった。ビジネスホテ

ルで日中は宿泊客がいないので，このような運転方式にしているとのこと，当社支店長氏も『マサカ』ホテル客室の給排気システムが停止されていたとは思わなかったのである。ちなみに，このホテルの支配人は大きな経費節減を行ったとして，後日会社から表彰された。

　この話には後日談がある。筆者がこのホテルにアフターサービスで出張した際，食事の前には催さなかったので，食事後にトイレを使用した。省エネの件を思い出したが，ときすでに遅く排気運転は停止されていた！　尾篭な話で恐縮であるが，ほのかな臭いがユニットバス内に残ってしまった。自分のものでもこれは困る。ほうほうの態で部屋を後にしたが，メイドさんには迷惑なことであったろう。顧客サービス上も問題であり，省エネもほどほどにと思った次第である。

②これもホテル事例　　▶109

　某ホテルが竣工後10年以上経って，北側の客室にカビが発生した。設計上の問題ではないか，とクレームになった。建築担当が呼び出され，設計者の見解を求められたりして解決に時間がかかった。設備の担当者にも声がかかったので，状況調査を行った。何のことはない，外調機運転を日中止めてあったのが原因であった。窓は嵌め殺しタイプであったため，密閉された客室の空気が滞留しカビの発生につながったものと結論付けられた。

　この他，最終的な結論がどうなったかは不明であるが，別なホテルで宿泊客からの「目が痛い」というクレームもあった。この項を書いていて思い出したが，客室給排気システムの日中の運転停止を行っていたのかもしれない。

　省エネとは関係ないが，似たような事例がウォール・スルー型のエアコンを設置したホテルでも見られた。大阪のビジネスホテルであったが，喫煙のヤニ臭さがプンと鼻をつく。エアコンには外気の取入れ口はあるが，ユニットバスの排気ファンが個別方式のため，ユニットバス使用時にしかファンが運転されず，外気が入ってこない。喫煙の煙が壁面に染み付いたものである。現場に近く便利なので出張時に時々使っていたが，結局別のホテルに替えた。喫煙者である同行の若手社員が嫌がったのであるから，ひどさの程度が想像できるであろう。

　もっとも各室に壁掛け式のエアコン，ユニットバスに天井換気扇，外壁面に換気用レジスターという至極簡単な個別システムのビジネスホテルにも，何回か泊まったことがあるが，換気レジスターからの自然通風

があるせいなのか，上記のホテルよりは新しかったせいか，喫煙やそのほかの臭気はまったく感じられなかった。ウォール・スルー型エアコンの外気取入れは，フィルターなどで抵抗が大きいのかもしれない。

　ホテルの場合に，客室系統の給排気を止めるのがもっとも効率のよい省エネシステムであるが，上記のようなトラブルの発生が考えられるので，シティーホテルなどではあまりお勧めできる方法ではない。しかし送風量の絞り運転は，在室者が居てもそれほど差し支えないことである。何らかの方法で風量ダウンできるようなシステムを，設計の段階から考えておけば省エネルギー上有効であろう。

▶110　③地下駐車場事例

　最近の地下駐車場では，車の出入りの少ない時間に換気設備を止めているため，排気ガスの臭気を感じる事例がよくある。

　某大型ビルに入っている，コンビニエンスストアの冷蔵庫用冷却水について，このテナントを誘致した会社からコスト節減の問合せがあった。聞けば通常空冷式のところを屋外機スペースがないため，地域冷暖房熱源の冷水を使って冷却しているが，ほかによい方法がないかとの相談である。水道水垂れ流し方式は，費用がかかりすぎる。直下階が地下駐車場であり，排気の吸込み口は近くにある。幸い設置スペースもあるので，床置きまたは天吊型の室外機を駐車場に設置すればよいので，そのように提案した。ところが『マサカ』の障害があった。駐車場の換気設備が，現在は間歇運転になっていて，午前・午後あわせて数時間しか稼動しないとのこと。折角の名案（？）も役に立たなかった。

　大型ビルの地下駐車場は，エアコンの室外機などが設置されている例も多い。換気停止の場合は，温度環境のトラブルも発生する。小さな屋外機のために，大きな換気動力が節約できないというのも問題である。

3）電気設備不使用時の『マサカ』事例

　電気設備の場合も，とにかく使わないこと＝こまめに消灯することが省エネの基本である。そのほか，簡単にできることですぐに思いつく電気設備の省エネは灯具の間引きである。これはいろいろな所で見かけるが，これも室内環境に影響大である。やや過剰な設計の場合は間引きも可能であるが，適正な照度設計の場合に間引きしすぎると，薄暗い感じとなって具合がよくない。これも程々が望ましい。

　もう一つよく使われていて有効なのは，人感センサーの利用である。

在室者の有無で照明が点滅するのであるから，必要な時しか電力を使用せず，省エネに有効なのは当然である。ところがこれも，ほどほどの使い方を配慮する必要がある。

　数年前に家内と，スペインにパッケージ・ツアーに行った際のこと。あるホテルに泊まったときチェックインして部屋に行こうとすると，廊下の先の角で同行の御婦人たち数人が立ち止まっている。曲がった先の廊下が真っ暗で，怖くて行けないとのこと。人感センサーで照明をコントロールしているのだが，日本と違って非常照明や通路誘導灯の設置が義務付けられていないようで完全に真っ暗であった。筆者が先頭になって進んでゆくと，順次電灯がつく。『こうなっているのね』とご婦人たちは感心しながらも，『やはり真っ暗なのはイヤね』と，このシステムは不評であった。システムがわかっている筆者でも，客室のドアを開けて出ようとすると，外は真っ暗というのはいい気分ではなかった。これも，サービス業としてはどうかと思われることであった。

4）省エネシステムとトラブル

　ビルの省エネシステムは色々あるが，室内環境に関係するような場合は，上記のような『マサカ』のトラブルにつながるおそれがある。2，3見聞きした事例をご紹介する。

①外気冷房

　店舗ビルは冷房期間が長いので，セントラル方式で空調を行う大型の建物には，必ずといってよいほど外気冷房のシステムが採用されている。

　外気のエンタルピーが室内設計条件を下回った場合に稼動させるものであるが，問題はロウァー・リミットである。秋口や冬の初め頃の外気は，温度の面では外気冷房に最適であるが，絶対湿度は低い。内部系統の負荷は年間を通じほぼ一定であるから，送風温度（吹出し温度）も，年間を通じ大きな違いはない。しかし，吹出される湿度は，夏期には90％程度の相対湿度が外気冷房時にはかなり低くなる。当然，室内の相対湿度も下がる。

　100％外気冷房が可能な某ショッピングビルの場合，あまり乾きすぎると商品によっては（特に家具類）品質を損ねる場合があると聞いた。外気冷房時の加湿の必要性については『マサカ』というよりはナルホドであるが，室内環境の要求に応じた省エネが求められるゆえんである。

　オフィスビルでもOA機器の普及に伴い，顕熱比（室内冷房全負荷の

うちの顕熱の割合）が非常に高くなってきている。外気冷房により中間期の乾いた空気が大量に導入され，社員の目が乾き痛いとのクレームが寄せられたことがあった。またパソコンの汚れなど，静電気トラブルも起きる。この場合も，中間期に滴下式加湿器を運転することで対応した。

　このように，加湿方式が水噴霧式や滴下式の場合は，中間期に冷却機器として利用が便利である。水の蒸発による加湿器の冷却効果は，もっと上手に利用されてもよいと思う。外気冷房時の加湿と併用すれば，室内環境の改善と省エネルギーの両立が可能である。「加湿装置を冷却器として利用」（178頁）で述べたように，暖房モード以外の時期でも加湿・冷却機能が使用できるような回路としたい。

②室内温度条件の緩和

　これが大きな省エネ効果があるのは，皆さんご承知のことである。（財）省エネルギーセンターの「省エネ対策実施状況調査」では，28℃以上冷房の普及率も大分上がってきている。しかし自動制御のセンサーの制御幅と室内の温度分布幅を考慮すると，場所によっては室温は設定値±2℃以上となり，暑い場所もできてしまう。実態として室温の最高値を28℃とすると，温度制御の設定を26℃程度にしなければならない。熱い寒いのトラブルに直接対応させられるビル管理の方々としては，冷房時の室温28℃以上，暖房時の室温20℃以下で，快適とまでは行かずとも不快には感じないような空調システムをつくってくださいよ，といいたいのが本音であろう。

10.4 ガスを止めればお風呂が冷える

　省エネルギー政策の一つの住宅のエコポイント制度があり，そのうちのエコリフォームの対象に，窓・外壁・床・屋根の断熱，太陽熱利用システム，節水型便器などと並んで，高断熱浴槽が上げられていた。浴槽の断熱は省エネルギーにはなろうが，浴槽のリフォーム改修をするのなら，対象は限られるが，より効果的な方法がある。

　それは，バランス釜を一般的な給湯器に取り替えることである。浴槽加熱方式の変更が，どうして省エネになるのか。読者諸兄は疑問であろうが，原理原則を理解すればなるほどである。ここでは，ガス会社でも知らない方がいるほどの本当に「マサカ」の話である。

　熱による物質移動の原理は，いろいろな現象を惹き起こすので面白い。

1) バランス式風呂釜のアンチ省エネ性 ▶111

　浴槽加熱方式で最も効率がよいのは，おそらく五右衛門風呂であろうが，現代の住宅，特にマンションに適応できないのはいうまでもない。

　ガス焚きの浴槽一体型風呂釜の排気方式は，室内開放型，煙突による排気（CF 型），これに排気ファンを組み込んだ型（FE 型）と変遷している。CF 型，FE 型，いずれの場合も，住宅の気密性向上とレンジフードなど換気扇類の性能アップに伴い，排気ガスの逆流や不完全燃焼による事故が発生した。これらの事故を解決するために，開発されたのがバランス型の風呂釜と湯沸かし器である。燃焼空気が室内空気と縁切りされたため，安全性が高まり，昭和 40 年代初めの当時としては画期的な製品といえる。

①燃焼時の水と空気の流れ

　燃焼室は自然通風式であり，冷たい外気を取り入れ，燃焼後の排気は温度差により自然に排気される。加熱時は，浴槽内の冷たい水は燃焼器の中で温められ軽くなって，上の配管より浴槽内に戻る。同時に，下の配管から冷たい水が加熱器に流入して温められる。このような過程で，浴槽内の水は温められる。

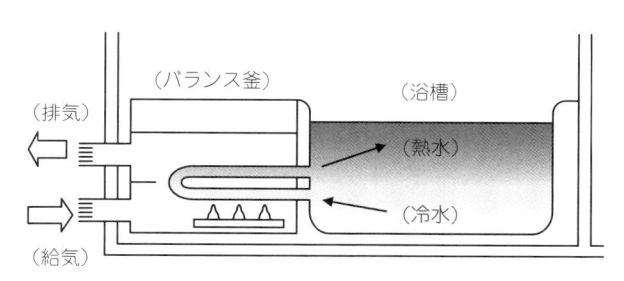

▶111-1 図1　燃焼時の水と空気の流れ

②燃焼停止時の水と空気の流れ

　火が消えても浴槽内のお湯が加熱管内にあるので，燃焼室内は暖かい。したがって，暖かい空気は排気口から出て行き，▶111-2 図2のように冷たい外気が燃焼室内に流入する。空気の流れは燃焼時と同じである。加熱管内の温水は冷やされ，浴槽側に流れ，それに対応して浴槽内の暖かい湯が加熱管内に流れる。水の流れは浴槽加熱時とはまったく逆の流

れであり，加熱装置が冷却装置となっていることを物語っている。

　筆者は現役時代に，ガス会社の営業マンにこのことを説明して，何らかの解決策を求めたことがある。簡易逆流防止弁や空気側でのダンパー取付けなどが考えられるが，自然通風を基本とする機器にそのようなものを取り付けることはできなかったと思われる。その後，大型のガス給湯器の普及とともに，この形のものは採用されなくなった。しかし，追い炊きが簡単にできるメリットもあって，今なお使用されている場合も多い。

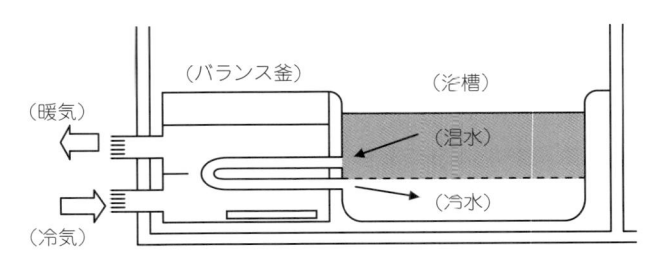

▶111-2 図2　燃焼停止時の水と空気の流れ

　これによるエネルギーの無駄を少なくするには，エコポイントにバランス釜を給湯機（FE型は不可）に替える提案を加えることが効果的である。この場合は浴室のリニューアルも必要となるであろうから，経済波及効果も上がるであろう。
　なお，バランス型湯沸かし器の場合も，同じような形で加熱部が冷却されることになり，配管内に残留しているお湯との入れ替わりがある。しかし，細い給湯管内では湯量も少なく，バランス釜ほどの冷却効果（？）はないと思われる。ただし，暖房用温水器の場合は，小負荷運転時に ON-OFF 運転となり，停止時に加熱器が放熱器となるので，ガス代が大きくなるというトラブルがあった。この場合は，暖房システム全体のインターバル運転（ON-OFF 運転）を提案した。

③バランス式風呂釜への入り方のコツ
　家族が入浴した後，お父さんが夜遅く帰ってくると，上記の理屈により，浴槽の上部の湯温は十分暖かくても，浴槽の下4分の1程度は外気温並みに冷たい。ここで，お湯をかき混ぜてはいけない。かき混ぜるとお湯はぬるくなり，適温まで暖めるのに時間がかかる。まずは，底の

栓をそっと抜いて，冷たい水を捨てる。その後に，バランス釜についている洗い用湯栓を開けてお湯張りを行う。こうすれば湯量は少ないが，すぐにお湯に入ることができる（冷めたい水を捨てる分，省資源にはならないが）。このノウハウは，読者諸兄のうち若い世代の方は知らないであろう。

2）夜中にぬるくなる電気温水器

　夜間電力利用の温水器が普及するようになってからのこと，使い勝手に伴う意外な不具合が明らかになった。それは夜遅くなるとお湯がぬるくなって，遅く帰ったお父さんがお風呂に入れなくなるというトラブルである。バランス釜の場合と違って，浴槽の湯が冷たくなったという話ではない。出てくるお湯が，全体的にぬるいという不具合であった。

　夜間蓄熱の電気温水器の原理としては，夜間に80℃の温水を貯め，入浴時に使用するということで，使用時に冷たい水が入ってきても，温水・冷水の層が形成されていれば，温められた温水が使用できるので，問題ないはずというのが製品開発の主旨であったろうと考えられる。

　水温がぬるくなるということは，温水・冷水が混合して，層区分がなくなったということである。どうしてこんなことが起きるのか。それは，夜間電力の通電開始時間に関係する。通電が開始されると，ヒーター周辺の冷水は加熱され，上昇水流が発生する。上昇水流は，安定していた冷水温水の層を乱し，結果として冷水温水が混合してしまうのである。これ以降の時間にお父さんが帰宅すると，体を洗いたくてもお湯がぬるく，お風呂に入れない。

　また，使用水圧が高いところでは，お湯の使用時に水の流入速度が速く，内部を撹拌してしまったことも考えられる。

　これの対応策としては，温水器の貯湯量を大きくする，通電開始時間を遅くするなどがある。

　貯湯温度が高いので，水と混合すれば貯湯量の倍のお湯が使える，ということで，家族の人数に見合った，計算上の適正な使用湯量から温水器の容量設定を行うと，容量不足で上記のトラブルにつながりやすい。

　エコキュートの場合については，設計の現場から離れているので何ともいえない。ただし，加熱方式は空気熱源ヒートポンプなので，ショートサーキットがあると能力低下する。

第11章 設計監理業務に関する『マサカ』

> いわゆる設計ミスによるトラブルは、因果関係がはっきりしていることから『マサカ』の事例は少ない。しかし、トラブル・クレーム情報が設計者に広く伝わっていない現状では、「『マサカ』こんなことも知らなかったのか」という条件下のトラブル発生は多い。この場合は『マサカ』ではなく『マタカ』である。
>
> この章では通常の設計ミスに関する話ではなく、建築意匠設計者と設備設計者のせめぎ合いにより発生するトラブルと、建築／設備設計上のこぼれ話的なものを紹介する。

11.1 冷房ないのは設計ミスか

　建築設備の設計に際して、システム計画が重要なことはもちろんであるが、建物内の各室・スペースにどんな設備が要求されるかの把握も大切である。これをしっかり行っておかないと、計画に落ちが生じる。衛生設備については、病院やホテル、学校以外は水を使うところは限られているので、設計から漏れることは少ない。物販店舗ビルでの飲食店対応や、事務所ビルでの役員便所対応をしておくなど、将来対応の配慮は必要であるが……。電気設備についても、照明やコンセントを必要としない部屋はないので落ちはない。動力については、個別に打ち合わせるので同様である。操作を必要とするEPSやPSに照明がなく、後から追加要求される程度である。電動ドアや、電動シャッター、電動ブラインドなどが付く場合に、電気がなくても動くと思っている若手建築設計者からの連絡が遅れてあわてることがある。

　空調設備の目的は快適な温湿度環境をつくることであるが、その必要性は主たる用途の部屋に限られてくる。それ以外のスペースは「従」の用途であるので、換気設備のみが計画される。主と従の中間的な部分で、

空調的には「何もしない」または「成り行きに任せる」という状態でも，特に問題とならないスペースがある。廊下・階段室・エレベータシャフト・エレベータホール・エスカレータスペースなどである。これらのスペースが，周囲を空調スペースに囲まれている場合は問題ない。しかし，「何もしない」が前提となっていると，これらのスペースの配置に問題があったり，使われ方が違ってきた場合は，下記のように計画上の落ちが生じトラブルにつながるおそれがある。

　ここでは，通常冷暖房を必要としないか，補助的な冷暖房で間に合うスペースで，予想に反した状況下に発生した『マサカ』の話である。決定的なミスではないが，もっときめ細かな配慮があればという反省材料ではあった。ISO9001でいうところの顧客要求事項の確認と，社会的要求事項の確認が甘かったという事例である。

1）冷え方が足りないエレベータホール　　　　　▶112

　空調設備の室内温度設計条件は，一応の基準値はあるが，老若・男女と個人差により，快適に感じる温度に違いがある。国や人種によっても，違いがあるのはもちろんである。日本国内で設計している場合は日本人だけが対象であるから，老人や乳幼児対象の建物以外は，室内温度条件についてそれほど深くは考えていない。しかし，ある種の建物で外人が主として使うことがある場合は，彼らの好みの温度にも配慮の必要がある。

　某ホテルでのトラブル。竣工後の夏に，客室階のエレベータ・ロビーが暑いというクレームが発生した。設計条件は26℃，測定温度は25℃程度。さてどこがクレームの原因か？　よく調べたら，客室との温度差が大きいことがわかった。このホテルでは航空会社と契約を結び，乗務員のクルーが宿泊することになっていた。この中に東南アジア系の会社があり，もちろん乗務員は日本人よりは東南アジア系の方が多い。

　東南アジアに旅行された方は経験あると思うが，あちらの冷房は風邪をひきそうなくらいめちゃくちゃに室温が低い。室温の低さが，ステータスシンボルになっているようで20℃近くまで冷やす。このホテルの乗務員の泊まる客室はファンコイルユニット方式であるが，能力の余裕は十分にある。20℃まではいかないだろうが，21，22℃ぐらいにはなる。したがって，25℃の廊下に出るとなんとなく暑い。しかも，エレベータ・ロビーの照明はダウンライト主体で，エレベータを待つ間に上から照らされれば暑く感じる。たまたまこのエレベータ・ロビーにはフ

ァンコイルユニットがなく，客室系統の OA を吹き出していた。この系統の送風温度を下げて対応したが，満足いく状態にはならなかった。

設計条件を満足できなかったわけではなく，一部の宿泊客だけのクレームなので勘弁してもらったようであったが，こういうこともあるのかと反省させられることであった。

▶113　**2）冷房ないのは設計ミスか？**

某地方都市のホテルで，地下駐車場階のエレベータホールに冷房設備がなかった。スペース的には小さく，地下なので設計に入れなかったのであった。施主の偉い方が車を待っている時間に熱く感じ，「設計ミス」ではないかとクレームにあったが，「仕様の違い」ということで追加工事としてもらった。

事業者側はこのような場合にすぐに「設計ミス」にしたがるが，設計ミスとは，設計条件を満足させないことである。設備されるのが当然のところに必要な設備が設置されていない場合はミスともいえるが，設計範囲・設計条件設定の際に落ちがあったのは配慮不足である。当初から設置されていれば，工事費に含まれるが，後から設置する場合は，設計者または施工者の費用負担というのはおかしいが，事業者側はこのような理屈付けをしたがるところが多い。

計画時点では，設備計画の範囲と内容を設定し，事業者・発注者側の確認を得ておくことが重要である。

最近の大型量販店は下の階が売場，上階が駐車場という構成になっていることが多い。この場合は，エレベータホールも広いので冷暖房の対象室となっている。エアコンなどを設置するかしないかは，予算の問題となる。

また，オフィスビルでは，外向きの大きな窓のある快適なエレベータホールが最近の傾向であるが，空調設備が設置されていない場合がよくある。小型ビルの場合は，1階のエントランスホールも含めて，エレベータホールの冷暖房設備の必要性は微妙なところである。

▶114　**3）エレベータシャフトに空調すべきか**

一般に，エレベータシャフトも空調の対象外である。通常の建物ではシャフトは建物の内側にあり，エレベータの上昇・下降に伴い扉から室内の空気が出入りし，屋上のエレベータ機械室経由で排気されるので，空調がなくても特に問題は発生しない。シースルー・エレベータの場合

はガラス面が大きいので、計画の当初から冷暖房の必要性が検討対象となる。冬の寒さはそれほどでないが、夏の暑さは設置される方位によっては客商売としてはやや問題となる場合がある。シャフト内に冷温風を吹き込んだり、エレベータの籠の上部に空冷のヒートポンプ・ユニットを載せたり（この場合はシャフトの換気を増やす必要がある）、色々な対応がなされている。

ところが某地方都市の複合用途ビルのホテルで、コンクリートに囲まれた通常の一般エレベータでも内部が暑いというクレームが発生した。このエレベータシャフトの外壁は西側であり、おまけに吸収式冷温水機の煙突に隣接していた。

ホテルの性格はビジネスホテルで、最上階のバーも夜の営業であったから、日中はエレベータは止まったままで上がり下がりによるシャフト内空気の動きもほとんどなかった。エレベータ内の温度が30℃以上になったため、トラブルとなったのである。原因は納得できるが、当初から冷房の必要性については考えていなかったのだから『マサカ』である。この場合はエレベータ機械室内に空冷パッケージエアコンを設置し、シャフト内に冷風を吹き込むこととした。

この種のトラブルは結構あるようで、筆者が定年後工事監理をやった現場の設備施工会社の社員からも同じような経験談を聞いた。煙突（やはりガス冷温水機用）に隣接したホテルのエレベータ内の温度が34℃まで上がり、エレベータ機械室内を冷房することで解決したそうである。

最近は、機械室を設けないリニヤ式のエレベータが多くなってきている。従来方式では少量ではあっても、エレベータ機械室経由の排気は期待できるが、この方式の場合はシャフト換気は不必要なのか疑問である。

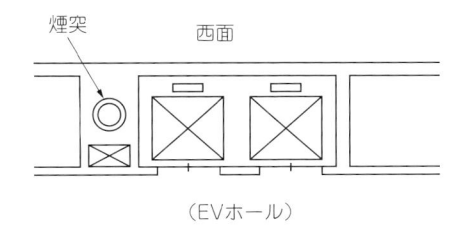

▶114 図1 エレベータシャフトが暑い

▶115　4）換気だけでは暑くなる便所

　通常の計画条件では便所は換気だけで，冷暖房は行わない。換気は第3種換気で空調の余剰外気が給気となる。大型のビルで建物内部に取り込まれている場合は，空調がある部分と比べ室温には大きな差は発生しない。

　某ビルの場合，便所は階段の踊り場から入るように計画され，各階ごとに男・女に分かれていた。大きなトラブルになったわけではないが，便所が暑い・寒いというクレームが何年か後に発生した。便所は西北の角，階段室も西側に面しており，窓はないが外壁面の負荷はある。余剰外気は階段室経由で取り込まれており，階段室の負荷に影響されて，便所の負荷を処理するには能力不足であった。クレームになった頃はちょうどよいユニットがなかったので対応できなかったが，今ならドレンレスの空冷ユニットを使うところである。また，暖房便座のできる以前の話でもあった。

　バブルの頃から便所のグレードは上がってきており，大型の事務所ビルでは外壁側に窓付きの明るい空間が計画されている。建物によっては外から覗かれるようで落ち着かないものもあるが，おおむね快適である。窓があれば方位にかかわらず，ある程度の冷暖房負荷が発生するので，冷暖房の検討が必要である。デパートでもこの頃のものは，便所といってもパウダールームの雰囲気があり，当然室のグレードに合わせて冷暖房の要求がある。

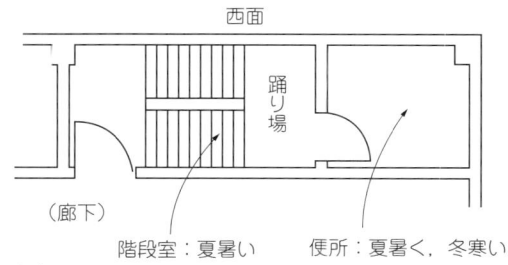

▶115 図2　便所が暑い

　このほかに，『**冷房なければ暑いは当然**』となるようなスペースを挙げる。

・**ガラス開口のある外壁側に設置されたエスカレータ・スペース**：方位によっては，絶対に冷暖房が必要である。ダクトを延長するとSFDが必

要となる。
- **スキップフロア型店舗ビルの階段室**：このような形態の階段室の人の流れは売場並となり，m^2 あたりの人数は結構多い。また，照明のレベルも売場に近いので，このスペースの温度は売場より数℃高くなる。シャッターケースなどのためダクト延長は難しいので，シャッターのそばに吹出し口を設けて対応する。
- **外壁に面した廊下**：連続窓などがあれば間違いは少ないが，やはり廊下ということで，窓があるにもかかわらず対応が不完全な建物をよく見かける。某リゾートホテルでクレームとなった事例があった。中廊下の一部，鍵の手状になった所にガラス開口部があり，廊下吹出し口を大きくしてあったが，やはり暑くなった。反射フィルムを貼っても，完全ではなかった。

　最近は，ガラス面の開口が大きい建物が多くなってきている。今までは冷暖房を設置していなかったスペースについても，今後は熱の出入りも含め，冷暖房設備の必要性について検討しておくことが必要であろう。

11.2　部品が多けりゃ故障も増える

　さて建築設計においては，設計の各段階で施主の要望を確認し，各種プレゼンテーションを行って内容を煮詰めて行く。設備設計も同様であるが，内容が限られているので，建築設計ほど施主とべったりというわけではない。

　しかし，ISO9001 で求めている『顧客要求事項の確認』のためにも，適当な時期に「○○ビル設備計画概要書」を施主に提示して，計画内容の了解を得ておくのはもちろんである。

　設備設計・計画では，施主側に設備関係技術者がいない場合は，システムに関しては設計者の意見がそのまま通ってしまうことが多い。しかし，先方に技術者がいる場合は，管理運営側の意見がいろいろ出てきて面白い。

　基本計画段階で概略の了解は得てあっても，設計図が上がった時点でのチェックを受けると，結構たくさんの指摘項目があり，ビル管理者サイドの考え方を知るうえでは大変参考になることが多かった。

　設備計画の段階で，筆者の提案したシステムの変更を提案されたのは過去に 2 例だけであるが，いずれの場合もビル管理者側の考えが強く反映されたものであった。そのうちの 1 例を紹介する。

設計の中に含まれている余裕について，第 10 章「省エネルギーの『マサカ』」で述べたが，ここではこのうちのコイルの列数の余裕についての話である。

筆者の若い頃は電卓ですらなかった時代なので，ダクトの静圧計算や配管の抵抗計算も手計算で行った。エアハンドリングユニットも自分たちで設計し，専業メーカーのカタログはまだなかった。送風機・フィルター・冷温水コイル・加湿器を選定し，メンテスペースやダクト接続寸法と風の流れに配慮し，ケーシングの寸法を決めた。もちろんコイルの列数計算も，直接手計算をしていた。冷温水の大温度差設計[*1]は 35 年以上前からやっていたので，冷水温度条件を変えると列数がどのように変るかは，ある程度は身体で覚えたともいえる。

コンパクトエアハンやミニエアハンのない時代に，パッケージ型エアハンに列数の少ない冷温水コイルを組み込んだ苦労話と，建物の計画にあたってのビル管理者側からの意見具申の大切さについての話である。

1）当初の計画

某ショッピングビルの計画の際に，めったにないことであったが，ビル管理者側の意見で設備システムを変えたことがあった。このビルは当時としては新しいコンセプトの商業ビルであり，小規模ビルでなおかつ 3 層スキップしているという構造であった。各層は合計 20 層以上になる。システム選択はセントラル熱源＋各層（各階 3 層）エアハンドリングユニット方式か，各層水冷パッケージ（温水ヒータ組込み型）方式のどちらが最適であるかということになった。当時は，この建物の高さに対応可能な空冷ヒートポンプユニットは G 社製しかなかったが，各層に数台設置しなければならないだけでなく，建物がセットバックしているので屋上も狭く，室外機設置スペースが確保できないので検討の対象外であった。

各層エアハンドリングユニット方式の場合は，コストも高くなるが，空調機室スペースが馬鹿にならない。エアハンドリングユニットについてはメーカーカタログから選定する時代になっていたが，各社のカタロ

---

* 1　冷温水の大温度差設計：冷温水によるエネルギー搬送量は，流量×往き還りの温度差で表される。以前は冷水機の出入口温度は，7℃～12℃で温度差は 5℃であった。これを 7℃～15℃，温度差 8℃とすると，流量は大幅に削減されるので，ポンプ動力が小さくなり，省エネルギー運転が図れる。

グから最も小さなエアハンを選定しても，**現在のようなコンパクトエアハンのない時代であるから**，空調機室の面積が大きくなる。結局，設備工事費と空調機械室スペースを考慮して，水冷パッケージ型空調機（温水ヒーター組込み型）で空調を行うこととした。

2）施主技術者の要望

ところが，基本計画時点の設計説明で，施主から空調方式をセントラル熱源＋各階エアハン方式に変更してほしいとの要望が出た。「パッケージ型空調機は部品点数が多く，故障発生件数が多くなる」ので，使いたくないとのことである。

以前に筆者の会社が設計した複合用途ビルで，店舗階の空調システムがテナントごとの水冷パッケージ型（温水ヒータ組込み型）空調機方式になっているものがあり，設置台数が多いため，いつもどこかで故障があるとのことであった。『マサカ』の話ではあるが，よく聞けば確かにもっともな話でもある。エアハンの場合，動くものはファンと自動制御機器だけであるから，熱源機器の分を入れても部品点数は少ない。セントラル方式の場合は，熱源機器が故障すれば全館冷房不能になるかといったら，熱源機器2台の故障はめったに起こらないから構わないとのことであった。

3）施主要望への対応

システム変更に伴うコストアップ分の工事費も出してくれることになり，各層エアハンドリングユニット方式で設計を行うことになったが，困ったのは空調機スペースである。

各層の売場面積はそれほど大きくないので，ダクト接続型パッケージ方式の場合でも売場に対する空調機室の面積比率は大きい。空調設備の工事費アップは認めるが，事業採算性に大きくつながるレンタブル比の低下はまかりならぬということである。

サブコン時代に自分でエアハンを設計していた筆者としては，何とかしたいといろいろやってみたが，現在のコンパクトエアハン的な構成は思いつかなかった（このとき一生懸命がんばって，いいアイデアでも思いついていれば，特許でも取れたのであろうが……）。

結局，C社の水冷パッケージ型エアハンのケーシングに，冷温水コイルを組み込むことができることがわかって，エアハンドリングユニットにはこのタイプを採用することで検討を行った。

4）冷温水コイルは4列または3列

　ところが一難去ってまた一難。いわゆるパッケージ型エアハンの直膨コイル部分に冷温水コイルを組み込むのであるから，コイル取付けスペースは小さく，大風量タイプで4列，その下のタイプでは3列のコイルしか組み込めない，というとんでもないことが判明した（普通のエアハンの場合は6，8列）。それまでの自分の計算では，4列以下のコイルを設計した記憶はない。しかし，冷水温度を5℃，往還温度差を5℃として，コイルの冷水量や風量を変えて計算してみたら何とかなることがわかった。計算値の列数が2.5程度でも間に合うコイルもあり，ここまでできるかと『マサカ』の驚きであった。結局，ある程度の余裕も取れることがわかったので，一安心であった。

5）熱源システムとのマッチング

　コイルの列数を少なくする必要条件は低い冷水温度であり，そのための冷熱源となればターボ冷凍機である。しかし，ターボ冷凍機2台＋温水ボイラーという熱源システムでは，芸がない。ちょうどこの頃は毎年のように電気料金・ガス料金が改定されていたので，ピーク時以外は料金の安い方を主体的に使えるように，電気・ガスのダブル熱源とした。ガス吸収式冷温水機は暖房負荷相当のものを選定し，冷却能力の不足分をターボ冷凍機で賄うという商業ビルの定番的熱源システムであるが，冷水温度5℃を確保するため熱源機は直列に使用し，ガス冷温水機を高温側，ターボ冷凍機を低温側に配置した。

6）厳しい条件下での省エネルギー計画

　さてコイルの列数に制限のある状況下では，冷水の往還温度差を大きく取ると冷水量が少なくなり，列数計算の余裕がなくなる。しかし，以前から冷温水の大温度差設計をやっていた筆者としては，工事費に多少のゆとりを持たせたい（大温度差はコストダウンにもつながる）含みもあって，工事監理段階で設備施工会社の担当者に温度差5℃を少しでも大きくするよう検討を依頼した。その結果，6.5℃程度の温度差も取れて，ささやかながら搬送動力を節減できた。電卓は一般化していたが，パソコンのない時代に多数の（途中階から建物がセットバックしており，基準階が少なかった）エアハンのコイル列数計算をしてもらって，担当者にはご苦労をかけた。

7）結果は良好

竣工後はよく冷えるかが心配であったが，『気流がなければ快適でない』の店舗ビルトラブル（172頁）で述べたように，動けないほどの入館者数でも25℃（設計条件26℃）を確保できたので一安心であった。

これはオープン当日が9月初旬で外気の湿度が低かったことと，照明負荷の設計条件に多少余裕があったのが理由であろう。

このように空調システムには，色々な所に余裕がある。ビル管理者の方々には，『設計図書を疑え』（186頁）で述べたように設計図書と現状を比較して余裕の程度を見つけ，省エネルギー運転に役立てていただきたいものである。

部品が多けりゃ故障も増えるというのは，一つの面白い見方ではある。その観点から見れば，現在のビルマルチ型ヒートポンプエアコンについても問題が多い。昔のパッケージエアコンと比べ，当然部品点数も多い。品質管理が進んで故障率も少なくなっているのであろうが，室外機の故障件数が多いという話をよく耳にする。リタイアされて悠悠自適の当時の技術者OB氏に，現在ならどう考えられるのか，聞いてみたいところである。

11.3 隠すことからトラブルが始まる－冷却塔編

ここ数年，雪印乳業，ブリヂストン，三菱自動車，六本木ヒルズ，パロマガス湯沸し器などで，信じられないような事故・トラブルが発生した。

それぞれ事の始まりは違っているであろうが，基本的には初動捜査時のミスであり，事故やトラブルなどを小さな段階で隠していたり，抜本的な対応でなかったことが大きな事故・トラブルにつながっている。

建築設備の分野でも，隠すことによって発生した事故やトラブルは表に出ていないだけでたくさんある。といっても事故隠し，トラブル隠しが，大事故になったという話ではない。

ここでの『マサカ』は，主として建築意匠設計者のデザイン偏重が原因となって『隠すことによって』起きたトラブルの話である。"本来開放された空間に設置されるべき機械を意匠的に囲う"，すなわち人の目から隠すことは，屋外に置く機械（冷却塔・エアコン室外機など）の本来の機能を損ない，事故・トラブルにつながるのは当然である。しかし，

この当然のことに挑戦し，隠したがるのが建築意匠設計者の常である。確かに剥き出しでおけばよいというものでもなく，隠したい気持ちはわかるが，機能障害にならぬよう設備屋が目を光らせている必要がある。設備屋の意見を無視して，建築意匠設計者の意匠上の我儘が通ってトラブルになった場合は，『マサカ』というより『マタカ』である。

　本来やってはいけないことをやるのであるから，これこそ経験工学であって，どこまで隠せば大丈夫といったデータは大きな事故にでもならない限り，メーカーにもなかなか集まらない。こういうことこそ，隠さないでオープンにしたいものである。

　冷却塔を隠すことによって生じる最大のトラブルは，ショートサーキットによる機能障害である。初めから隠す意図はなくても，広告塔などを設ける場合は塔屋を囲むのが最も効果的であり，そこに設置されている冷却塔も必然的に囲われることとなる。

　隠されたためのトラブル事例は色々な本で紹介されているので，ここでは囲い方による風の流れについて考察し，実際のトラブル事例を紹介する。

▶116　1) 冷却塔を囲った場合の風の流れ　対策6

　冷却塔の場合は設置場所も限定されており，割とパターン化しやすいので簡単にまとめてみた。

①**開放状態**：煙突などが近くになければまったく問題ない。

②**塔屋等の周囲を隙間少なく囲った場合**：吸込み側の空気は，開放された上部から流れてくる。したがって，冷却塔から排気された空気や近くにある煙突の煙が回り込み，機能障害を起こす。後述する事例の場合がこれにあたる。ただし，設置する塔屋などが十分広い場合や，囲いの隙間が大きな場合は，この限りではない。

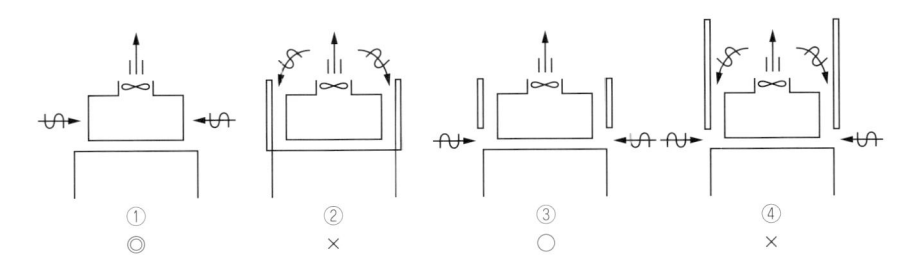

▶116 図3　冷却塔の囲い方

③搭屋等の周囲の下部に開口を開けて囲った場合：割合一般的な方法。開口の大きさにより，①または②の状態に近くなる。もちろん，開口は充分な広さのあることが望ましい。

④広告塔などで囲う場合：その高さは冷却塔の高さを超えてはいけない。

このほか1または2方向開放，下の部分を開放し，上の部分は囲うなど色々な方法がある。

また，特殊な事例としては，冷却塔全体をヴォールト状に覆い，上部からの景観に配慮して計画されたが，結果としてトラブルを招いたケースを聞いている。

この場合は，冷却塔排気が風によって覆いの表面を流されて吸込み側に回り（「臭いは風によって運ばれる」（▶37, 66頁）で紹介した事例と似たような現象），冷却水温が上がり，冷凍機の能力低下になったものである。対応処置としては，冷却塔排気口の上にダクトを立上げ，風との縁切りを行ったそうである。

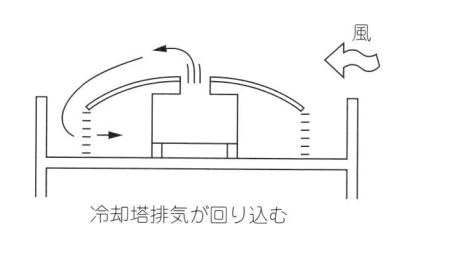

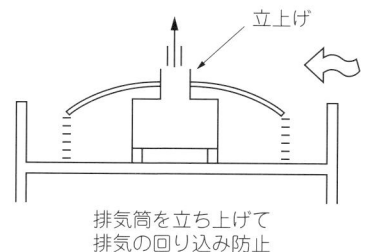

冷却塔排気が回り込む　　　排気筒を立ち上げて排気の回り込み防止

▶116 図4　冷却塔排気の吸込みへの回り込み

2）煙突と冷却塔

冷却塔の配置計画にあたっては，外気ガラリと同様に，煙突の位置・高さと建設地の風向に配慮して位置を決めている。しかし，煙突高さ・位置が適切でなく，煙が冷却塔に吸込まれ，冷却水配管を腐食させたトラブル事例も色々紹介されている（建築設備トラブル研究会著『空調設備のトラブル50』（学芸出版社）に，冷却塔を囲った場合も含め詳しい説明がある）。

一般に塔屋に沿わせて煙突を立ち上げることが多いが，その屋上に冷却塔が設置されている場合は，冷却塔の高さ以上に十分な高さをとらなくてはいけない。それでも▶116 図3 ②の場合に，煙突が組み合わされると風向きによっては大変な事態となる。以下がその事例である。

▶117　3）煙突の煙による冷却水配管および冷凍機チューブの腐食
トラブル発生状況および経緯：

　（45年以上前の話であるが）某地方都市の大型ショッピングビルで，煙突からのボイラーの煙が搭屋に設置された冷却塔に吸い込まれた。その結果，冷却水が汚染され，竣工後数か月で冷却水配管，ポンプおよび吸収式冷凍機のチューブに腐食事故が発生した。

原因分析：①冷却塔は当初屋上に設置される予定であったが，屋上の有効利用のため，工事中に搭屋（4階建）屋上に設置されることとなった。

②搭屋を囲む大きな広告塔が計画された（広告塔設計は施工業者）。

③搭屋躯体と広告塔との隙間は600mm程度であったが，広告塔の下端が搭屋2階まであり，冷却用の空気の流入には大きな抵抗となった。

④そのため，空気の流れは▶117図5のように上から入り，上へ吹き上げるかたちになっていたものと推察される。また，後述するようにウェーキの影響があったものと思われる。

⑤煙突は搭屋の南側にあり，夏期の海からの南風に対しては冷却塔の風上側に位置していた。また，煙突高さも上記の風の流れを考慮した十分な高さのものではなかったので，煙が冷却塔に吸い込まれた。

⑥空調の熱源システムは「ボイラー＋吸収式冷凍機」で，夏でもボイラーを焚いていた。また，当時の燃料は硫黄分の多いB重油であったので，煤煙中の亜硫酸ガスにより冷却水の酸性が高まった（PH-3！程度まで）。

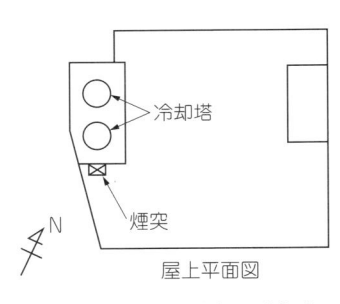

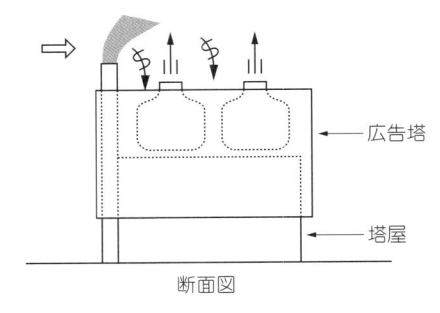

▶117図5　煙突煙の冷却水への混入

対応処置：解決方法としては，冷却塔を反対側の搭屋へ移設した。
反省点：『本来開放された空間に設置されるべき機械を意匠的に囲ってしまったこと』が直接的原因である。設備スタッフが若かったので，問題提起しても建築担当者に受け入れられなかったということもその背景にあった。『権威勾配』が強すぎると，トラブルにつながる好例である。

4）煙突に関する教訓『煙は真っ直ぐ上らない』 対策7

　小学校の理科の教科書に，煙の流れ方で風速を判断するような図が載っていたが，あのように風によって煙は横に流れる。そればかりでなく，建物の形状により屋上や屋根を流れる風に影響されるし，東京などの大都市の上空には逆転層ができることがある。したがって，煙突の高さを決めるには建築基準法の「軒高＋600mm」だけでなく，下記に留意する必要がある。平面的な位置については，建設地の風向に気をつけるのはいうまでもない。
　①煙突頂部より下にあっても，近くには煙の影響あるものを設置しない（冷却塔，エアコン屋外機，外気取入れガラリなど）（後述のウェーキ参照）。
　②煙突頂部に雨よけのカバーなどを取り付けると，煙は横に流れやすい。
　③勾配のある屋根，円筒状の屋根の場合は，煙は屋根に沿って流れる。いずれの場合も，機器類の位置を再検討することが必要である。
　④煙突頂部や煙突の近辺を特殊な形状にする場合も同様である。

11.4　隠すことからトラブルが始まる—エアコン室外機編

　現在の空調システムの主流は，個別空調方式である。フロン冷媒による空気熱源ヒートポンプの小型ユニットは，使い勝手のよさと省スペースが評価され，現在ではかなり大型のビルばかりでなく，仙台・札幌などの寒冷地にまで，設置事例がある。これほどまでの普及の背景には設備設計者がいなくても，建築設計者で計画できることもその一因であろう。何しろメーカーを呼んで機器を選択させ，適当に配置すれば納まってしまうのであるから楽である。換気設備との取合いも「加湿装置組込み型全熱交換器」まで出ている世の中で，給気口・排気口の位置とダクトルートさえ考えればよい。天井がうるさくなるのさえ我慢すれば，実に手軽に「いちころ設計」ができる。某サブコンの支店長さんが，『売

上は増えても，社員の技術力アップの役には立たない』といっておられたが，設備設計者としても，システム計画はないし，建築との取合いも機能対デザインという対立要素が強く，設計の楽しみが少ない。

とはいっても，設備技術者が関係した建物と，建築設計者だけが計画した建物とに差があるのは当然で，このシステムでの室外機に関係するトラブル発生の場合，どの程度設備設計者の意見が反映されているかがポイントであろう。

さて，このシステムの問題点は，本来開放された空間に設置されるべき室外機が，建築設計者や事業者の目の敵となって目隠しされてしまうことである。『隠すことからトラブルが始まる』のは，『ヒートポンプエアコンの室外機』の場合も同様である。

1) 室外機の隠蔽と設備トラブル
①安全装置の作動による夏の冷房停止

室外機が効率よく運転されるためには，空気による熱交換が効率よく行われることが必要である。室外機は冷房サイクルでは凝縮機であり，高温高圧の冷媒（気体）がここで空気により冷やされ凝縮され液化する。したがって，冷却空気の温度は低いほど効率がよく，高いほど悪くなる。室外機が隠されたり囲われたりすると，冷房時に熱交換された熱排気が吸込み側に回り込んで（ショートサーキットという），冷却空気の温度が上昇する。冷却空気がショートサーキットにより高くなると，凝縮機の温度が上がるので，効率が下がるだけでなく，安全装置が作動して，機器の運転停止（冷房停止）というトラブルに至る。したがって，室外機を隠すことはトラブルにつながることを認識する必要がある。

建物は一品生産品であるから，室外機の設置場所や隠し方も建物により違っている。室外機の設置場所に関する建築設計者のこだわりと，室外機をオープンな場所に設置したい設備技術者との力関係と妥協の産物が，竣工してからのトラブルに関係してくるから困る。しかもこの場合の妥協は，必ずといっていいほどトラブルにつながる。

②室外機のアンチ省エネ運転

機器停止トラブルにつながらなくても，ショートサーキットは完全に防止されたわけではないので，囲われたことによる運転効率の低下を無視してはいけない。機器停止は冷房時の吸込み温度約43℃であるから，その温度に至らなくても機器は運転可能である。機器停止にはならない

ということで，設備技術者やエアコンメーカーは安易に妥協し勝ちであるが，ショートサーキットが少しでもあれば吸込み温度が外気より上がるので，室外機はアンチ省エネ運転となっているのである。

詳しくは第8章で述べたが，圧縮機の電力消費量の増加は，外気＋5℃で約15％，＋10℃で約30％であって，非常に大きな値である。最近では，メーカーが室外機設置位置に関し事前にシミュレーションを行い，機器停止に至らないように計画されているが，シミュレーション結果の○印は単に機器停止にならないという目安に過ぎない。吸込み温度が40℃以上でも○印となっているものもあり，受注のためとはいえ問題であろう。逆に，**シミュレーション結果は，対象となる設置場所に関しては常にショートサーキットが発生し，アンチ省エネ運転がなされていることの証明ともいえる**。建築設計者，設備技術者，メーカーのいずれも，ショートサーキットの問題点についての認識が非常に甘い。

室外機を隠すことは，ユーザー側に無駄な出費を強いること！を，建築設計者・設備設計者は忘れてはいけない。

2）やってはいけない室外機設置事例

筆者の過去の経験および設備屋の知人たちの話から判断すると，経験不足の建築意匠設計者には共通の認識不足が見られる。それは室外機をただの箱と捉えて，空気の出入りを考えず，「ガラリや開口さえあれば，密閉された空間に置いても機能障害にはならない」と考えていることである。総じて室外機および周辺の空気の流れに関心が薄く，ショートサーキットへの配慮が足りないだけでなく，空気抵抗に対する認識不足から，「ダクトがつながっていなくても，風が流れるだろうと」，勘違いしていることが多い。

意匠設計者主体の室外機配置計画の問題点は，①ガラリの面積が小さい，②ガラリの有効率が低く，抵抗が大きい（ていねいにガラリに雨返しをつけて抵抗を大きくしてくれる方もいるそうである），③室外機置き場スペースが狭く，風の流れを考えた大きさになっていない，などであり，結果として省エネ的には無駄運転となり，最悪の場合は空調機停止というトラブルにつながる。また，設備技術者が参画していても，デザイン性が高い建物の場合は，協力事務所・下請け関係など立場の違いにより大きな権威勾配が生じ，設備技術者が譲ってしまう傾向にあることが問題である。

室外機置場に関し，やってはいけない事例と問題点を挙げる。

(やってはいけない室外機設置事例)

その1：床・壁・天井とガラリで囲われた室外機置き場

▶118　①一般的な事例

　▶118 写1は，筆者の事務所近くの某マンションの1階テナント用の室外機置き場である。このような事例はどこでも見られ，一見したところ特に問題があるようには見えない。しかし，実際は▶118 図6のようにショートサーキットによる無駄運転を行っている。室外機が見えないようなガラリは，室外機の安全装置が働いて運転停止となる。さすがにこのような事例は少なくなったが，省エネルギー的には多少改善されたという程度である。▶118 図6の右図のような対応をしなければ，省エネに配慮したことにはならない。同様な事例は，『日経アーキテクチュア 1997.12.29 号』にも紹介されていた。

- 室外機が見えないと，エアコン停止トラブルになる（昔の事例）
- 室外機が見えて，エアコン停止にならなくても，省エネ的には無駄運転である（最近の事例）

▶118 写1　床・壁・天井・ガラリで囲われた室外機①（一般事例）

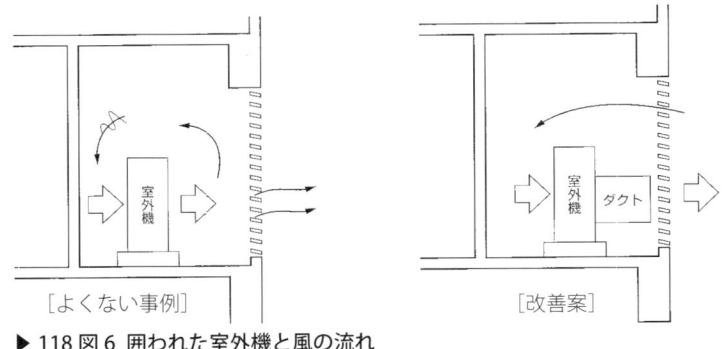

▶118 図6　囲われた室外機と風の流れ

▶119　②高級マンション事例

　高級マンションでは，わざわざバルコニーの一部を囲って室外機スペ

ースをつくり，ガラリで見えなくすることが多い。「何のために囲ったかわからない」といわれても，「ガラリは外から機械が見えるように」との指導を徹底させた。また，エアコンとガラリの間が離れているとショートサーキットになりやすいので，室外機をガラリに接するように設置させた。

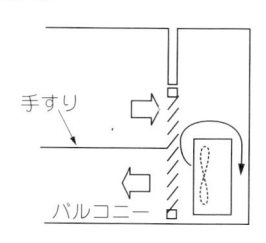

〔よくない事例〕
ガラリ開口率が低く中途半端な配置では，ショートサーキットになりやすい

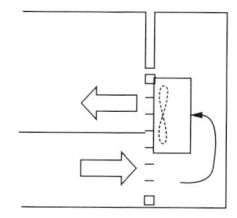

〔改良後〕
ガラリ開口率を大きくし，風の流れを確保した

▶119 図7 床・壁・天井・ガラリで囲われた室外機② （高級マンション）

③再開発ビル事例

▶120

　再開発ビルの特徴は，権利者用戸割店舗の個別化である。出入口を初めとして給排水・ガス設備はもちろん，空調・換気設備に至るまで，今まで使っていた店舗と同じような形のものにしないと，地権者との話がまとまりにくい。新しいビルになるのはよいが，共益費や割高な水道・光熱費を払ってまで入ることはないというわけである。特に関西地方ではこのような考え方は徹底しており，1階の面積が4,5千m^2の規模でも設備はできるだけ個別化し，給水は個別引き込みするのであるから，室外機置場についての設計対応は重要である。

　再開発ビルの場合は1，2階が店舗・事業施設，3階以上が住宅となることが多いので，室外機置き場は限定される。通常は，2階の建物外壁側にスペースを用意しておくことが多い。

　▶120 図8 と ▶120 写2 は計画に際して，このようなことにならないようにとの参考事例として見せていただいた建物のもので，1〜2階の間に室外機置き場を設け，ガラリで囲ったものである。何十台もの室外機がこの中に置かれ，給排気が同一ガラリ面であったため，暑い日には室外機の運転停止トラブルが生じていたそうである。

　ガラリ面積不足だけでなく，室外機設置位置がガラリと離れているため，ショートサーキットになりやすい状況であった。

このような形態の場合は，室外機置き場の上部をグレーティング状にして，吸込みは上から，排気は前面とすればよかった。

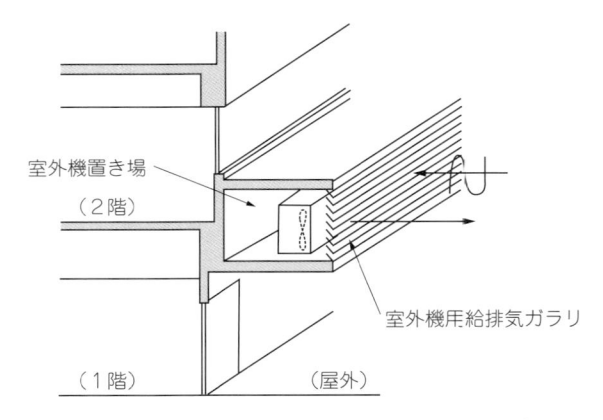

▶120 図8 床・壁・天井・ガラリで囲われた室外機③（再開発ビルトラブル事例）

▶120 写2 床・壁・天井・ガラリで囲われた室外機③（再開発ビルトラブル事例）

これを参考に，実施例では1，2階に外向き・内向き店舗が70軒近くあったが，室外機置場は2階外壁側に設け，高さは階高分，奥行も2,000mm程度のスペースを取り，建築意匠設計者の協力もあってガラリ開口率も大きかった（▶120 写3）が，それでも，竣工後のトラブルがまったくなかったわけではないとのことであった。

▶120 写3 床・壁・天井・ガラリで囲われた室外機③（再開発ビル改善事例）

(やってはいけない室外機設置事例)
その2：井戸底状スペースやドライエリア　　　▶121

　室外機設置場所が屋上で周辺を囲まれ，井戸底状のところに設置され，相談を受けた事例がある。▶121図9のように一部ガラリがあったが，奥の室外機にはまったく役に立たない。本格的冷房期に入る前であったので，室外機周辺に仮設の給水配管を設置することをアドバイスした。ハイシーズンの暑い日には手動であるが，エアコンが停止しないように水を噴霧して対応しなさいということである。実際には夏になる前から毎日水撒きを行ったそうである。次の年は予算手当てをして，水噴霧装置を設置することとなったが，それでも停止する時期があるとのこと。何はともあれ，このようなところに室外機を設置してはいけない。

　なお，水道水の噴霧方式は，室外機のフィンにスケールが溜まるので，長い間には機器能力のダウンとなる。純水装置は非常に割高である。

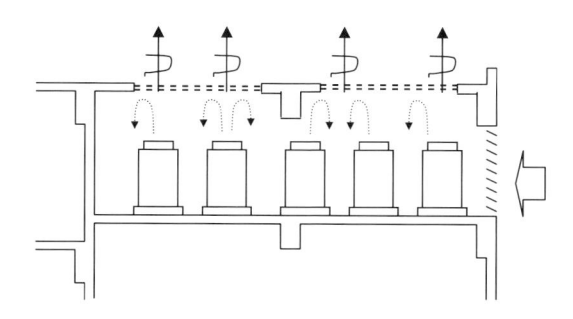

▶121図9　井戸底状スペースに設置して安全装置が作動し室外機が止まった

　また屋根や屋上を欠けこんで室外機スペースとすることもよくあるが，後述するウェーキ現象により，排気がショートサーキットするので，望ましい設置場所とはいえない。排気はダクト接続し，屋根面より上げることによりショートサーキットをある程度は防止できる（▶121図10）。

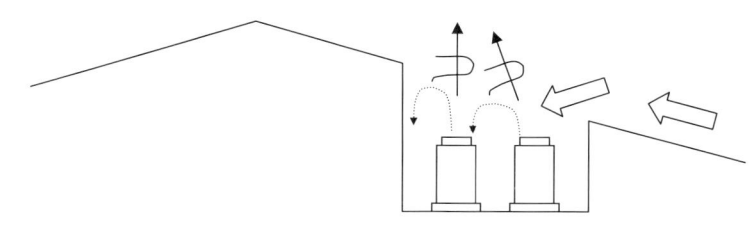

▶121図10　室外機屋根部設置例

ドライエリアも，室外機を隠すには絶好の場所である。一般ビルの場合でもスペースに余裕があれば，ここに室外機を置いている。どの程度の余裕があればよいかは，経験工学であるから設備設計者でも間違えることがある。筆者の自宅近くに最近建設されたタウンハウスでは，1坪程度のドライエリアの床に室外機が置かれていた。ここは地下1階地上2階建，100m^{2}弱の住戸をセントラルダクト方式で冷暖房しており，機器容量は不明であったが，その室外機であるから個室用のものよりもちろん大型であった。「俺だったら絶対にここには置かないが……」というのが正直な感想で，夏も問題であるが，冬は冷気がドライエリアピットにたまらないか懸念される。架台設置か壁掛けにして，上方の開口部近くに室外機を設置すれば，トラブルは少なくなるはずである。

（やってはいけない室外機設置事例）
その3：バルコニーの場合
▶122　**①三方壁に囲まれたスペース**

　複雑な形状のマンションでは，凹字状のコーナーができることがあるが，こういうところができると目立たないので室外機を置きたくなる。在職中唯一の「隠したためのトラブル」が，この形状であった。▶122図11の場合は，手摺壁もコンクリート壁であったが，意匠設計者の希望を入れてベテラン担当者が「そこでいいよ」と，気軽にOKしてしまったのがいけなかった。

　全室冷暖房用のマルチエアコンの室外機を設置したためスペースが狭く，風の影響もあってショートサーキットによる機能障害を引き起こしたものである。「他に置く場所もあったのに，○○さんがいいよっていったから……」が建築担当の言い分であった。

　上記の対策としては，室外機に風向板を取付け，高さを立上げて（子供室の窓から見えるといわれたが勘弁してもらった），吸い込み側の風の流れに排気がショートサーキットしないような配置とした（▶122図12）。

　マンションなどでコンクリートの手摺壁があるバルコニーに室外機を設置する事例は沢山あるが，ここまでの事故に至っていないのは，室外機の片側または両側が十分広く，排気は前方でさえぎられても排気が横に流れ，ショートサーキットの程度が機器停止に至るほど大きくならないためである。

　最近市街地に多いタワーマンションの場合は，バルコニーの面積が小

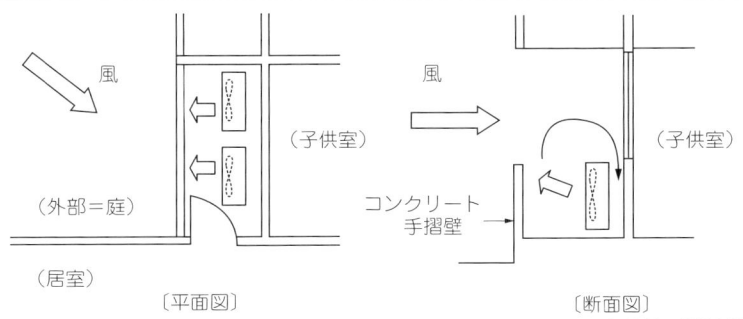

▶122 図 11 バルコニーの壁に囲われた室外機（対策前）

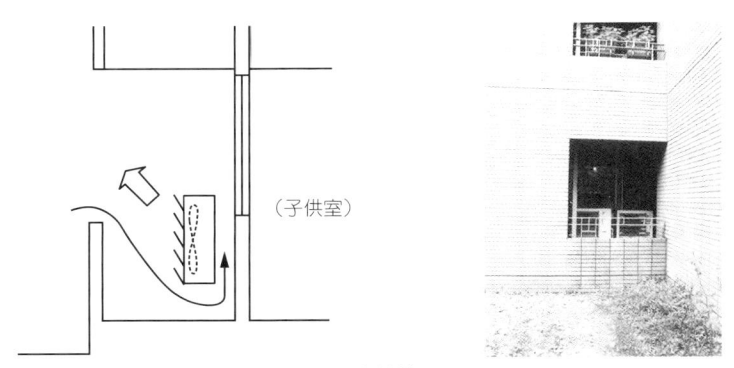

▶122 図 12 バルコニーの壁に囲われた室外機（対策後）

▶122 写 4 対策処置後

さい上に内側にえぐられていて，外への開口が1面しかない。このような条件の悪い所に室外機を設置すれば，運転停止にならなくとも，当然運転条件は過酷となり，電気代は割高となる。このツケを払わされるのは購入者である。

②手摺が邪魔する排気の流れ ▶123

　室外機をバルコニーに無造作に設置している事例をよく見かけるが，排気が手摺に当たってショートサーキットしているものが多い。『ビルメンテナンス』（2004年3月号）に掲載された事例では，オフィスビルで，各階バルコニーに多数の室外機を▶123 図 13 のように配置したため，「高圧カット」によるエアコン停止が頻発したとのこと。斜め上向きのダクトを取り付けてこれを改善し，ビルメンテナンス協会の業務改善事例発表会で「最優秀賞」を受賞したとのことである。運転停止トラブルは解決したが，データからはショートサーキットによる無駄運転は完全には解消していない模様である。

▶123 図 13 のように手摺がガラリ状になっていれば，室外排気は外に出てゆくように見えるが，実際は手摺のバーが抵抗となって一部しか流れない。バルコニーの広さにもよるが，排気の一部は吸込み側に流れるのである。手摺が，コンクリートやパネルなどで塞がれている場合は，ショートサーキットが発生しやすくなるのは当然である。

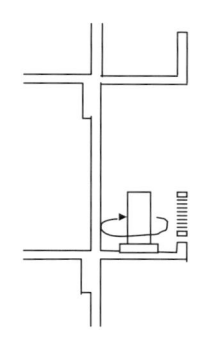

▶123 図 13　手摺が邪魔する排気の流れ

（やってはいけない室外機設置事例）
その 4：室外機の密集配置

別項で述べる（▶130, 227 頁）が，屋上に多数の室外機を設置することも，ショートサーキットの原因となる。粗い間隔の目隠し設置はもちろん，目隠しなしの場合であっても，これを完全に防ぐことは難しい。塔屋との位置関係もかかわりがある。

調査事例では高さ 1,200mm の構台上に室外機が設置されていたが，吸込み温度は外気＋5 〜 10℃と，大きなショートサーキットがあることがわかった。

3）その他の参考設置事例

▶124　①望ましい事例

バルコニーや外壁面に室外機を設置する場合は，▶124 写 5, 6 のような形が望ましい。

某メーカーのカタログでも，このような形を推奨している。給排気の抵抗を少なくするため，ガラリの隙間はできるだけ大きいことが望ましい。ただし，吹出し先の近くに建物があると，ガラリに沿って流れる風に乗って，上流側の排気が下流側の機器に吸込まれる。▶124 写 6 は露出された形である。

▶124 写5 望ましい設置事例 　　▶124-2 写6 望ましい設置事例

②配慮不足事例　　　　　　　　　　　　　　　　　　　▶125

　セットバックした屋上に設置する場合は，▶125写7のように，下の室外機の排気が上の階の室外機に吸い込まれるおそれがある。これは外向き風向ガイドなどを取り付けて対応可能である。また，建物と建物との隙間の外壁に室外機を設置している建物はたくさんあるが，機器停止には至っていなくても，エネルギー浪費運転となっていることを認識してほしい。

▶125 写7　配慮がほしい設置事例

4）室外機隠蔽と省エネルギー

省エネルギーのためには，ショートサーキットによるエアコン室外機の無駄運転を防ぐのも一つの方法である。不必要な目隠しを取外すとか，延長ダクトや風向板の取付けなど効果的な対策は沢山見られる。

どの程度無駄運転となっているかについて，エアコン設計資料により説明する。

表1 エアコン室外機冷房性能特性

（周波数 50Hz　室内機容量 50.0kW，室内吸込温度 19.0℃ WB）

外気温度 ℃ DB	100%容量時特性			50%容量時特性		
	能力 kW	消費電力 kW	比率 %	能力 kW	消費電力 kW	比率 %
25	50	11.7	0.74	25	5.56	0.76
27	50	12.4	0.78	25	5.88	0.81
29	50	13.2	0.83	25	6.21	0.85
31	50	14.1	0.89	25	6.55	0.9
33	50	15	0.94	25	6.91	0.95
35	50	15.9	1	25	7.28	1
37	49.2	16.5	1.04	25	7.67	1.05
39	48.4	17	1.07	25	8.08	1.11

（出典：D社空冷ヒートポンプエアコン2008年設計資料より筆者作成，37,39℃は能力補正なし）

表1に示すように，冷房時の電力消費量は外気温度が5℃上昇すると，約15%増加し，10℃上昇すると，約30%増加する。したがって，室外機の排気の吸込み側への回り込み（ショートサーキット）の影響は，『マサカ』と思うほどに大きいことがわかる。

表1には，40℃以上の値が示されていないが，吸込み温度43℃で圧縮機の高圧側の安全装置が作動するまで，電力消費量は上昇し，能力も低下する。したがって，運転停止トラブルが発生するようなケースは，停止直前まで非常な無駄運転をしていることになる。また，トラブルとなっていない場合でも，ショートサーキットの影響があれば，機器の周辺温度は外気温度以上となるので，余分なエネルギー浪費運転となっている。また，凝縮温度は一定であるので，外気温度が低くなっても，排気温度はそれほど下がらない。したがって，外気温度低下に伴う中間期の冷却効率向上の効果を受けることができないのも，室外機を隠蔽するデメリットの一つでもある。

東京都では，以前から新築・増築時には「建築物環境計画書」を提出することが決められていたが，平成21年度より「温室効果ガスの総量削減義務制度」，その他が決められた。地球環境のためには，意匠設計者の説得には省エネルギーの面から行うことも有効であろう。

　また，ISO14001の認証を取得している事業所では，目的・目標を設定し，それを達成することが定められているが，ケチケチ作戦だけでは次年度以降の電力量節減の目標達成は難しい。「エアコンの目隠し撤去や配置の変更」はある程度の省エネを達成できるので，可能な場合は差し支えない範囲で，これを次の目標に挙げると効果的であると思う。設計事務所や施工会社の場合は，省エネ配慮設計・施工の項目に「室外機の開放された配置」（あたりまえの話であるが）を挙げることも考えられる。

　ショートサーキットにより，どの程度吸込み温度が上がるかについては，▶130 図18 のデータを参考にされたい。また，「温度とり」などの計測器を用いて状況把握を行えば，省エネの程度を把握できる。

　なお最近の室外機は，安全装置の作動前に能力を絞って運転停止しないようになっているが，ショートサーキットによる無駄運転がなくなるわけではない。かえって，隠すことによる問題点を隠蔽することになる。

11.5　隠さなくてもトラブルは起きる

　前節では，エアコン室外機を隠したためのトラブルについて話したが，基本的には風の流れの問題である。素直な風の流れは室外機を目立たせやすい。これを見せたくないという，建築意匠設計者のこだわりがトラブルにつながっているのである。

　しかし，「隠したためのトラブル」が一般化してきたので，最近では初期の段階から室外機置き場を隠さずに，平面計画に組み込んでおく事例が多くなったのは喜ばしい傾向である。その場合でも，設置場所は建物の裏側になりやすいので，風の流れについては個々の室外機対応というより，建物全体について配慮する必要がある。建築平面形のちょっとした形状が，以下の紹介事例のように，風の流れに影響を与えることがあるので注意が必要である。

　また，ムキダシで設置されたにもかかわらず，風通しがよすぎて思いがけない原因で『マサカ』が発生した事例もある。

　ここでは，隠さなかったけれど起きてしまったトラブルを紹介し，エ

アコン室外機と風の流れの陰に潜む問題点についてお話する。

▶126　**1）風の流れは袖壁の形で変わる**

　　隠すことによるトラブルを防ぐために，室外機は通常屋上設置事例が多いが，建物外壁にスペースを設けて露出設置する場合もよくある。

　　幹線道路に面した某事務所ビルの場合は，最上階にオーナー住戸があったため，建物の裏側にバルコニーを設け，各階の室外機をここに設置した。通常はこれでトラブルは起こるはずはないが，高圧カットによる冷房停止というトラブルが発生した。調査の結果，設置個所の平面形と風の流れの関係で，以下のように『マサカ』のトラブルが発生したことがわかった。

　［状況］①室外機は上吹き型で，▶126 図 14 のように配置されていた。
　　　　　②室外機置き場は避難階段出入口に接しており，避難階段との離隔距離をとるため，▶126 図 14 の左図のように鍵の手状に袖壁（イ）が設けられていた。
　　　　　③そのため，風が抜けないで袖壁（イ）の部分で渦を巻いた。
　　　　　④室外機の周辺温度が上がり，コンプレッサーの高圧カットリレーが作動した。
　［対策］室外機吹出し口の上部にフードを取付けて，排気を斜め上方吹き出しとした。
　［考察］袖壁はないほうがよいが，鍵の手状でないただの袖壁ならば，風の流れは下図右のようになり，トラブルの発生はなかったであろう。

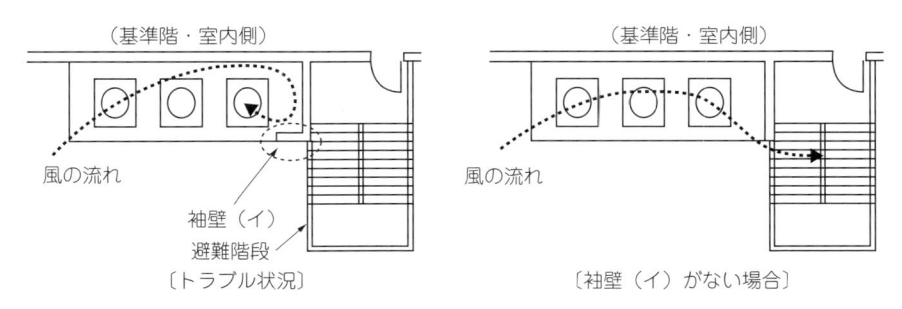

▶126 図 14　風の回わり込みによる室外機の機能不全

▶127　**2）風通しがよすぎても室外機は止まる**

　　これはサブコンの知人に聞いた話である。某ビルの室外機用バルコニ

ーは各階側面に設けられ，スペースの関係で室外機は建物外壁に直角に設置されたそうである（図面は実際とは違う）。こんなに風通しのよいところに置いたのだからと，トラブルを予想したものは誰もいなかった。

　ところが風の強い日に，室外機のファンが風に負けて高圧カットが起きた。室外機の向きを変えればよいのだが，スペースの関係でできない。ためしに，屋外機の後ろに邪魔板をつけたら風の流れが変わって，見事に解決したとのことである。

［状況］①室外機は横吹き型で▶127 図 15 のようにバルコニーに配置されていた。

②風の強い流れの時，風上側室外機の排気ファンの能力が落ちた。

③コンプレッサーの高圧カットリレーが作動し，冷房停止となった。

［対策］①室外機の後に邪魔板を立てた（▶127 図 16 の右図）。

②風の流れが▶127 図 16 の右図のようになったので，室外機ファンが正常運転となった。

　初めにトラブルが起こった時は『マサカ』であろうが，原因と対策を聞けば上記 2 例とも『ナルホド』である。これだから技術の分野は面白い。もっともこの 2 例とも，トラブルが起こった後なら原因と対策についてすぐにわかるベテラン技術者でも，設計段階・竣工段階では，うっかり見逃してしまうことであろう。

　事例〈▶127〉と同様のケースは，風の強い所では他でも発生する。海岸に近い低層の工場で，吹きさらしの屋上（室外機にとって理想的配

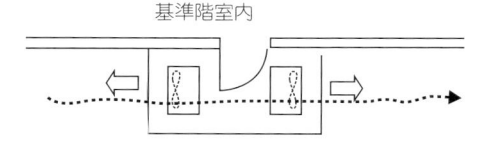

▶127 図 15　通風が強すぎるための室外機の機能不全（平面図）

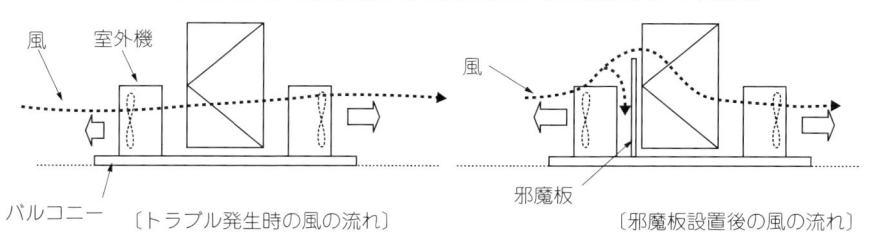

▶127 図 16　通風が強すぎるための室外機の機能不全（立面図）

置であるはず）に設置された業務用エアコン室外機（▶127 図 16 のような横吹きタイプであろう）が強風のためハイカットとなった事例も聞いている。

▶128　**3）熱い排気で冷房が効かない**

　室外機と同様に，建築意匠設計者から目の敵にされるのがウォールスルー型エアコンのガラリである。建物の外周部に床置き型の一体型ヒートポンプエアコンを設置し，壁面に設置された給排気のガラリで廃熱・吸熱するという合理的なシステムで，米国で多く使われている。米国は合理的な分，ガラリの形状にもこだわりが少なくメーカー仕様の大きなガラリがついている建物が多い。日本で使われるようになると，建物の立面のデザインにこだわる建築意匠設計者によって色々な納まり方が採用され，ガラリではなく，サッシと組み込みにされた目立たない形の給排気口がつけられているものが多い。中には室内側に大きく出張っていて，ウォールスルー型の意味がなくなっているようなビルもある。

　某ビルでは，ユニットは天井内タイプが設置された。このタイプでは，熱交換用の空気はダクト接続されたガラリから取り入れ／排出される。このガラリをサッシ一体型とし，窓ガラスの上部から▶128 図 16 の右図のように下吹きされる形状となった。したがって，排気はガラスに沿って流れるので（第 5 章参照），夏期に外気温が高い時期に，冷房が効かないというクレームが発生した。冷房時の外気設計条件は 32℃である。この場合でも，窓ガラスの外は 37，38℃となる。この外気温が条件以上となるのはシーズンに 5，6 日程度あり，この場合は 40℃以上の外部温度のため機器の能力不足につながったのである。しかしクレームにならなくても，外部温度は常時設計条件以上となっているので，省エ

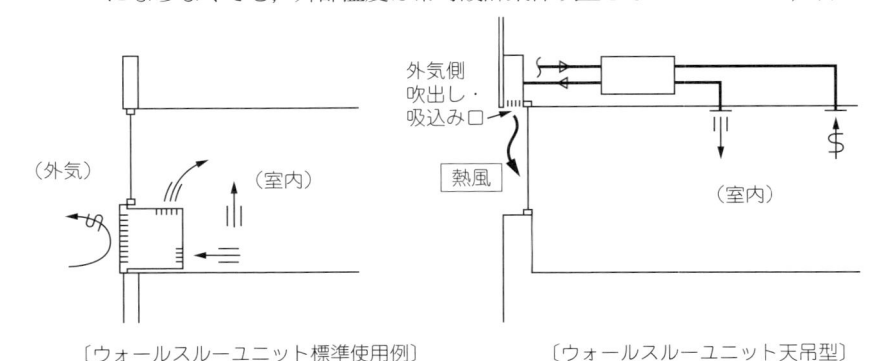

〔ウォールスルーユニット標準使用例〕　　〔ウォールスルーユニット天吊型〕

▶128 図 16　**ウォールスルー型エアコン排気による機能不全**

ネルギー的には問題があるといえる。

　一般的にはサッシ組込み型の給排気口のデザインにあたっては，さすがに設備設計者も手が出せず，建築意匠設計者とメーカー技術者との直接の折衝によることがほとんどである。メーカー側としては機能に対する責任があり，専業メーカーとしてのバックデータもあるので，建築意匠設計者との折衝はほぼ対等な立場であり，室外機の設置場所のようにいいなりを押し付けられることは少なく，デザイン偏重による機能障害は少ないそうである。それでも，サッシ変更による断面欠損，VEによる機器仕様変更，吸込み口に虫除けメッシュの取付けという不利な条件が重なって，テナントが暑くなったというクレーム事例も聞いている（▶129）。建築施工会社とメーカーの共同開発品ということで，断面形状の変更の対応に際し，設備施工会社の担当者の認識が甘かった，という反省材料もあったそうである。

▶129

4）室外機の密集配置はショートサーキットにつながる

▶130

　エアコン室外機を囲うことによる障害については，「やってはいけない室外機設置事例：その2」（217頁）で述べたが，屋上に囲わずに設置しても，大型ビルの場合は室外機数が多くまとめると密集配置になるので，ショートサーキットは防止できない。筆者が計測した事例の一部を紹介して，設計の参考に供したい。

　建物は地上12階建，延床面積約 $30,000m^2$ のオフィスビルである。平成15（2003）年にセントラル方式を個別方式に改修している。改修であるので，周囲は囲われていない。また，室外機は高さ1,200mmの

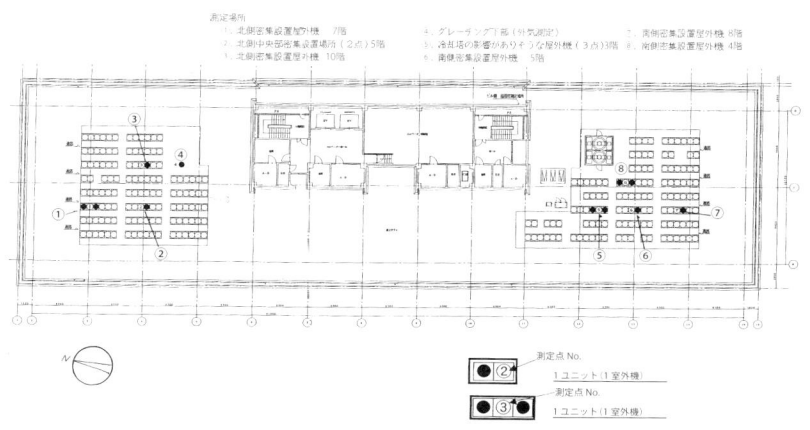

▶130 図17　室外機の密集配置による無駄運転

▶130 写9 室外機密集配置例

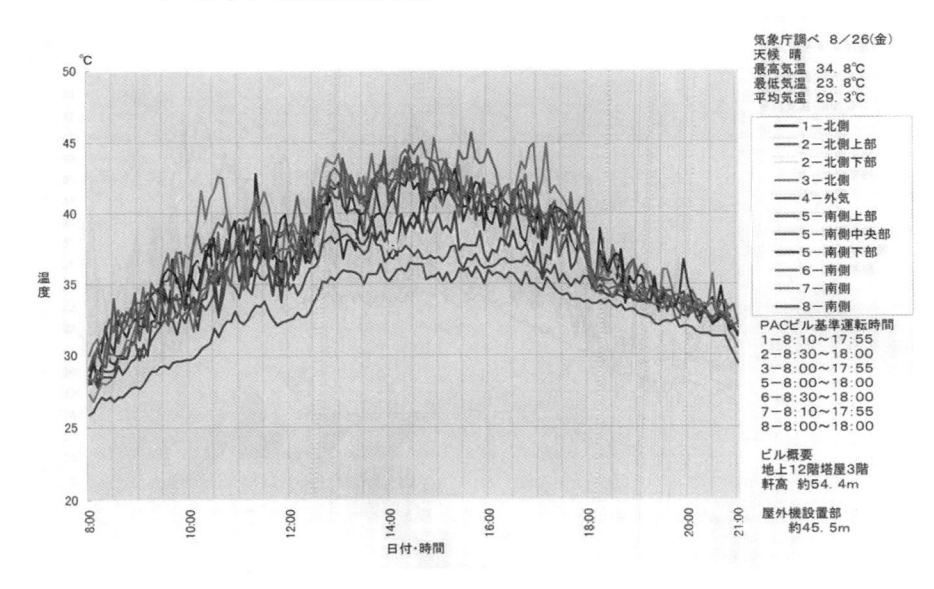

▶130 図18 空冷パッケージ屋外機吸込み温度調査結果

構台（床はグレーチング）の上に設置されている。

　計測は平成17年8月末に，2週間行った。メモリー機能付きデジタル温度計で▶130 図17 黒丸の室外機吸込み温度を計測，外気はグレーチング下で計測した。計測データの一部をグラフで示す。

　調査対象ビルは周辺に高い建物もなく，ペントハウスより離れて設置されており，風通し的には問題ないように見える。▶130 図18 測定日の当日は北北西の風であり，ペントハウスの影響も少ないようである。グラフの中の最も下の線が外気温度（構台下）であり，上の方の線は室

外機の吸込み温度である。

　このような配置はよく見られる形であり，筆者も測定結果が出るまでは，囲われてもいないのにショートサーキットの影響がこんなにあるとは思っても見なかった。吸込み温度平均が外気＋6℃とすると，電力消費量が20％近くも増えていることになる。

　したがって，囲ったらどんなことになるのか想像していただきたい。

　対策としては，室外機吹出し口の上部に延長ダクトを設置することにより，ショートサーキットの発生を小さくすることであるが，効果については不明である。

（以上は，（社）東京都設備設計協会　環境・技術委員会環境技術小委員会：平成17年度活動報告書「ビルマルチ型空気熱源ヒートポンプユニット室外機の省エネルギー的配置に関する調査」による。これは，筆者が中心となってまとめたもので，7つのビルのショートサーキットの計測調査事例がある。CD-Romを実費で配布しているので，同協会ホームページ（http://www.met.gr.jp/）で技術情報⇒2005.8.23より申し込みできる）

11.6　ビル風とショートサーキット

　11.3と11.4で述べたように，本来露出で屋外に設置すべき機器を囲いたがるのは，デザイン上の問題はもちろんであるが，隠されることによるトラブルが表に出てこないことと，囲われた際の風の流れに対し配慮不足のためである。

　個人的な見解であるが，冷却塔や個別方式の屋外機を安易に囲うことが，民生部門におけるエネルギー消費量の右肩上がり傾向の原因のひとつではないかとと考えている。経済成長に伴いエネルギー消費量が増えるのは当然であるが，建築や設備の設計や運用，省エネ機器の開発など色々な分野での省エネ努力にもかかわらず，その効果は顕著ではない。これは省エネ努力の傍らで，まったく省エネルギーに配慮されていない建築計画がなされているのが原因である。

　本書では，難しい技術的な話はできるだけ取り上げないようにしているが，冷却塔やエアコン室外機を安易に囲う傾向に関しては，『建築設備ポケットブック』（改訂第4版）（井上宇市監修，中島康孝著）より，建築周囲に発生する「ウェーキ」について紹介する。

　図19のように風のあるときは，建物周辺に過流部分（ウェーキ）を

生じる。この内部に煙突があると，煙はこの内部に拡散し，冷却塔や外気取り入れガラリがある場合は，そこに吸込まれてトラブルとなることはよく知られている。したがって，室外機の場合もこれに配慮しなければ，ショートサーキットトラブルが発生するのは当然である。

　屋上の冷却塔やエアコン室外機を囲った場合は，この排気はウェーキの内部に拡散されることになるので，ショートサーキットが発生しやすい。記述の計測事例は，いずれの場合もウェーキの影響があったものと考えられる。エアコン室外機の設置場所は，建物ごとに違っているので，ショートサーキットの発生は個々の建物ごとに判断しなければならない。

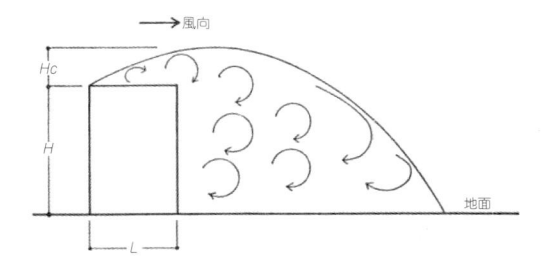

図 19　風による建物周囲のウェーキ

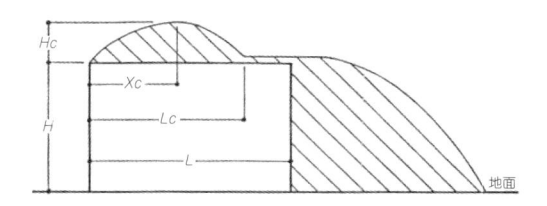

図 20　屋根の長さの長いとき
（出典：『建築設備ポケットブック』（改訂第 4 版））

11.7　川に流せぬ敷地の雨水

　給排水設備の計画にあたっては，インフラ情況の調査が重要である。上水道設備についてはいまどきリゾート地以外に公共の上水設備のないところはないが，それでも確認しておくことは多い。敷地周辺の本管サイズが，建物の規模にマッチしていなければサイズアップの必要があるし，給水圧が低いところで大口径管を接続すると，周辺への影響が大きい。大型ビルで周辺の建物に影響があるため，夜間給水として，1 日分

の受水槽を設置したこともある。マンションの場合は，メーターボックスの大きさにも行政により決まりがある。必要寸法が決められている方が，意匠設計者にもスペースの要求がしやすい。珍しいのは確認申請書の提出前に，水道の申し込みをしなければならない行政もあることで，確認申請書に水道局の裏判がないと申請を受付けて貰えず油断できない。負担金の有無も調査項目である。

最近では中水（工業用水）設備も充実してきており，トイレの洗浄水にはこれを使うよう決められているところもある。大阪のUSJで，水呑み器につなぎ間違えて，トラブルとなったことは記憶に新しいことである。これを使うと，もう1系統の給水設備〈中水用〉が必要となり，省資源であるがコストアップになる。

下水道については，普及率が低かったころは，浄化槽設置の要・否と必要な場合の処理方式が現地調査のポイントであった。公共下水のない地域でも，いつ放流可能になるかの確認も忘れてはいけないことであり，竣工時期がそれに左右されることもあった。

浄化槽設置の場合は，放流先が問題である。海ばかりでなく川も，漁協の許可がなければ放流できない。公共下水のない某町で，地下水位が高いにもかかわらず，敷地内浸透方式を義務付けられたこともあれば，放流先の川よりキレイな水の排出を求められたこともあった。

雨水排水については，公共下水が合流式の場合は下水本管に，分流式の場合は雨水排水管に，何もない場合は側溝に放流するのが一般的である。まれな例だが，当初の開発計画よりも市街地化が進みすぎて，雨水本管が一杯なので自費工事で川まで雨排水管を施工したこともある。最近は浸透方式が指導されるので，この確認も必要である。

いずれにしても，建物の計画地によってインフラ情況は異なるのは当然であるが，川に接した敷地の雨水を川に流してはいけないという珍しい事例（もちろん理由は大ありなのだが）があったので紹介する。

1）川に流せぬ敷地の雨水　　　　　　　　　　　　　　▶131

▶131 図21のような敷地に，マンションが計画されることとなった。周辺は3方とも敷地より高く，道路（ひとつは敷地への進入路）に接し，もう一方は川に面している。周辺に公共下水配管はないが計画中であって，竣工時に放流可能となるかどうかという情況であった。

このような形状の敷地で，雨水はどこに流すか？　以前は工場が建っており，雨水は川に垂れ流しであった。ところがこの敷地で，雨は川に

流してはいけないという指導があり，筆者に引き継ぐ前の事業計画段階からの折衝事項となっていた．

東京都内のこの川は，氾濫のおそれのある要注意河川であった．しかし敷地の形状からすれば，敷地内雨水は川に流すのが自然であると，民間の建築設備技術者（＝筆者）が考えるのは当然である．

下水道本管の敷設計画は，▶131 図 21 のように，裏側道路の勾配に沿って敷設されることになっていた．敷地の形状から判断して，排水のポンプアップは仕方のないことと考えていたが，川がそばにあるのに雨水のポンプアップはしたくない．ということで行政の所轄部門や下水道の工事事務所への折衝を行った．

詳しいいきさつは省くが，あちこちで何度か折衝・打合せを行った後，関係部署の方たちに集まってもらい，全体的な打合せを行うこととなった．ここでも結論は出なかったが，たまたま通りかかった下水道関係の技術者の方が，「こうすりゃできるじゃないか」と，工事の変更案を提案．推進工法を採用して，▶131 図 22 のように本管レベルを，敷地レ

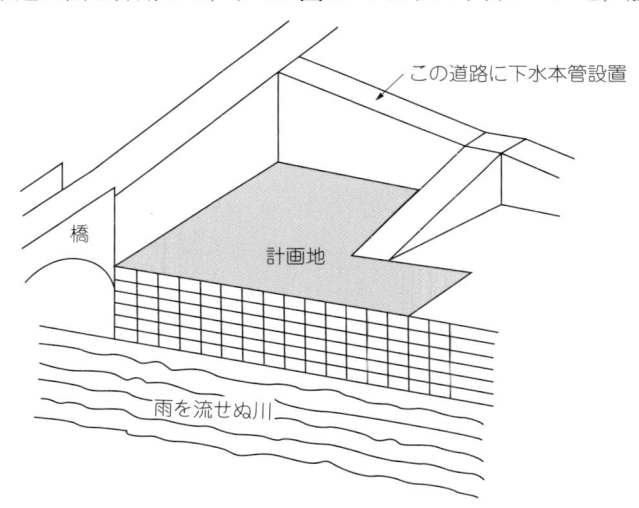

▶131 図 21　川に接した敷地の雨水を川に流せぬ行政指導（敷地の状況）

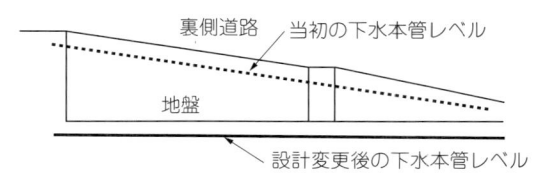

▶131 図 22　川に接した敷地の雨水を川に流せぬ行政指導（下水本管図）

ベルより低い位置に設定することとなった。これにより、雨水は川でなく公共下水の本管に放流することができた。汚水・雑排水も一部は自然勾配で直接放流（遠い部分はポンプアップ）できることとなったのは、大変有難かった。雨水最終桝は、深さ8m程度の人孔桝となった。

　また、この工事は第1回東京サミットのため工事が遅れ、竣工時点での放流が危ぶまれたが、本管工事だけは間に合ったので、許可を貰って事前放流した。

　竣工後数年して、この地域の上流で、集中豪雨により川が溢れ、道路冠水・床下浸水・立体交叉下で、自動車水没・近くの駅構内に浸水といった事故になった（1.1（2）参照）。これによりあの時の厳しい指導も止むを得ないものであったと、遅まきながら納得したことであった。

2）放流地域にアワヤ排水貯留槽を設置　　　　　　　　　　　　　▶132

　設備設計者のいない他社設計のマンションを、デベロッパーの依頼で設計監修することはよくあったが、以下のケースはこんな設計もあるかという『マサカ』の事例である。

　規模は忘れたが、50、60戸程度のマンションで地下階はない。設計図を見ると、屋外排水配管の公設桝の手前に貯留槽が設置してある。何でこんなことをするのか説明を求めたら、敷地が横長であって屋外排水管の距離が長く、公設桝の管底より深くなってしまうため、貯留槽を設けてポンプアップ排水にしたとのことである（▶132 図23, 234頁）。

　建築設計者が現地調査をして、設備事務所に書かせたものかどうかわからないが、どうしてこんなことになったのか不思議である。意匠屋でもちょっとうるさい事務所の場合は「とんでもないことである」と、協力設備事務所にこんなことはさせないはずである。

　公設桝の管底は通常1,200mmである。設計者に下水排水本管のレベルについて尋ねたら、調べていないという。「本管のレベルはもっと深いはずだから、公設桝を深くすれば直接放流できるよ。放流地域でこんなもの（排水貯留槽）つけるなんて、デベロッパーもよくOKしたね。もう一度調査してみなさい。」とアドバイスした。

　結果は筆者のいったとおりで、貯留槽はもちろん取り止めとなった。
　長く仕事やっていると、こういう珍しいことにもめぐり合う。
　現地調査に関しては、隣の土地との間に高低差がある場合の雨排水が要注意である。空地になっている時には、隣の敷地に流れていても大目に見てもらえるが、建物ができれば敷地内雨排水設備の整備が必要とな

る。計画地が道路より低ければ，排水管は隣地を通らなければならなくなる。許可がもらえなければ，ポンプアップ排水となる。汚水排水も同様である。こういう計画が必要な敷地はあまり望ましくない。

　このほかガスに関しては，ガス会社に調査を依頼しているのでそれほどの手間ではない。むしろ冷暖房用の熱源や，住宅の暖房（テス・ヒーツ）システムの採用などで相手の方が積極的である。

　現地調査に関してはこのほかにも色々あり，『海に流せぬ敷地の雨水』事例もあり，設計の前の前提条件の整備が計画時点の重要な業務である。

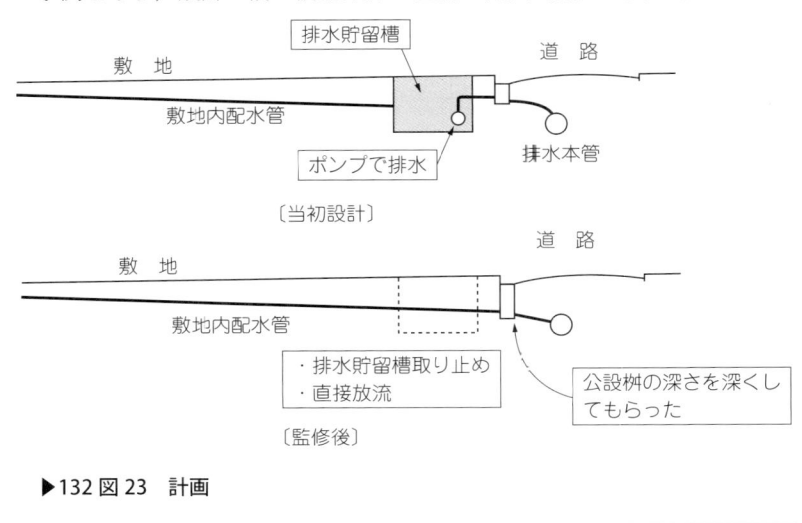

▶132 図23　計画

11.8　シャンデリアはどこにある？

　どこの業界でも，仕事に伴う笑い話（本人にとってはまじめな話であろうが）はあちこちにある。筆者が長く在籍していた設計監理業にも，色々な面白い話がある。ここでは，トラブル事例ではないが，そのうちのいくつかを紹介して，本書の締めとしたい。

▶133　**1)「シャンデリアはどこにある？」**

　出来上がる建物がどのようなものなるかについて，設計者はわかっていても，施主には図面だけではわからない。施主にとって，建物の建設は夢の実現でもある。したがって，プレゼンテーションにパース（プレゼンテーション用につくった建物の外部・内部スケッチ）と模型は付き物である。どんな建物が出来上がるかという設計者のイメージを表現し，

それを施主に理解してもらうのがパースである。通常は建築設計の節目節目の段階でクライアントに提示され，承認を得てから次の段階に進むといった過程を経ている。ISO9000の妥当性の確認の項目に入れている事務所もある。

　しかし早い段階で提示される場合は，設備内容がまだ固まっていないので，冷却塔，屋上設置のキュービクル，室外機，ガラリなど，表に見えるものの，形状や位置が決まっていないことが多い。竣工後にパースにはなかった冷却塔が見えたり，おかしなところにガラリが付いたらみっともないので，手馴れた意匠設計者は事前に設備設計者に相談を持ってくる。設計が進んだ段階での模型の場合は，設備機器がリアルにつくり込まれていることもある。建物によっては，照明計画のパースを何種類も提示することもある。

　パース・模型が原因のトラブルはあまり聞かないが，40年以上前，建築設計事務所に移ってから間もない頃にこんなことがあった。某リゾート地にホテルが計画され，建設コストは非常に安かった。筆者は空調設備の設計を担当した。

　設計がまとまり，施主の本社に出張して設計内容について図面で説明が行われた。電気設備について，担当者がロビーの照明計画はダウンライト主体で行うことを説明すると，役員の方から質問があった。「シャンデリアがありませんが，何処につくのですか？」「シャンデリアはありません。予算が厳しいので付けられません。」電気設備設計者は当然のように答える。「パースには付いているんですが」「エッ……？」。なるほど意匠設計者が以前プレゼンテーションに使ったロビーの室内パースには，シャンデリアが付いている。シャンデリアのあるなしでは，もちろん雰囲気が違う。電気設備設計者にとって，『マサカ』であるが，知らなかったで済む話ではない。結局，予算もないし，天井高の関係でシャンデリアをつけるような空間でもなかったので，建築のマネージャーが事情説明し，設計どおりとなったが，場合によっては事務所の信頼に関わるところであった。パース1つでもおろそかにしてはいけない，ということを教えられた貴重な体験であった。

　建築部門のフロアに行くと，時々パース屋が来ていて，設計者と出来上がったパースについて打合せをしている。建築科出身なのでパースには興味がある。筆者は「そこには冷却塔が来るんだけどな」「この面に大きなガラリがあるよ」などといっては，うるさがられたことがあるが，これも直接ではないが痛い思いを経験したからである。

▶134　2)「屋上の貯湯タンクが見える」

『隠すことからトラブルが始まる』（11.3，207 頁）で述べたように，意匠設計者は本能的に機械の露出を嫌うがこういうこともあったという事例。筆者が定年後，工事監理を行っていた関東地方のある建物でのことである。工事も最終段階を迎え，仮設足場も解体され，建物全体の姿が現れるようになった頃のこと。

ある日出勤してきた電気設備監理担当者が事務所に入ってくるなり，「屋上のタンクがよく見えるよ」という。この建物では太陽熱給湯システムを採用しており，集熱パネルはもちろんであるが，ステンレス製の蓄熱タンクは屋上設置であった。

タイミングの悪いことに，設置された位置の正面に，前面道路に対して幹線ではないがT字路があり，この道の先のほうから現場に近づいてきて気がついたそうである。前面道路側からは建物に近く，若干見えるが気になるほどではない。早速皆で行って見ると，なる程よく見える。塔屋の壁に付く建物の看板にも，近い位置である。頭を抱えたのが意匠担当。『マサカ』の事態である。設備工事の担当者も呼んで，打合せとなった。「何とかならない？」「いまさら無理ですよ」「初めからあそこに置くことになっていたじゃない」「遠くからじゃなきゃ，見えないからいいじゃない」等々のやり取りがあった。

結局決め手となったのは，サブコン所長が持ち出した模型写真であった。「ここにちゃんと写っているじゃないですか。」「……」

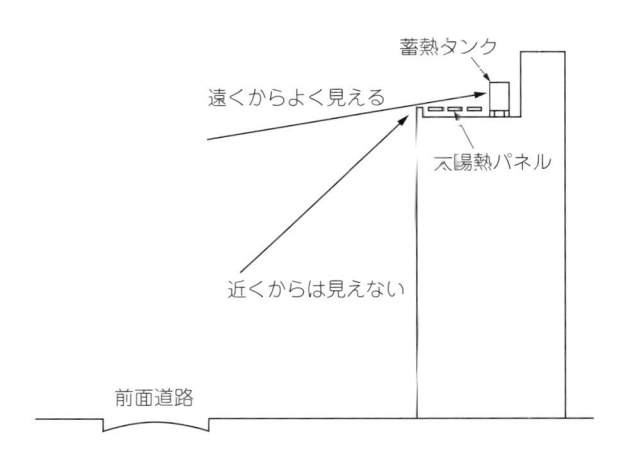

▶134 図 24　屋上の貯湯タンクが目立つ

プレゼンテーション用の模型には，冷却塔をはじめいろいろな機器類もつくり込まれていた。もちろん屋上にも，ソーラーパネルと蓄熱タンクの模型が置いてあった。ただし，タンクの大きさは模型の方が小さ目である。最初からわかっていたのだが，ちょっとばかり"つめ"が甘かったということであった。タンクの塗装色を，塔屋の壁色と同じにすることで決着がついた。

3）「電気屋さんに聞きました」

　都内には，依然としてたくさんのマンションが建設されているが，建築工事費が低いままなので，どの建築施工会社も下請け業者の選定に苦労している。小規模のマンションでは，町の電気屋さん・水道屋さんレベルの設備施工会社が工事を行うこともあるので要注意である。こういう物件に限って，建築施工会社の設備担当者もたまにしか来ない。マンションの施工経験の少ない設備施工会社が施工を請け負うと，ちょっとした笑い話になることがある。

　某建築施工会社の設計施工で，基本設計・監修業務が筆者の在籍した会社，という物件があった。工事監理・監修は，建築担当者が月一回の総合定例に出席，マンションであるから給排水・電気設備も面倒を見る。設備担当は節目節目に見に行く，という業務内容であった。担当者をつけるほどの物件ではなかったので，筆者が片手間に見ることとした。

　設備施工会社がなかなか決まらないので気になっていたが，そのうちモデルルームができたので，現場に行って検査をしてほしいとの要請があった。ここで初めて設備施工会社の担当者と名刺交換したが，給排水も電気も名前は聞いたことのない会社である。マンション工事の実績も確認したが少ないようである。

　簡単な下打合せをして検査に入ったら，ガス湯沸し機のリモートスイッチが，販売用パンフレットと違う所についているのに気がついた。建築担当に訊ねたら，そこにつけることは聞いていないという。

　「どうしてここにつけたの？」「パンフレットの位置ではつかないんです。」厨房脇の狭い袖壁のところが設置予定位置で，電気のスイッチ類が付くとリモートスイッチの納まりが難しい。しかし，やりくりがつかないわけではなさそうである。「つかないのはわかったけど，誰と相談して決めたの？」「電気屋さんに聞きました。」これには参った。工事の進め方の基本すらわかっていない。個人住宅だってこんなことはない。『マサカ』の業者選定である。電源は電気屋さんから貰うからといって，

位置まで電気屋さんに相談・決定されては困る。

　マンションの施工の進め方について，パンフレットが第1であること，問題点を見つけたら設計監理者または施主の了解を得ることなど，基本的なことについて電気屋と設備屋にレクチャーしておいたのはもちろんのこと，建築担当者・ゼネコンに注意を促しておいた。

4)「お宅のカミサンは文句言わないか？」

　40年以上前の，某高級マンションでの工事監理段階でのこと。ある部屋で，洗面化粧台のカウンター下の排水管が手前側にきているのを見つけた。洗面器排水管のSトラップは奥の方で立ち下げるのは常識であるが，あるタイプだけ間違えて施工してしまったようであった。

　『マサカ』の施工であるが，設備施工会社の監督は面倒なので直したがらない。洗面化粧台は大きくスペースは十分あるので，配管が手前にあってもバケツなどの出し入れができないわけではない。「駄目ですかねー」というのに，「駄目！直せ」というのは簡単であるが，納得の上で直させたい。そのうち殺し文句を思いついた。「お宅のカミサンが何千万円も出してこのマンションを買って，これを見たら文句をいわない？」「ウーン，いうでしょうね」「じゃ，直しなさいよ。後から直すと金がかかるよ。それに施主だってウンというはずないじゃないか」と納得させた。

　購入者＝エンドユーザーというマンション物件ならではの殺し文句，「お宅のカミサンは文句いわないか？」は，手直しを渋るサブコンを説得するのに有効で，その後もマンションの工事監理ではよく使ったせりふである。

地域で違う役所の指導②

「湧水排水ポンプは受水槽室に置いてはいけない」

　現在のように，集合住宅の地下室が容積率から除外される以前の話。集合住宅においては，建物最下階の下部ピット内に受水槽を設置し，階段を設けずに（階段で出入りする場合は「室」となる），タラップで点検するような構造の場合に，受水槽室（給水ポンプ設置可）部分は面積除外され，建物全体の容積率への算入は免除されていた。受水槽室がこのような構造になっているマンションは一時期多く設計され，ビルメンテナンスの皆さんに不自由をおかけしている。

　この場合は，受水槽のオーバーフロー水と湧水の排水用に排水ポンプが必要であるが，受水槽設置部にピットを設けてそこに置くのが自然であり，同じスペースにあってもそれまで他の区では特別の指導はなかった。

　ところが某区では『マサカ』の指導があった。「**排水ポンプが受水槽と同じスペースに設置してある場合は室とみなし，面積算定して容積に算入せよ**」というわけである。この面積を容積に入れたら，他の部分の面積を減らさなければならない。厳しい収支計算の下，住戸の分譲面積は減らしたくない。「**普通の湧水ポンプや排水ポンプが地下ピット内にあっても室ではない**」だろうと建築設計者が主張したが，「受水槽室内には排水管を設置してははいけない」という東京都の指導があるので受け入れてもらえなかった。結局仕方ないので，排水ポンプ部分を躯体壁で仕切り，受水槽用とは別に点検口・タラップを設置した。

　受水槽室内には排水管を設置してはいけないのは，汚水や雑排水管が対象である。このようなケースの湧水排水管くらいは大目に見てもよいのではないかと思うが，聞かれればよいともいえないであろう。すべての区や市と折衝したわけではないが，数少ない指導事例であった。

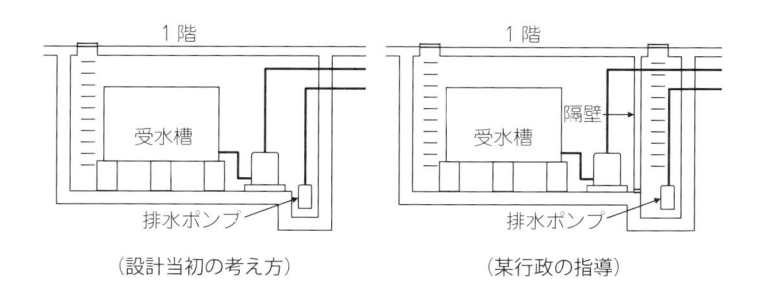

（設計当初の考え方）　　　　（某行政の指導）

第12章 マンションリニューアルの『マサカ』

> 新築時の「マサカ」に関しては，各社でトラブル防止を心がけているほか，事業者（デベロッパー）・設計事務所・ゼネコンなど，建築・設備を総合的に見る立場の者が関係するので，問題は少ない。しかし，マンションのリニューアルに関しては，一般ビルと違い，管理組合やビル管理会社が主体的に動くことが多く，建築・設備に関する基本的な知識が欠如している場合もあり，トラブルが発生しやすい。
>
> 大規模修繕の場合は，コンサルタントや建築・設備設計者が関与する場合もあるが，それでも担当者のマンショントラブル経験の有無がトラブル発生に影響する。マンション設備の変遷とトラブル内容を把握していないと，かえってトラブルを発生させる危険さえある。
>
> 小規模改修の場合は，ゼネコン・サブコンが関与しない場合も多く，メーカーや専門業者の技術レベルでは問題を起こすこともあり，『マンション設備「マサカ」の話』に一部紹介してあるものもある。
>
> また，省エネルギー促進の一環としてエコポイント制度がつくられ，経済政策的に推進されているが，この場合は個人的な対応になるので，トラブル発生は大きな問題となる。ここでは，遭遇した個人にとってはまったく「マサカ」のリニューアルであろう。本書の締めくくりにあたって，特にこの章を設けた。

12.1 サッシ改修に伴う「マサカ」のトラブル

リニューアルの改修で最も気をつけなければいけないのが，サッシの更新である。マンション構成部材のうち，機能上の変化が最も大きいのがサッシであり，その歴史は気密性の向上とともにあるといえる。

そしてこれに伴うトラブルは，今までに紹介したようにたくさんある。その影響は，換気設備トラブルから音のトラブルと多岐にわたり，ガス

器具の不完全燃焼やCOガス中毒につながるのが怖い。

したがって,「エコ改修」ということで,サッシの改修を行った場合は,以下のような各種トラブルが発生するので,注意が必要である。

1）換気設備関係

サッシの気密性は,マンションの竣工時期によって大きく異なる。サッシを最新のものに取り換えれば気密性が向上するのは当然である。したがって,厨房排気用の給気口や換気用レジスターの増設など,最新の換気設備に対応するような計画が必要である。住戸の内側から二重サッシにできるような製品が出ているが,既存サッシには換気用小窓の付いているものもあり,この内側に小窓のないサッシを新設すると,給気口があっても給気の抵抗が増える。サッシの取換えだけの工事を行う場合は,換気設備に関し総合的に見る立場の者がいないと,給気口不足のためレンジフード運転時に今までに紹介したような換気関係トラブルが発生する。

排水管トラップからの臭気の逆流,コンセントや畳の隙間などからの隙間風の発生,換気不足による結露やカビの発生なども大きな問題であるが,最も危険なのは,CFタイプやFEタイプのガス給湯器の不完全燃焼であろう。「第8章8.3」（137頁）で住宅の気密性向上に伴う問題点を挙げておいたが,現状では問題なく,運転されている場合でも,給排気バランスが崩れると人身事故に至るおそれがあるので,注意が肝心である。

〈事例〉その1：換気扇を運転するとコンセントまわりから風が出る　▶135

これは,筆者が会員である某協会にあった電話相談が,筆者のところに回答依頼されたものである。

相談内容

［状況］リビングのシステムキッチンの左上に換気扇（レンジフード,同時給排気型）がある。

：スイッチをONにすると,リビングにある各所のコンセントから風が出てくる。

：リビングだけでなく,廊下のドアの隙間や2階のコンセントや畳のヘリなどからも,また,洗面所にある浴室換気扇をONにすると,洗面所はもちろん,リビングのコンセントからも,風が出る。

　　　　　　：主に，換気扇（レンジフード？）は，リビングにあるので，ONにより部屋の空気が負圧になり，隙間から風が出てくると思うが，リビングとは関係のないところからも風が出る状態である。
　　　　　　※コンセントより風が出た時に，小窓を40cm位開けると，手の感触だが，風はおさまるみたい。
　　　　　　※リビング入口のドアの下は1cm位の隙間がある。
【質問①】なぜ，各所から風が出るのか，その原因はどうしてか？
【質問②】風を止めるにはどうしたらよいか？
回答内容他
　［状況確認］（上記相談以外に）
　　　　　　：建物の概要：昭和35年新築，昭和54年増改築，平成15年リビング等を改築（リニューアル，サッシも新しくした）
　　　　　　：換気用レジスター（給気口の有無）：新築時点から付いていない，リニューアルに際しても付けなかった。
【相談者の意見】電気設備工事業者の施工不良（電線管の隙間の穴埋めをしていない）ではないか。
【筆者の回答】電気設備の工事内容は，当時では一般的なレベルのものである。サッシの気密性能が上がったので，他の隙間から空気が引っ張られたのである。改善するには，最近の一般的なマンションや住宅のように，換気用の開口（レジスター）を付けることが必要。
【結　果】納得はできない様子であった。
　　　　　同時給排気型レンジフードは，排気量の約40％程度の給気量がある。これ以外の給気分は，各室の換気レジスターやサッシの隙間風をあてにしている。サッシの気密性が向上しているので，レジスターを設置しないと，上記のようなトラブルが発生するのである。

▶136　〈事例〉その2：気密性向上に伴う想定換気トラブル
　サッシの気密性向上に伴い，現在では居室の機械換気設備（24時間換気）が建築基準法で義務づけられているが，上記事例のように給気口もなくサッシの隙間だけに依存している自然換気設備の住宅も多い。また，古い建物の場合は厨房や浴室・便所にプロペラ型換気扇を使用している場合が多く，換気扇運転時の排気量も非常に小さい。

したがって，これらの建物のサッシだけをリニューアルした場合は，換気量が非常に小さくなるので，特にサッシのリニューアルには注意が必要である。

　換気不良のトラブルは，①結露の発生，②厨房排気の不良（臭いが出ない，室内が油汚れとなる），③なんとなくうっとおしい（CO_2濃度の上昇）などが考えられるが，最もおそろしいのが③一酸化炭素中毒発生の可能性である。

　東京消防庁のホームページから，一酸化炭素中毒発生件数を調べると，東京消防庁管内で平成18年から22年の間に発生した一酸化炭素中毒事故が85件発生し，133人が救急搬送されている（死傷者不明）。年別事故発生件数は平成18年の3件（17年も3件）に対し，19～22年は，14，21，22，25件と7倍以上に激増している。

　発生件数からは，平成18年から19年の間に換気設備の環境に何か劇的な変化があったものと思われる。

　発生場所では，一般住宅と共同住宅で70件で，全体の8割以上と高い割合であり，発生時の行動では，調理と居室などの暖房である。日常的な行動で，一酸化炭素の発生に関係が深いのは換気不足である。住宅における換気設備環境の大きな変化といえば，省エネ改修に伴うサッシの改修ではないかと推察される。

　したがって，はっきり検証されたわけではないが，使用者が，サッシの改修による換気量の不足に気が付かなかったものと推定される。電線管の隙間から吸引するほどの強力なレンジフードを使っていれば，少なくともある程度の給気量は確保できる。しかし，弱いプロペラ型換気扇が設置されている場合は，気密度の向上は極端な換気量不足になるので注意が必要である。したがって，サッシのエコ改修には換気設備のグレードアップ（換気扇の能力アップ・給気口の設置）が必要条件である。

　本項のCO中毒への考察に関しては，筆者の推測の部分があるが，大きな間違いではないと思っている。

2）騒音トラブル関係：上の階の用足し音が聞こえるようになった

　サッシの気密性向上は，遮音性能の向上にもつながる。「第6章6.2」（80頁）で紹介したように，遮音性能がよくなると暗騒音が小さくなる。したがって，マスキング効果が減少して，今まで聞こえなかった音も聞こえるようになる。

　現在のマンションの騒音対策は，過去のトラブルへの反省からウォー

ターハンマー，排水流水音，ユニットバスの防振，生活音対策などに配慮されたグレードとなっている。これらの騒音対策がなされていない，古いマンションでサッシのリニューアルだけを行ったら，騒音トラブルを求めているようなものである。

▶**137** 〈事例〉その3：上階トイレの用足し音が聞こえる

　これは，某ホームページでの相談事例である。

　質問者は築25年以上の中古マンションを2年前にリフォームしたところ（水まわり・壁紙・フローリングもすべて），それまでは聞こえてこなかった上階からの音（トイレの用足し音，水はね音）が聞こえてきて，嫌な思いをしているとのこと。それもトイレ付近で聞こえるならまだしも，どこの部屋に居ても聞こえるのでどうしたらよいかという相談であった。

　サッシのリニューアルについて確認したが，遮音性を高めたくて交換したとのこと。

　そのため，上階だけでなく，隣の住戸の音もリフォーム前よりよく聞こえるようになったそうである。

　大便器は住戸の中央にある大梁上に，二重床ではなく直に設置されており，躯体を伝わって寝室にも音が伝わり，暗騒音の低下に伴って明瞭になったものである。設置対策として，大便器の下に防震シートを敷くことを提案したが，サッシの改修は自分の費用で行ったので，上階の方にお願いするのは気が引けるとのこと。自分のところだけで解決する方法としては，サッシを一重で使用し，BGMを流すことを提案した。しかし一度耳にした音は，耳についてなかなか消えないので，困っている状況であった。

　結局，上階で排水管の漏水があり，上階の方から配管を直すという話がきたので，その際に防振シートを取り付けて貰うということで解決した。

　この騒音トラブルについては，筆者の経験はないが，空気調和衛生工学会地方支部での昔のトラブル講習資料にあった。

　『マサカ』の事例でもないので，騒音トラブルの項では割愛したが，サッシのグレードアップ⇒騒音トラブルの発生という『マサカ』の話としてここに挙げた。

　なお，筆者の友人も，住んでいる都営住宅のサッシのリニューアルで，上階の小便音が聞こえるようになったとのことである。N社，T社とも

最近カタログに防振シートが載るようになったので，このトラブルは新築の場合であっても多くなっているのかもしれない。

12.2 システム変更，機器の変更，技術の変化に伴うトラブル

　戦後集合住宅が建設されるようになってからの，マンション設備の技術の変化は著しい。せっかくトラブルなく生活していたにも関わらずリニューアルしたために，新しいトラブルを引き起こすことはよくある。ここでは，「マンション設備『マサカ』の話」その他類書の事例を簡単に紹介する。

リニューアルで酷くなった，ポンプ騒音
：ポンプの経年劣化を理由に圧力ポンプ方式をインバータ式に交換してから，キーンというインバータ音，ブーンというモータ音で，眠れなくなった。

高置水槽方式をポンプ直送方式に変更して，騒音トラブル発生
：高置水槽からの給水主管は，騒音源がないため防振処置をしていない。直送方式に変更すれば，この配管にポンプの振動が直接伝わる。給水主管のサイズアップと防振装置が必要であった。（『マンション設備のトラブルと対策』（オーム社））

換気扇をレンジフードに取り替えて，湯沸し器の安全装置作動
：湯沸し器はP社の人身事故事例と同じFEタイプのもので，排気ファンは付いていたが，強力なレンジフードの吸引力に負けて燃焼空気不足となり安全装置が作動した。この場合は，給気口面積の不足であるが，住戸の気密度がもっと高かったら，不完全燃焼ガスが逆流し，人身事故になるところであった。（『マンション設備のトラブルと対策』（オーム社））

　これら事例のように，マンション設備の改修は，大きなトラブルにつながりやすい。単なる機器やサッシの取替えの場合でも，技術者が関与するような仕組みが必要であろう。

column 地域で違う役所の指導③

「消火栓補給水槽に専用の給水装置を取付け」

　マンションでも一定の規模以上の場合は，消火栓設備の設置が義務付けられる。消火栓設備配管内を常時水で満たしておくため，配管頂部にある補給水槽へは当然給水が必要になる。最近のマンションの場合は加圧給水方式が多く，この場合は補給水槽への水の補給は各住戸への給水本管を延長して行うのが一般的である（共用配管を延長する場合もある）。

　某区に建設されたマンションの場合，工事の竣工近くになって補給水槽**専用の給水設備を取り付けるよう指導**があった。各住戸用に設けてあるもの（この場合は，圧力ポンプと給水配管）とは別に，給水設備を設置するようにということであった。理由を聞くと，補給水槽の水はなかなか減らないので，そこまでの間の配管内の水が死水になり，住宅に逆流してトラブルになったことがあるという。話を聞けばあり得ることではある。しかしわざわざ工事費をかけて，別に専用のポンプや配管を設備する必要はない。

　担当者の相談があったので，補給水槽への給水配管入口部分に水栓をつけて（管理会社から念書を入れさせるのはもちろんである），定期的に上で水抜きを行い死水の発生は防ぐという運用方法を提案させた。しかしこの案は認められず，結局水道局とのトラブルを好まない地元の水道工事業者が自主的に専用の給水ポンプ（タンク一体型）を設置し，配管も施工した。年間稼働時間がほとんどないので，給水ポンプを作動させるために，管理会社には補給水槽の水抜きを定期的に行うように依頼した（これは提案したことと同じである）。この給水装置，今でもキチンと動いているであろうか？

「散水栓の排水は浸透式ではいけない」

　マンションの1階の住宅には，専用庭が設けられることがある。散水栓（柱型）の設置は当然である。この排水はどうするか。わざわざ下流しと排水目皿を付け，排水配管を行っても，工事費がアップするだけで，砂や泥でトラップが詰まるなどのトラブルの方が大きい。したがって，水栓の下には排水桝の枠に砂利を詰めたものを設け，排水は地中へ浸透方式とした方が実用的である。しかしこれについても，認めて貰えないケースもあった。

地域で違う役所の指導④

「エアコンのドレンは雨排水管に流すな」

　エアコンのドレンは排水には違いないが，その汚れ具合は実際には不明である。雨水よりはキレイであるといってもよいのではないだろうか。

　某超高層マンションの設計時に，バルコニーに出したエアコンのドレンを専用排水とするように『マサカ』の指導を受けた。マンションにエアコンを設置する場合，室外機はバルコニーに設置されることが多い。ドレンはバルコニーに排出され，雨排水管に流すのが一般的である（雨排水管のない単なる屋外機置場の場合は，専用のドレン排水用配管を計画・施工している）。将来対応の場合も同様である。

　このマンションの場合は，実装するなら**エアコンのドレンは排水（その他の排水）ですから，専用配管を設け，雨排水管に流してはならない**という指導であった。言うとおりにしたら，このマンションのバルコニーには雨排水管とドレン排水管の2本が並んで立ち下がることになる。後から入居者が設置する場合は（専用排水管は設けていないので），エアコンのドレンは，バルコニー経由で雨水排水管に流される。低層型マンションの場合でも，廊下側の部屋のドレン排水は廊下の雨排水用側溝に流される。担当者が何度か折衝を重ねた結果，通常のマンションと同様バルコニーに流してよいことになった。雨排水管に他の排水を流してはいけないという決まりはあるが，汚いものを流すのではないのだから，やはりもっと柔軟な解釈がほしいところである。

　一般ビルの場合は，空調機やファンコイルユニットのドレン排水は，まとめられてから外部の雨水桝や，湧水ピットに排出することが多いが，「**排水**」という名の下に雑排水槽に排水するよう指導されたビルもある。排水槽に排出する手前にトラップをつけるのはもちろんであるが，ドレンは中間期には少なく冬期には発生しないので，臭気の逆流が心配となる。加湿器の給水を，定期的にオーバーブローさせるなどの処置で対応可能ではあるはずだが……。

言ってはいけない「○○では……」

　消防設備でも，地域により条例が出ているが，特に違いのない項目でも，指導内容に違いがある。某地のビルの消防検査で，納得できない指摘を受けた電気設備設計者，つい「東京では……」と口を滑らせた。即座に「ここは東京ではありません」といわれた。地域で違いがあるのは仕方がないが，このコラムのタイトルを見た友人の設備技術者いわく，「地域というより『人で違う役所の指導』というのが実感だな。」

あとがき

　この書は，勤務先の社内報に《建築設備『マサカ』の話》として書いた数話が始まりである。社内報に載せるからにはいろいろな立場の者に読んでもらいたい，この手のトラブルに初めて接した際の初心を忘れないように，との思いからタイトルは『マサカ』の話となった。はじめはもちろん勉強の意味もあって，計画の立場から見た自社のトラブル事例の紹介であった。

　現役を退くにあたり，在職中に遭遇した多くのトラブル情報について何らかの形で発表したいと考えていたところ，オーム社のご好意により『設備と管理』誌に＜『マサカ』の話＞として連載の運びとなった（2000年11月号より）。

　勤務先が，土地の開発，各種建物の計画・建設から管理運用までを事業とする企業グループ内の建築／土木設計・コンサルタント事務所であったので，トラブル情報の伝達は割合と早い。トラブル情報は大小に関わらず内容把握しておかなければいけない立場にあったので，自然に蓄積も増えることとなった。また，仕事柄いろいろな方々との接触の機会が多く，かねてから技術話は好きなので，トラブル・クレームだけでなくいろいろな情報が蓄積された。

　連載にあたっては，これらの情報の中から似たようなものをキーワード的にまとめた。トラブル報告書的な書き方では読んでもらえないし，読んでも記憶に残らないことが多いので，これらに初めて接したときの自分の驚きや考えを交えながら書くことにした。結果として，建築設備

全般にわたって自分の経験とトラブルの関係を著わすようなものとなった。
　回を重ねるにつれて，さらにいろいろと以前のことが思い出され，話が膨らんできてここまでになった。あらためて長い間には，さまざまなことを経験したものであるという想いがする。ともあれ連載から 4 年少しで，一冊の本にまとめることができたのは大変喜ばしいことである。

　また，マンショントラブルに関しては，ホームページ「NPO 住宅 110 番」で筆者がかかわった相談と回答を中心にして，『マンション設備「マサカ」の話〜設備トラブル相談の Q & A 〜』(オーム社) を上梓している。参考にされたい。

　これらの経験を積むにあたって，長年の間お世話になった勤務先・施主・建築施工会社・設備施工会社・ビル管理会社等関係各社の皆さん，特に設備工事業の方々に感謝の意を捧げる次第である。
　また，雑誌に連載の機会を与えていただいた株式会社オーム社編集部藤野貴雅前編集長，単行本化にあたってお世話になった元株式会社技術書院 安原勝編集部課長，特に再販出版に力になっていただいた株式会社建築技術橋戸幹彦社長にお礼を申し上げます。
　今後も，これらの経験をもとに，建築設備トラブルで困っておられる方々にはいろいろな形でお役に立ちたいと考えている。

【参考文献】

直接本文中に引用したわけではないが，設備トラブルに関し参考となる文献を以下に挙げる。
「失敗学のすすめ」　畑村洋太郎　講談社　2000
「失敗を活かす技術」　黒田勲　河出夢新書　2001
「空調設備のトラブル50」，「衛生設備のトラブル50」建築設備トラブル研究会著，学芸出版社
「建築設備トラブルシューティング」　(社)建築設備技術者協会編　オーム社
「失敗から学ぶ設備工事―クレームゼロへの挑戦―」㈱テクノ菱和編，森北出版
「建築と音のトラブル」田野正典，中川清。縄岡好人，平松友孝著，学芸出版社
「マンション設備のトラブルと対策」(現)NPO給排水設備研究会，オーム社
「マンション設備『マサカ』の話」　山本廣資著，オーム社

著者略歴

山本廣資（やまもと・ひろし）

昭和15年　東京都目黒区生まれ
昭和38年　早稲田大学第一理工学部建築学科卒業
同年4月　高砂熱学工業㈱入社
昭和46年9月　東急不動産㈱入社
昭和48年6月　㈱東急設計コンサルタント出向
平成12年3月　同社定年退職
平成14年7月　(有)環境設備コンサルタント設立
平成15年4月～17年3月　(財)省エネルギーセンター非常勤嘱託
資格：技術士（衛生工学部門），一級建築士，建築設備士，空気調和・衛生工学会設備士，ISO14001審査員，空気調和・衛生工学会，日本建築学会，建築設備技術者協会会員
著書に『すぐに役立つ"節電・省エネ"104項目』(省エネルギーセンター，共著)，『建築／設備「マサカ」の話。』（技術書院）（絶版），『マンション設備「マサカ」の話』（オーム社）のほか，オーム社「設備と管理」誌に「『マサカ』の話」連載中
ボランティアとしてホームページ「NPO住宅110番」にて，各種トラブル相談に回答

建築/設備トラブル「マサカ」の話

発行	2013年5月17日
著者	山本廣資
発行者	橋戸幹彦
発行所	株式会社建築技術
	〒101-0061　東京都千代田区三崎町3-10-4　千代田ビル
	TEL 03-3222-5951　FAX 03-3222-5957
	http://www.k-gijutsu.co.jp
	振替口座 00100-7-72417
装丁デザイン	春井裕（ペーパースタジオ）
DTP組版	株式会社三光デジプロ
印刷・製本	川口印刷工業株式会社

落丁・乱丁本はお取り替えいたします。
ISBN 978-4-7677-0137-0
ⓒ Hiroshi Yamamoto 2013, Printed in Japan